U0368025

都市青年文化价值观研究

曹永荣　徐　剑　著

上海交通大学出版社
SHANGHAI JIAO TONG UNIVERSITY PRESS

内容提要

我国有璀璨的历史文化和历久弥坚的文化基因,但随着经济和网络全球化进程不断推进,我国都市青年的文化观深受外来文化的影响。在世界面临百年未有之大变局,和中国特色社会主义进入新时代之际,全球也即将进入"后喻文化"时代,青年文化价值观不仅将主导中国的未来,也将主导全球文化价值观的走向。基于此,本研究对我国都市青年的价值观进行了系统的调查和梳理,首先,围绕"人类命运共同体"的理念构建了"青年价值观量表";其次,在中国的大型城市开展系统的调查,通过深度分析,掌握中国都市青年的价值观走向;最后,提出构建以"人类命运共同体"理念为内核的中华文明价值体系,并引领智能时代的话语权。本书适合研究文化价值观的学者和青年学子。

图书在版编目(CIP)数据

都市青年文化价值观研究 / 曹永荣,徐剑著. —上海:上海交通大学出版社,2022.10
ISBN 978 - 7 - 313 - 22662 - 4

Ⅰ.①都… Ⅱ.①曹… ②徐… Ⅲ.①城市-青年-人生观-研究-中国-现代 Ⅳ.①D432.62

中国版本图书馆 CIP 数据核字(2019)第 281722 号

都市青年文化价值观研究
DUSHI QINGNIAN WENHUA JIAZHIGUAN YANJIU

著　　者:曹永荣　徐　剑
出版发行:上海交通大学出版社　　　　地　　址:上海市番禺路 951 号
邮政编码:200030　　　　　　　　　　电　　话:021 - 64071208
印　　制:上海万卷印刷股份有限公司　经　　销:全国新华书店
开　　本:710 mm×1000 mm　1/16　　印　　张:18.25
字　　数:312 千字
版　　次:2022 年 10 月第 1 版　　　　印　　次:2022 年 10 月第 1 次印刷
书　　号:ISBN 978 - 7 - 313 - 22662 - 4
定　　价:68.00 元

前言
Foreword

　　文化是人的社会成果,其表现具有民族性。① 文化对一个国家和一个民族非常重要。21 世纪以来,党中央先后做出了一系列关于文化和文化价值观的重大部署。2011 年 10 月 18 日,党的十七届六中全会通过《关于深化体制改革推动社会主义文化大发展大繁荣若干重大问题的决定》,认为"文化是一个民族灵魂之所系、血脉之所依,是一个民族赖以生存和发展的内在根基";并明确指出:"当今世界正处在大发展大变革大调整时期,世界多极化、经济全球化深入发展,科学技术日新月异,各种思想文化交流交融交锋更加频繁,文化在综合国力竞争中的地位和作用更加凸显,维护国家文化安全任务更加艰巨,增强国家文化软实力、中华文化国际影响力要求更加紧迫。"②2017 年 10 月 18 日,习近平总书记在中国共产党第十九次全国代表大会上的报告《决胜全面建成小康社会夺取新时代中国特色社会主义伟大胜利》中对"文化"进行了系统阐述:"文化是一个国家、一个民族的灵魂。文化兴国运兴,文化强民族强。没有高度的文化自信,没有文化的繁荣兴盛,就没有中华民族伟大复兴",并提出"深化中国特色社会主义和中国梦宣传教育,弘扬民族精神和时代精神,加强爱国主义、集体主义、社会主义教育,引导人们树立正确的历史观、民族观、国家观、文化观"。③ 然而,进入 21 世

① 赵世林.论民族文化传承的本质[J].北京大学学报(哲学社会科学版),2002(3):10-16.崔新建.文化认同及其根源[J].北京师范大学学报(社会科学版),2004(4):102-104+107.
② 中央关于深化文化体制改革若干重大问题的决定[EB/OL].2011-10-25.http://www.gov.cn/jrzg/2011-10/25/content_1978202.htm.中共中央关于深化文化体制改革推动社会主义文化大发展大繁荣若干重大问题的决定[M].北京:人民出版社,2011.陈少雷.全球化背景下文化价值观审视的基本维度[J].唯实,2012(10):38-41.
③ 习近平.决胜全面建成小康社会 夺取新时代中国特色社会主义伟大胜利[N].人民日报,2017-10-28(1).习近平谈文化自信[EB/OL].2021-3-29.https://politics.gmw.cn/2021-03/29/content_34722621.htm.

纪以来,随着全球化和网络渗透到社会生活的各个领域,社会文化结构随之发生了变化,中国人的文化观念也随之产生了巨大变化。都市青年作为国际交流最前沿的先锋者,他们的思想和文化观念不可避免地会受到空前的影响。从全球维度而言,都市青年深受西方文化的影响,其文化观念不可避免地更加国际化;从历史维度而言,中国传统文化对都市青年的影响在慢慢消减,其中国传统文化观念趋于弱化;从未来维度而言,在"后喻文化"时代,都市青年文化价值观将主导中国文化未来发展的走向,其重要性不言而喻;在当今世界文化日益多元的生态格局下,当代青年应该基于"人类命运共同体"的理念构建"天下大同"的世界。因此,都市青年文化价值观不仅深刻地影响着中国发展的走向,影响着中华民族伟大复兴的实现,而且关系到未来世界的走向。在新起点,党的伟大事业寄希望于大国青年的砥砺作为,开创世界人民美好未来的使命,也寄希望于大国青年的砥砺作为。基于此,都市青年文化价值观是亟待深入研究的重要话题。

一、全球维度:都市青年文化价值观深受西方文化影响

自从改革开放以来,随着中国的市场经济不断发展,西方发达国家的先进生产技术和管理理念被引进的同时,一些消极的思潮也一并涌入,给我国的传统文化带来了一定冲击,并深刻地影响着都市青年的文化价值观。由于近代以来西方在政治、经济和文化发展方面的强势地位,"西方文化中心论""西方文化优势论""欧洲文化中心论""欧洲文化优势论"等观念长期占主导地位。汤因比的文明论就具有鲜明的西方中心论色彩,他以一种绝对的"西方文化优势"的心态写道:"文明间冲突唯一有意义的结果是带来和平",即"西方统治下的和平"。① 与此同时,作为第一个实现现代化的文明,西方获得了现代性的文化,并成为"先进"文化的象征,其具有现代性的教育、工作、生活、财富、娱乐模式,成为世界的"普遍文化"。亨廷顿写道:"20 世纪交通和通信的改善以及全球范围内的相互依赖,极大地提高了排斥的代价。除了一些想要维持基本生计的小而孤立的农村社区外,在一个现代性开始占压倒优势和高度相互依赖的世界里,完全拒绝现代化和西方化几乎是不可能的。"②

21 世纪以来,随着互联网的兴起和广泛使用,人们越来越清楚地看到一个

---

① [英]汤因比.文明经受着考验[M].沈辉,等,译.杭州:浙江人民出版社,1988.
② [美]萨缪尔·亨廷顿.文明的冲突与世界秩序的重建[M].周琪,刘绯,张立平,等,译.北京:新华出版社,2002.

超民族、超国家、超国界的全球性时代的到来。① 全球化作为世界性的发展趋势，不仅仅是经济全球化，还包括文化、政治等领域的全球化。② 然而基于"西方中心论"的观点，无论是福山的"乐观论"（历史终结论），还是亨廷顿的"悲观论"（文明冲突论）等，都把经济全球化看作是文化全球化的当然理由，直接肯定了"文化应与经济保持相同的未来模式"这类观点。该类观点的潜台词均是对西方经济优势的推崇，把经济全球化视为资本主义的成功和贡献，进而将"现代化""全球化"等都与"西方化""资本主义化"联系在一起，强调西方资本主义及其文化的普遍性和主导性。③

在全球化过程中，以美国为首的西方发达国家利用遍及全球的传播媒体等先进技术手段向世界各国渗透西方文化，并积极利用其文化霸权推广和传播其所谓的"普世价值"，对第三世界国家进行着新的文化殖民。④ 正如亨廷顿所言，"人类在文化上正在趋同，全世界各民族正日益接受共同的价值、信仰、方向、实践和体制"。⑤ 发展中国家，不仅其时尚风情、风俗习惯、生活方式、消费偏好受到西方的影响，而且其宗教、审美、竞争、时间、效益、开放等一系列的观念，以及政治上要求民主自由平等、价值上要求积极进取的意识均也受到影响。⑥ 上述观念甚至快速进入日常生活，变成百姓经由媒体潜移默化获得的直觉式观念，使得人们潜在的生活、需要和心理都受西方文化的左右，进而个人主义、享乐主义、拜金主义等资产阶级的价值观在人们中间赢得了广阔的发展空间。⑦ 中国在享受全球化所带来的技术、资源、市场等巨大福利的同时，也遭受着西方文化无孔不入的渗透。都市青年群体因其较强的猎奇心理和学习接受能力，成了文化渗透的重点对象，⑧其追逐物质、金钱、时尚的意识非常强烈，又由于其心智不够成熟，且缺乏经验和鉴别能力，对良莠不齐的新文化现象，不能进行有效的甄别，对

① 汪田霖，吴忠. 全球化与文化价值观[J]. 学术研究，2002(6)：65-69.
② 于景辉. 全球化背景下我国文化价值观之整合[J]. 学术交流，2013(4)：154-157.
③ 李德顺. 面对全球化的我国文化价值观定位[J]. 党政干部学刊，2004(3)：4-6.
④ 杨影，裴显霖. 全球化背景下文化价值观的冲突及对策[J]. 黑龙江教育学院学报，2009，28(10)：107-108. 于景辉. 全球化背景下我国文化价值观之整合[J]. 学术交流，2013(4)：154-157.
⑤ [美]萨缪尔·亨廷顿. 文明的冲突与世界秩序的重建[M]. 周琪，刘绯，张立平，等，译. 北京：新华出版社，2002.
⑥ 王玮. 全球化·青年文化·价值观[J]. 河北青年管理干部学院学报，2013，25(6)：12-14.
⑦ 张志祥. 全球化与本土化：当代青年文化价值观的双向构建[J]. 无锡商业职业技术学院学报，2009，9(5)：1-4.
⑧ 孙启鸣，万长松. 论文化自信引领下大学生优秀文化观的培育[J]. 文化创新比较研究，2021，5(18)：24-28.

一些西方文化盲目崇拜不加分析批判地吸收，甚至形成对社会主流文化的偏离和反叛。[1]

二、历史维度：中国有历久弥坚的文化基因

党的十八大以来，习近平总书记十分重视文化自信和文化传承，并在多种场合下强调文化和文化基因，先后指出"中华优秀传统文化已经成为中华民族的基因，植根在中国人内心，潜移默化地影响着中国人的思想方式和行为方式""富强、民主、文明、和谐，自由、平等、公正、法治，爱国、敬业、诚信、友善，传承着中国优秀传统文化的基因，寄托着近代以来中国人民上下求索、历经千辛万苦确立的理想和信念，也承载着我们每个人的美好愿景"[2]"古诗文经典已融入中华民族的血脉，成了我们的基因"[3]"中华传统思想文化最核心的内容已经成为中华民族最基本的文化基因""讲好红色故事、传承红色基因""要使中华民族最基本的文化基因与当代文化相适应，与现代社会相协调"等。[4]

2014年4月1日，习近平总书记在比利时布鲁日欧洲学院的演讲中指出："中国是有着悠久文明的国家"，并进一步阐述道"在世界几大古代文明中，中华文明是没有中断、延续发展至今的文明，已经有五千多年历史了。"[5]在漫长的历史长河中，中华民族积累了丰富而瑰丽的文化财富。首先，她是唯一存活下来的人类远古文化，绵延上下五千年；其次，她独立完成了自身文化的发生和创建，确立了自己的文字、思维方式、社会结构；再次，许多世纪以来，她一直保持在人类文明和科学的前沿水平；最后，她不断地吸收、整合外来异质文化资源，推陈出新以发展完善自身。因此，中国文化基因有四种不同碱基，它们分别是持续性（S，sustainability），保证中华文明绵延近万年不曾断裂；坚韧性（T，tenacity），屡经冲击嬗变不脱底色；开放性（O，openness），开放包容乐与他者交流；创新性（I，innovation），固本培元且又与时俱进。四种不同碱基 S、T、O、I 的配对与排列次序决定了中国文化的生命力、多样性和持久繁荣。

从世界文明史的宏大视野来看，中华文明至少有五个高峰期或辉煌期，在古

① 王玮.全球化·青年文化·价值观[J].河北青年管理干部学院学报，2013，25（6）：12-14.
② 习近平.青年要自觉践行社会主义核心价值观[N].人民日报，2014-5-5（2）.
③ 文化基因如何植入孩子生命中[N].人民日报，2014-9-15（5）.
④ 习近平谈中华优秀传统文化[EB/OL]. 2017-6-15. https://www.hnsdfz.org/a/xxbm/dw/qingniandangxiao/2017/0615/3003.html.
⑤ 习近平在布鲁日欧洲学院的演讲（全文）[EB/OL]. 2014-4-2. http://www.gov.cn/xinwen/2014-04/02/content_2651491.htm.

代世界文明史上处于领先地位。第一次辉煌：世界文明起源的东西两大源头之一。距今 1.5 万—1 万年间，在中华大地上，分别在华中、华南和华北地区形成了"南稻—北粟"二元一体的独特原创农业体系，完成了新石器革命的技术创新和对陶器的技术创新。中国与环地中海地带成为世界文明起源的东西两大源头。第二次辉煌：世界六大原创文明之一。公元前 3000 年左右的炎黄时代，在"黄河—长江"两大河流域，出现了古典农业、多元文化的综合创新，并出现了文明时代的四大标志——金属工具（铜制工具）、书面文字、原始城市、原始国家"。与大体同时期的苏美尔文明、古埃及文明，以及时间略晚的爱琴海文明、古印度河文明、中南美洲文明并称为"世界六大原创文明"。第三次辉煌：殷周青铜文明的一枝独秀。公元前 1000 年，中国把青铜时代文明发展到高峰。这个时期曾经辉煌一时的其他五大原创文明几乎都出现了中断、低落或逆转。第四次辉煌：世界文明轴心期的东西双峰竞秀。公元前 500 年前后的春秋战国之际到秦汉之际，中国既有铁器、农业、交通、城市、商业等多方面的革命，也有老子道学、孔子儒学、孙子实学等百家争鸣，并在世界文明轴心期中与古希腊文明形成了双峰竞秀的历史格局。第五次辉煌：宋代三大发明（火药、印刷术、指南针）与文化复兴。公元 1000 年前后的唐、宋、元时代的发展，推动了儒、释、道三大文化的综合创新，产生了三大发明及一系列科学创新。在西方中世纪出现文化衰退之际，中华文化与阿拉伯文化代表了中世纪的世界文明之光。

　　纵观中国历史和世界历史，上下五千年连续不中断，中国古典文明历经五个高峰期，在三大领域享有世界领先地位（分别是哲学智慧、价值观念、人文科学、实用技术、自然科学理论等），[①]并影响着世界，树立了中华民族文化的自信。尽管在近代，中国优秀传统文化历经波折，并在西方文化的挑战与冲击之下一度落后（如两次鸦片战争、甲午中日战争、14 年抗日战争等），但中国传统文化以开放包容的姿态，兼收并蓄，守正出新，不但没有衰落下去，反而在经历了历史冲刷、时代洗礼等变迁之后，诞生了红色文化，实现了马克思主义中国化，最终能够焕发生机、蓬勃发展、历久弥新，并极大地增强了中国人民对本民族文化的自信。[②] 中国几千年的文明传承，几乎蕴含了所有为人处世的哲学，从古到今的传统中国文化，蕴藏在家风和社会的每一个角落，流淌在每一个中国人的血液里。

① 王东.中华文明的文化基因与现代传承（专题讨论）中华文明的五次辉煌与文化基因中的五大核心理念[J].河北学刊,2003(5)：130-134+147.
② 权丽竹,权立枝.习近平中国传统文化观及对当代大学生的启迪意义[J].西部学刊,2020(9)：27-29.

三、未来维度：网络文化是"后喻文化"，是"青年文化"

对于一个社会或国家来说，青年文化建设具有非常重要的意义。习近平总书记历来关心、重视青年的成长，并在多次讲话中勉励新时代的中国青年，强调"青年的价值取向决定了未来整个社会的价值取向"，希望广大青年"自觉践行社会主义核心价值观，不断养成高尚品格"，并表示"青年一代有理想、有本领、有担当，国家就有前途，民族就有希望""中国的未来属于青年，中华民族的未来也属于青年。青年一代的理想信念、精神状态、综合素质，是一个国家发展活力的重要体现，也是一个国家核心竞争力的重要因素"。[①]

1970 年，美国文化人类学家玛格丽特·米德在《文化与承诺———项有关代沟问题的研究》一书中将人类社会文化按照不同的传递方式分为：① 前喻文化(prefigurative culture)，指晚辈完全依靠长辈传授生存技能和生活经验的文化；② 并喻文化(cofigurative culture)，指发生在同辈人之间、相互学习使得知识平面式扩散；③ 后喻文化(postfigurative culture)，指时代变幻莫测，知识快速翻新，晚辈对长辈进行知识反哺。[②] 在科学技术日新月异的今天，随着互联网、移动互联网和人工智能技术(AI, artificial intelligence)的持续发展，信息技术的发展速度远远超出人们的预期，网络已渗透到社会的各个领域和方方面面，并给传统主流文化的传播方式带来巨大挑战，[③]比如基于算法和人工智能的算法推荐，基于虚拟现实(VR，virtual reality)、增强现实(AR，augmented reality)、混合现实(MR，mixed reality)和人工智能的"元宇宙"等。[④] 在这种情况下，青年有了比较广阔的文化生成空间，因此，青年文化也处在不断创新之中，这就使得青年文化建设任务在新的发展阶段显得尤为重要而急迫。[⑤] 青年是网络文化的主要使用者、影响者和传播者。对老一辈而言，新媒体、新概念或新产品是难以逾越的数字天堑；但青年则因其敏锐的特性，创新、接受和吸收新生事物能力较强，从

---

① 习近平寄语青年：必将大有可为 大有作为[EB/OL]. 2020 - 5 - 4. https://www.sohu.com/a/392875127_120034521.

② 玛格丽特·米德.文化与承诺———项有关代沟问题的研究[M].周晓虹,周怡,译.石家庄：河北人民出版社,1987.

③ 谌韵灵,邹升平.网络青年亚文化的特征及引领路径探析[J].南通大学学报(社会科学版),2021,37(1)：124 - 130.

④ 喻国明,耿晓梦.元宇宙：媒介化社会的未来生态图景[J].新疆师范大学学报(哲学社会科学版),2022,43(3)：110 - 118+2. 杜骏飞.数字交往论(2)：元宇宙、分身与认识论[J].新闻界,2022(1)：64 - 75.

⑤ 王水雄.社交模式变革下的青年文化建设[J].青年研究,2021(2)：9 - 16+94.

而颠覆了传统的文化传承关系,具有社会变革与文化改造的能力,成为文化反哺者,并掌握网络文化的绝对话语权。一些长辈因为缺乏技术知识而面临着与社会脱节的困境,他们开始纷纷地向晚辈学习新技术技能,青年群体也向长辈反哺了基本技能和新观念。①

与此同时,网络文化的发展加速了道德社会化和青年政治参与的进程。所谓"道德社会化",即"个体在社会道德上成为合格的社会成员的过程"。传统道德社会化的主要特征是:"施化者的真实确定性和受化者的被动性,其互动主要指人与人、人与群体或群体和群体,借助语言、文字等符号进行的产生交互作用和影响的活动"。但网络传播带来了虚拟社会化问题,并改变了传统社会化模式中的力量格局,其主要特征表现在"家庭"和"学校"的社会化功能式微,但是大众传媒,特别是被称为"第四媒体"的网络成为影响青年道德社会化最为重要的力量。② 具有时效性、公开性、互动性等特性的网络为青年赋予了平等的话语权与充分的发言权,增强了青年的政治参与意识,推进了公共政策的科学化与民主化,提供了政治参与的多样化渠道,扩大了青年政治参与规模。③

不过,网络文化对青年群体的消极影响也不容小觑。首先,网络严重冲击了传统伦理、传统道德和传统信仰,并对网民所在国度的主流道德(即本位道德)产生严重的侵蚀,这在一定程度上弱化了青年群体的道德意识。其次,网络文化存在"去个性化"现象,个体某种程度上会丧失其"同一性"和"责任感",其结果可能会削弱道德的教化作用。再次,网络中存在"多元"的价值观,青年群体无时不被或有用或无用,或正确或错误,或先进或落后的信息包围着,这些信息相互冲突、却又彼此渗透和共存。其结果就是,青年的道德责任可能会被淡化,在某种程度上虚拟网络就是引发青年道德行为异化的罪魁祸首。④ 由于青年文化本身的多元异质,青年的"三观"易受影响。如网络文化强势极易导致青年意识形态方向转化;网络文化的全球性使得青年的民族国家意识越发淡薄;网络文化的选择自主极易孳生青年的自由主义和极端民主化倾向;网络文化信息杂芜,模糊了青年的政治价值评价标准。⑤ 因此,都市青年的文化价值观关系到国家和民族未来

① 张智华,李赟.当"代际"遇见网络:青年亚文化与主流文化的共存与交融[J].现代视听,2021(6):55-59.
② 李小豹,徐建军.网络文化与青年道德社会化[J].中国青年研究,2009(2):100-103.
③ 欧庭宇.当代青年政治参与的网络文化环境优化研究[J].高等财经教育研究,2016,19(1):9-13.
④ 李小豹,徐建军.网络文化与青年道德社会化[J].中国青年研究,2009(2):100-103.
⑤ 李亚宁.网络文化传播与当代青年政治价值观重构[J].理论导刊,2006(6):76-78.孟静雅.网络文化与青年大学生的政治社会化[J].南都学坛,2006(5):132-133.

的走向,需要学术界展开深入研究。

四、天下大同：构建人类命运共同体

当今世界文化日益地呈现出东方文化与西方文化、传统文化与现代文化、主流文化与非主流文化(如亚文化、小众文化等)、大众文化与精英文化等多元文化共存的生态格局。① 由于青年群体心智不够成熟,但接收能力极强,他们非常容易走向极端,或者在文化全球化中被"全盘西化",或者是中国文化"唯我独尊"。② 事实上,这也是中国近现代以来一直存在的焦点论争问题。具有代表性的观点有：① 以曾国藩、张之洞等人为代表的"中学为体、西学为用";② 以胡适等人为代表的"全盘西化";③ 以章太炎、杨度等人为代表的主张中国传统文化"唯我独尊";④ 以李大钊、毛泽东等人为代表的主张世界各民族文化平等、中西文化融合,并在融合的基础上改造中国传统文化创造新文化。③ 党的十八大以来,习近平总书记一方面"站在新的历史起点上,从经济全球化、文化多元化、建设中国特色社会主义和实现中华民族伟大复兴的理论视野和思想维度出发,运用马克思主义立场观点方法,在系列重要讲话中对中国传统文化进行了全面系统的论述,逐渐形成具有时代特色的传统文化观"。④ 另一方面,基于人类社会共生性关系的现实,以人类社会的共同价值为核心价值,吸收了中华民族传统文化的优秀成果,⑤继承和发展了马克思主义的社会共同体理论和党的几代领导人国家战略思想;集统一性、全面性、系统性和综合性于一体,以"五位一体"为核心支柱构建了"人类命运共同体"思想。⑥

然而近代以来,民族国家体系的形成固化了世界的分裂局面。与西方政治哲学将世界排除在其视野之外的做法不同,中国传统政治哲学按照"身(个人)—家(家庭)—国(国家)—天下(世界)"的逻辑和类比式思维建构自己对政治的一套经验认知体系。⑦ 在此体系下,世界必然成为其视野范围内的重要一环。而

---

① 左玲.毛泽东的西方文化观对当代青年的启示[J].中国青年研究,2013(12)：31-35.
② 樊雪晴.当代青年学生文化观塑成探析[J].山东青年政治学院学报,2012,28(4)：30-33.
③ 范大平、李文斌、李尚益.毛泽东文化伦理思想与当代大学生文化观教育[J].湖南人文科技学院学报, 2007(2)：6-9.
④ 徐波.习近平传统文化观与新时代中国博物馆事业发展[J].社会科学动态,2021(10)：37-39.
⑤ 李有增,胡术恒.创新高校思政工作的理念和方法[J].中国高等教育,2021(5)：45-47.
⑥ 邵发军.习近平"人类命运共同体"思想及其当代价值研究[J].社会主义研究,2017(4)：1-8.
⑦ 何君安,闫婷.从"天下大同"到"人类命运共同体"——兼论中国世界主义政治哲学[J].东南学术,2020 (5)：10-19.

"天下大同"是传统中国世界主义政治哲学的核心理念,它立足于世界的统一性、共有性、道德性、差序性想象,没有强烈的地域观念,也不是纯粹的"乌托邦",因此它就顺理成章地成为现实国家效法的模板和践行的目标,并赋予了中华文明鲜明的开放性、包容性精神。[①] 而"人类命运共同体"理念抛弃了传统的差序性世界观(如各种形式的中心主义);[②]继承了世界之不可分性、资源和人类命运之共同性、人类共同道德本性等中华民族的传统信念;[③]立足于中国历史,准确把握时代脉搏,针对当代世界的矛盾和问题,推陈出新、古为今用,对传统文化进行创造性转化和创新性发展。[④] 当代青年肩负着在马列主义、毛泽东思想、邓小平理论、"三个代表"重要思想、科学发展观、习近平新时代中国特色社会主义思想指导下,既要有机地整合中国和西方优秀文化成果、促进世界文明平等相待、交流互鉴,世界文化融合发展;又要努力改造中西方文化弊端,在"和而不同"的状态下建设中国特色社会主义"文化强国"的重要使命。[⑤]

基于此,我们重点开展都市青年文化价值观研究。本书是作者团队之前一段时间研究成果的合集,共集合了 2016 年到 2020 年的四个调查。第一,研究团队率先在上海开展试点研究,第三章《上海青年网络文化观研究》是该调查研究的成果。该调查于 2016 年 7 月开展,研究于 2016 年底结束,从当前看有一定的滞后性,读者可以将其当作历史资料参考使用。研究中提到的"当前""目前"等概念也请读者在研究(或者调查)所界定的时间段解读,以免在阅读和引用中引起误会。党的十八大以来,在以习近平同志为核心的党中央的领导下,我们的各项事业取得了巨大的进步,习近平总书记相关思想为我们建立中国特色社会主义哲学社会科学体系指明了方向,也是未来团队研究的重要课题。第二,研究团队随后进行上海和北京的比较研究,该调查于 2020 年 5 月开展,第四章《京沪青年文化观研究》是该调查研究的成果。第三,研究团队进一步将研究范围拓展到北京、上海、广州、武汉和成都五座国家中心城市。调查于 2020 年 9 月开展,第五章《国家中心城市青年文化观研究》是该调查研究的成果。第四,研究团队进

① 何君安,闫婷.从"天下大同"到"人类命运共同体"——兼论中国世界主义政治哲学[J].东南学术,2020(5):10 - 19.
② 黄湄,徐平.从"天下大同"到"人类命运共同体"——费孝通"文化自觉"的新时代回声[J].中南民族大学学报(人文社会科学版),2021,41(5):82 - 86.
③ 何君安,闫婷.从"天下大同"到"人类命运共同体"——兼论中国世界主义政治哲学[J].东南学术,2020(5):10 - 19.
④ 庄穆,田宇星.人类命运共同体:天下大同与真正共同体之会通[J].学理论,2019(4):18 - 21.
⑤ 左玲.毛泽东的西方文化观对当代青年的启示[J].中国青年研究,2013(12):31 - 35.

一步将研究范围扩大到城区常住人口 300 万以上的 I 型以上大城市，共计 20座，包括上海、北京、深圳、天津、重庆、成都、广州、沈阳、哈尔滨、青岛、昆明、杭州、长沙、郑州、长春等城市。调查于 2020 年 11 月开展，第六章《大型城市青年文化观研究》是该调查研究的成果。

目 录
Contents

第一章
绪　论

　　80后和90后是我国有史以来的"独生子女一代",他们在"养尊处优"和"有求必应"的环境中长大成人,备受家庭关怀与溺爱,长期以来一直受到多方非议。[①] 改革开放以来,中国经济快速发展,人民生活水平实现从贫困到小康再到富裕的三级跳跃,计划生育政策(也被称为"独生子女政策")的全面实行使得大部分城市孩子和一些富裕地区的农村孩子成为家庭的中心。80后和90后是我国有史以来的"信息化一代",他们成长在全球化、市场化、信息化高速发展的环境下。新兴媒体的历次诞生和革命都会催生一代又一代的"新人类",如同"报纸一代"和"广播一代"一样,电视和网络的大规模普及和应用造就了"电视一代"(80后)和"网络一代"(90后)。[②] 在信息化高度发达的时代背景下,中国早已不再封闭,80后和90后的生长环境无时无刻不在受到全球化,尤其是西方文化思想的巨大影响。这种影响甚至直接冲击着中国传统文化的价值与生存空间,如西方所谓的非正统、疯狂和张扬、叛逆、拜金和享乐、颓废等各种文化表现均堂而皇之地进入中国,个性、多元、小众等颇具西方文化色彩的内在价值日渐凸显等。[③]

---

① 林可.从诺丁斯"关怀教育理论"审视中国"80后"独生子女的关怀品质[J].少年儿童研究.2009(4):9-14.范雷.80后的政治态度——目前中国人政治态度的代际比较[J].江苏社会科学,2012(3):54-62.

② 胡智锋,周建新.新媒体语境下电视节目生产的发展空间[J].视听界,2008(5):31-34.周海英.从媒介环境学看新媒体对社会的影响[J].兰州学刊,2009(6):165-169.吕鹏.作为假象的自由:用户生成内容时代的个人与媒介[J].国际新闻界,2017.39(11):68-82.张美玲.移动媒体使用对上海高校青年教师价值观念的影响[D].上海交通大学,2018.

③ 陆士桢、杨永虎.信任"80后"悦纳"90后"[J].中国德育,2011.6(7):28-30.原黎黎.新媒体背景下大学生理想信念教育有效路径研究[D].河北师范大学,2017.路鹏."80后"与"90后"青年特征比较分析[J].北京教育(德育),2010(1):14-17.

随着时代的飞速发展、移动媒体的迅速普及,网络、数字信息技术,4G/5G移动通信技术和智能手机制造技术的不断更新与成熟,手机 APP 等一系列新兴移动媒体软件的迅速发展,人们获取外界信息的渠道不再单一,呈现出多样性。人们的价值观念随着互联网大环境的更迭而在潜移默化中发生着改变,移动媒体的使用对受众的价值观念产生了一定影响。在互联网环境下,网上舆论工作地位凸显,变得越来越重要。习近平总书记指出:"做好网上舆论工作是一项长期任务,要创新改进网上宣传,运用网络传播规律,弘扬主旋律,激发正能量,大力培育和践行社会主义核心价值观,把握好网上舆论引导。"[1]新媒体环境下,人们表现出越来越多元化的价值观,不同的思想和文化观念逐渐产生摩擦和碰撞,这样的现象和情况也直接影响了青年群体,他们的价值观念也逐步体现出多样化和复杂化的特点,在 PC(个人电脑,personal computer)端和移动终端的网络大潮中引领着社会潮流。青年群体是社会化媒体的重要使用者,对这一群体的媒体使用行为、文化价值取向以及思想政治观念进行分析,加强青年价值观念引领将有助于社会的健康发展。

第一节　研究意义

21 世纪以来,互联网的发展超越了以往新技术的创新扩散速度,尤其是近十年来社交媒体的崛起与移动媒体技术的结合,对用户使用行为、信息生产与分享方式、商业结构,以及社会关系等带来了颠覆性的革命。互联网是信息时代最核心的科技生态,影响着国家的社会民主化进程。尤其是各种社交媒体的勃兴,使民众从新闻的看客直接成为了新闻的参与者。在"前互联网"时代,屈指可数的几家主流媒体主导着议程设置,他们在很大程度上影响了公众对政治和社会议题的认知、立场和相关行为。[2] 传统媒体生产出的新闻以内容制胜,哪家推出的成果质量高,受众人数就更多,影响就更广泛。人们看重的媒体要素是内容与形式。但互联网彻底改写了大众传播的图景,在互联网时代,影响新闻产出效果的因素不仅局限于内容与形式,除内容、形式等要素之

① 习近平.把我国从网络大国建设成为网络强国[J].信息安全与通信保密,2014(3): 10 - 11.
② 高宪春.新媒介环境下议程设置理论研究新进路的分析[J].新闻与传播研究,2011,18(1): 12 - 20+109.

外,社交、场景等核心要素也加入新兴媒体研究和发展的考虑范围之内。① 议程设置理论也演变为网络议程设置理论(network agenda setting),②多种以往传统媒体未能涉及的要素融入其中,并产生了越来越重要的影响力。传统媒体对网络公众议程的影响力在下降,但社交媒体传播的信息却对传统媒体产生着显著影响。③ 更进一步,在人工智能和算法的影响下,算法议程设置的诞生意味着新媒体通过"计算机协同人工来控制社交媒体网络,此举可以显著提升宣传者的宣传能力"。④ 例如,2016年,特朗普竞选团队剑桥分析(cambridge analytica)利用脸书可以"对一个村庄或小区,乃至一个个人,进行有针对性的宣传"。⑤ 今天,移动媒体技术高度发达,但它仍然在不断进步。现今社会,几乎每一青年都可以拥有一部自己能消费得起的移动媒体。在使用移动媒体进行信息传播的过程中,传播内容更加平民化,传播途径更加多样化,传播对象更加精准化。

媒体不仅仅是人的延伸,而是已然成为人的一部分,并且构建了现代社会的基石。⑥ 近年来,在大数据与脑科学的推动下,人工智能技术发展迅速。尽管目前人工智能诸多技术仍处于不成熟阶段,但是可以预期,未来以大数据、人工智能技术为核心的新媒体将提供崭新的人与信息、人与人、人与机器的交互界面。届时,未来媒体技术不仅将革命性地创造人类生产和生活的新空间,也将拓展国家治理的新领域。意识形态斗争借助网络技术的力量,在外部势力的推动和内部矛盾的碰撞下,以网络空间为土壤不断发酵,以移动媒介为手段扩散,给国家传统安全和非传统安全,以及网络意识形态建设带来巨大挑战,如:(1)在网络空间下,一些西方国家以文化传播方式对我国主流意识形态进行逐层渗透,它们"借网络新兴媒体、手机社交软件等载体传播西方意识形态,对我国社会主义核

---

① 彭兰.场景:移动时代媒体的新要素[J].新闻记者,2015(3):20-22.
② Vu HT, Guo L, McCombs ME. Exploring "the World Outside and the Pictures in Our Heads": A Network Agenda-Setting Study[J]. *Journalism & mass communication quarterly*. 2014, 91(4): 669-686.
③ 史安斌、王沛楠.议程设置理论与研究50年:溯源·演进·前景[J].新闻与传播研究,2017,24(10):13-28+127.
④ 方师师.社交媒体操纵的混合宣传模式研究[J].现代传播(中国传媒大学学报),2018,40(10):143-150.
⑤ 造就.起底特朗普幕后的大数据黑手[EB/OL].2017-2-20. http://www.iheima.com/article-161329. html.
⑥ [加]麦克卢汉.理解媒介:论人的延伸[M].何道宽.译.北京:商务印书馆,2000.

心价值体系造成威胁".① ② 青年群体占我国网民的绝对多数。除了部分有身体缺陷的人,我国的青年群体几乎全民上网。互联网时代的信息碎片化、泛娱乐化思潮和社交虚拟化等将不可避免地导致青年意识形态走向"过度娱乐化"和"民粹化"等。一系列的网络乱象表明,传统意识形态教育和网络治理模式面对大数据、人工智能和网络算法等无处不在的渗透几无抵抗之力,青年网络意识形态建设面临巨大挑战。

第二节　互联网时代青年定义和特点

社交媒体催生了新世代的"新人类"。他们是成长于互联网、移动互联网时代下的 80 后、90 后、00 后的新青年。他们能够极为纯熟地运用以互联网为代表的新媒体,并在各类"公民运动"中充当"互联网行动主义者",即"以各种技术手段进行传播、动员、游说、组织,以达到发动大规模社会运动的目的".② 社交媒体的使用者多具有年纪轻、学历高、运用科学技术手段的能力、批判性思维,以及喜欢沟通传播等特征,他们和在"旧世界"中使用传统媒体的人会有更大鸿沟.③ 在中国大陆,他们几乎是和世界先进国家的同龄人处于同一水平的一代人,其特点主要有:

第一,他们是"信息化一代"。他们成长在全球化、市场化、信息化高速发展的环境下。在信息化高度发达的时代背景下,中国"新青年"的生长环境早已不复过去中国对世界的相对封闭,他们无时无刻不在受到全球化的影响,尤其是泛滥的西方思想的影响。他们视野开阔,喜欢创新,主动求变,反对因循守旧,故步自封,因此对各种新鲜外来事物拥有强烈的好奇心和无尽的求知欲,对西方文化尤其充满兴趣,追捧西方政治思想等.④

第二,他们是我国有史以来的"独生子女一代"。改革开放以来,中国经济高

① 刘永志.西方意识形态网络渗透新态势及我国对策研究[J].马克思主义研究,2017,(12):96-105.于静娴.自媒体时代我国网络意识形态安全研究[D].渤海大学,2020.
② 闵大洪、刘瑞生.香港"占中"事件中的新媒体运用及思考[J].新闻记者,2015(1):65-73.苏钥机.新意念、新媒体、新模式:美国传媒业的发展[M]//谢耘耕,陈虹.新媒体与社会(第五辑).北京:社会科学文献出版社,2013.
③ 闵大洪、刘瑞生.香港"占中"事件中的新媒体运用及思考[J].新闻记者,2015(1):65-73.
④ 黄世虎.网络时代中国主流意识形态建设研究[M].南京:南京大学出版社,2020.

速发展,人民生活水平持续增长,并实现了从贫穷落后到小康再到富裕的三级跳跃。而计划生育政策的全面实行使得大部分城市孩子和一些富裕地区的农村孩子成了"独生子女政策"的受益者,他们变成家庭中"独一无二"的中心,并被冠名"小皇帝"。[①] 因此,他们大多生活在物质相对优越的独生子女家庭,从小备受家庭的关怀与溺爱,在养尊处优和有求必应的环境中长大,[②]这使得他们的思想观念趋向个体化,个人中心意识强烈,自主意识强烈,追求平等、自由,崇尚民主,渴望受到尊重。[③]

第三,他们构成了大陆网民的主体,呈现网络泛社交化倾向。截至 2021 年 6 月,我国网民规模为 10.11 亿人,互联网普及率达 71.6%。其中,手机网民为 10.07 亿人(占 99.6%)。[④] 而 2016 年 12 月,我国网民规模仅 7.31 亿人,互联网普及率为 53.2%,其中手机网民 6.95 亿(占 95.1%)。[⑤] 这意味着以移动媒体的迅猛发展为标志的新媒体时代将进入一个新阶段。在中国,各类社交应用持续稳定地发展,互联网平台实现泛社交化。一方面,综合性社交应用引入短视频、直播等来实现用户和流量的双增长。另一方面,针对不同场景、不同垂直人群、不同信息承载方式的细分社交平台进一步丰富,并向创新、小众化方向发展。[⑥] 截至 2020 年 6 月,微信朋友圈、QQ 空间作为即时通信工具衍生出来的社交服务,用户使用率分别为 85.0%、41.6%,相较于 2016 年的 85.8%、67.8%均有所下降;微博作为社交媒体,得益于名人明星、网红、媒体内容生态的建立与不断强化,以及在短视频和移动直播上的深入布局,用户使用率持续回升,达 40.4%(2016 年时为 37.1%)[⑦](见图 1-1)。

---

① 王勤.走向前台的"80 后":解读 80 年代生人[J].中国青年研究,2005(4):55-59.
② 孙云晓.独生子女的父母们联合起来[J].少年儿童研究,2005(1):4-5. 孙云晓.较量:思想的较量——《夏令营中的较量》一文引起争论现象的剖析[J].少年儿童研究,1994(3):23-27. 孙云晓.我为何写——《夏令营中的较量》[J].少年儿童研究,1994(2):6.
③ 张海华,张丽坤.开展文化教学 激发学习热情[J].才智,2011(13):112.
④ 中国互联网络信息中心(CNNIC).第 48 次《中国互联网络发展状况统计报告》[EB/OL].2021-9-15, http://www.cnnic.net.cn/hlwfzyj/hlwxzbg/hlwtjbg/202109/P020210915523670981527.pdf.
⑤ 中国互联网络信息中心(CNNIC).第 39 次《中国互联网络发展状况统计报告》[EB/OL].2017-1-22, http://www.cnnic.net.cn/hlwfzyj/hlwxzbg/hlwtjbg/201701/P020170123364672657408.pdf.
⑥ 黎勇,陈丽霞,李维康.中国互联网发展与治理研究报告(2017)[J].汕头大学学报(人文社会科学版),2017(11):88-105.
⑦ 中国互联网络信息中心(CNNIC).第 46 次《中国互联网络发展状况统计报告》[EB/OL].2020-9-29, http://www.cnnic.net.cn/hlwfzyj/hlwxzbg/hlwtjbg/202009/P020210205509651950014.pdf. 中国互联网络信息中心(CNNIC).第 39 次《中国互联网络发展状况统计报告》[EB/OL].2017-1-22, http://www.cnnic.net.cn/hlwfzyj/hlwxzbg/hlwtjbg/201701/P020170123364672657408.pdf.

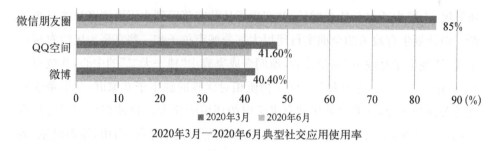

2020年3月—2020年6月典型社交应用使用率

2016年6月—2016年12月典型社交应用使用率

图 1 - 1　2016、2020 年典型社交应用使用率

第三节　问题提出

随着 40 多年的改革开放和经济的快速增长,社会转型所带来的"贫富分化""利益冲突""体制外压力""道德沦丧""秩序失范"等矛盾和乱象均日益凸显出来,我国民主建设、法治建设等方面滞后的弊端也日益明显。[①] "互联网时代青年"所面临的现实困境很多,这对他们的思想观念带来冲击。

一、"互联网时代青年"成长的环境复杂多变

第一,腐败问题。党的十三大报告第一次正式提出反腐主张;十四大报告提出"只有坚决克服腐败现象,才能密切党和群众的联系,取信于民";十五大报告将反腐败提升到"是关系党和国家生死存亡的严重政治斗争";到十六大报告将反腐败提升至"全党一项重大的政治任务";党的十七大和十八大反复强调反腐败关系到党的生死存亡。过去 30 多年里,党和国家的反腐决心与手段不断强化,但腐败问题依然严峻。

---

① 马长山."法治中国"建设的问题与出路[J].法制与社会发展,2014,20(3):5 - 20.

第二,体制内与体制外的错位运行。如在弱势群体身上折射出的"社会断裂"的结构性问题。①

第三,社会冲突随机性迸发。如群体性事件在各种因素的影响下时有发生,并呈现出新的特点。

第四,拜金功利心态下的"丛林秩序"。改革开放以来,与经济飞速发展、物质生活丰裕并不相称的是价值迷失等问题。② 一些人不讲诚信、缺乏公德,崇尚"能搞到钱就算赢"的"丛林秩序"。③

二、现实生活中"新青年"面临众多困境和潜在威胁

(一) 阶层流动呈固化趋向

青年的阶层固化是指"青年群体内部各阶层之间由于文化、经济、社会等资源占有的多寡,而形成的非正常社会流动现象,具体表现为'草根二代'向上流动的渠道受阻,而'精英二代'的代际流动继承性增强"。④ 由于改革过程中利益分化加剧,社会纵向流动的通道日趋狭窄,下层向上层社会流动受阻,当前的精英发生发展机制已经从改革初期的以"精英循环"为主转变为以"精英复制"为主;如代表上层精英的官二代、富二代、星二代和代表社会底层的民二代、农二代和穷二代等。⑤ 具体而言,一方面,高等教育加剧了这一趋势。从 1978 年我国恢复高考起,一大批来自贫寒家庭的年轻人通过高考,真正实现了"鲤鱼跳龙门"。但 1999 年后高校普遍扩招和学费上涨让一些收入偏低的家庭望而却步,某种程度上扩招的机会较少流向农村,并出现了"寒门难出贵子"的现象;⑥另一方面,城乡差距加大。大学收费高、毕业工作难找等问题,导致农村家庭的子女通过教育实现向上流动的成本越来越高,动力也越来越小。此外,北京、上海、广州、武汉等大城市频现"蚁族""群租"现象。所谓的"蚁族"就是受过高等教育,但大都

---

① 孙立平.关注我国的弱势群体[J].工友,2002(10):20 - 22. 孙立平.我们在开始面对一个断裂的社会[J].战略与管理,2002(2):9 - 15. 孙立平.正视不同群体的矛盾要求[J].领导决策信息,2002(9):26. 孙立平.资源重新积聚背景下的底层社会形成[J].战略与管理,2002(1):18 - 26.
② 陈岚桦.面对权力诱惑,要"Hold"住[N].海南日报,2012 - 10 - 13.
③ 马长山.网络反腐的"体制外"运行及其风险控制[J].法商研究,2014,31(6):3 - 11. 马长山."法治中国"建设的问题与出路[J].法制与社会发展,2014,20(3):5 - 20.
④ 邓志强.网络时代青年的社会认同困境及应对策略[J].中国青年研究,2014(2):68 - 73. 邓志强.新时期青年政治意识表达研究[J].湖南行政学院学报,2013(1):37 - 42.
⑤ 张群梅.当前中国阶层流动固化趋向与治理路径分析——基于集团分利视角[J].河南大学学报(社会科学版),2012,52(3):34 - 39. 马传松,朱挢.阶层固化、社会流动与社会稳定[J].重庆社会科学,2012(1):35 - 39.
⑥ 白天亮,曲哲涵.向上流动的路怎样才畅通[N].人民日报,2010 - 9 - 16(17).

毕业于国内二三流高校,大部分来自农村和小城镇,家庭收入较低的群体。"群租"就是将一套房间或者分割成很多小间,按间分租;或者在房间内布置多张床位,按床位出租等。①

(二)"新青年"中潜伏新的阶层冲突甚至对立

由于"草根二代"缺乏资源和资本,再加上制度性障碍,他们很难进入"精英二代"的社会网络。随着时间的推移,"草根二代"和"精英二代"两者之间在生活习惯、行为方式、处世态度、价值观念等诸多方面均会形成"泾渭分明"的自有特征。一旦阶层固化的趋势明显显现,两者间的隔阂与鸿沟势必会进一步加大。比如现实生活中的"仇富""仇官"心态就是这一冲突的具体表现,一部分"草根二代"遂转向网络社会寻求慰藉,他们通过在博客、微博、贴吧等社交媒体发帖而"吐槽",发泄他们对现实生活中的各种不满和压力。与此同时,负面情绪通过网络集中和放大,并进一步强化了"草根二代"的"不公平感"和"相对剥夺感",在这一系列的"恶性循环"之下,他们就可能最终演变成"愤怒的一代"。②

(三) 思想价值观念撕裂

在全球化时代,全世界正在走向一个"多元化""破碎化""原子化"的"混乱和分裂的世界",并出现了"反政治情结的普遍化"。③ 国内也毫不例外,党的十八大召开之前,各种社会思潮空前的多元涌动与激烈碰撞,并达到一个高潮。④ 由于缺少明确指引和价值共识,社会思想陷入一定的混乱,随之而来的是"带路党""五毛党""美分党""标题党""柿油党"等各种乱象。⑤

---

① 廉思.我国高校青年教师社会不公平感研究[J].中国青年研究,2012(9):18-23+100. 廉思.从"蚁族"视角分析高等教育对社会流动的影响[J].当代青年研究,2012(2):1-6. 廉思.创新社会管理给"蚁族"一个出口[J].中国党政干部论坛,2011(6):43-44. 廉思,张琳娜.转型期"蚁族"社会不公平感研究[J].中国青年研究,2011(6):15-20. 冯丹,雷雳,廉思."蚁族"青年网络行为的特点及成因[J].中国青年研究,2010(2):25-29+97. 廉思.我国"校漂族"群体的生存现状与定量研究[J].社会科学家,2009(4):40-44.

② 邓志强.青年的阶层固化:"二代们"的社会流动[A].中国青少年研究中心、中国青少年研究会、共青团北京市委员会、北京市青年联合会.中国特色社会主义事业与青少年发展研究报告——第八届中国青少年发展论坛暨中国青少年研究会优秀论文集(2012)[C].中国青少年研究中心、中国青少年研究会、共青团北京市委员会、北京市青年联合会:中国青少年研究会,2012:9.

③ 卡尔·博格斯.政治的终结[M].陈家刚,译.北京:社会科学文献出版社,2001. 马长山."法治中国"建设的问题与出路[J].法制与社会发展,2014,20(3):5-20.

④ 周瑞金.依法治国:深化改革的新起点[J].同舟共进,2014(12):25-27. 周瑞金.皇甫平重出江湖是怎么一回事?——我的新闻生涯片断之三[J].世纪,2014(6):10-13.

⑤ 周瑞金.艰难险阻方显改革总设计师本色[J].人民论坛,2014(18):22-25.

第四节　研究方法

本书主要采用网络大数据、文献分析、案件分析、问卷调查、数据分析、焦点小组访谈等研究方法,对青年网络意识形态进行研究。

第一,试点民意调查验证假设。民意调查(public opinion survey)是"用来了解公众舆论倾向的一种社会调查,它运用科学的调查与统计方法,反映一定范围内的民众对某个或某些社会问题的态度倾向"。① 随着科学技术的发展和现代通信技术相结合,民意调查衍生出自填问卷法(包括个别发送法、集中填答法、邮寄填答法和网络调查法)和结构访问法(包括面谈访问法和电话访问法)等。② 本研究采用民意调查和试点调查(pilot survey)相结合的研究方法,大胆假设,小心求证。一方面,通过对网络意识形态风险现象进行综合梳理,筛选出影响"青年网络意识形态"的主要因素和变量;另一方面,系统地设计问卷,通过民意调查来验证假设。

第二,焦点小组访谈(focus group interview)聚焦问题。通过召集跨学科的专家来组成专家会议,相关专家不仅有较丰富的知识和经验,而且能够跨越学科的樊篱。随后上述专家组成专家小组,就各种网络意识形态风险现象进行梳理,开展座谈讨论,互相启发,集思广益,最后聚焦核心问题和核心要素。

第三,文献分析法(bibliographic analysis)。文献分析法是"指通过对收集某方面的文献资料进行研究,以探明研究对象的性质和状况,并从中引出自己观点的分析方法"。③ 文献分析法的主要内容有:对查到的有关档案资料进行分析研究;对收集到的公开出版的书籍刊物等资料进行分析研究。④

第四,案例分析法(case analysis method)。案例分析法又称个案研究法,是"对某一特定个体、单位、现象或主题的研究"。⑤ 这类研究广泛收集相关研究的

---

① 姜琳.民意调查中非抽样误差的控制方法[J].调研世界,2017(11):52-54. 风笑天.社会调查方法还是社会研究方法? ——社会学方法问题探讨之一[J].社会学研究,1997(2):23-32. 风笑天.方法论背景中的问卷调查法[J].社会学研究,1994(3):13-18. 风笑天.我国社会学恢复以来的社会调查分析[J].社会学研究,1989(4):12-18.

② Jenkins, Cleo R., Don A. Dillman. *Towards a theory of self-administered questionnaire design*[M]. Bureau of the Census, 1995. Richard Rogers, Ed. *Structured interview of reported symptoms*[M]. New Jersey: John Wiley & Sons, Inc., 2010.

③ 孙非凡."黑妈妈"民间信仰的人类学研究[D].吉林大学,2021. 王欣然.德国学界对职业教育研究的最新进展[J].知识文库,2022(2):4-6.

④ 萧浩辉,陆魁宏,唐凯麟.决策科学辞典[M].北京:人民出版社,1995.

⑤ 赵静华.有声作业设计在音乐教学中的应用研究[D].西北师范大学,2018.

所有资料,并详细地整理和分析研究对象的发生和发展过程、其内在和外在因素及其相互关系,以形成对有关问题的深入全面的认识、了解和结论。[①] 个案研究的单位可以是个人、群体、组织、事件或者某一类问题,由此产生人员研究个案、各生活单位或社会团体个案、传播媒介个案,以及各种社会问题个案等。

第五节　研究框架

本书采用层次递进式的研究方式,首先,梳理了国内外的相关研究成果和调查研究结果;其次,先后开展两次区域性的探索性研究,并不断扩大研究范围;最后,在上述研究基础上,进行全国性、理论创新研究,并构建中国青年价值观理论体系。研究的总体框架和各章节的安排如图1-2所示。

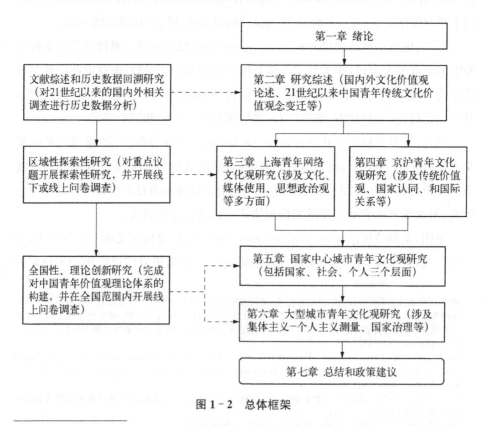

图1-2　总体框架

---

① 曹凤仪.“三社联动”项目中社会工作机构参与问题研究[D].西北师范大学,2019.

第一章,绪论。探索了研究的意义;第二章,研究综述。采用历史数据研究方法,对 21 世纪以来的研究进行深入分析;第三章,上海青年网络文化观研究。进行小范围的探索性研究;第四章,京沪青年文化观研究。开展区域性的探索性研究,对重点议题开展线下、线上问卷调查;第五章,国家中心城市青年文化观研究。创新地构建中国青年价值观体系,并在全国五城进行预调研;第六章,大型城市青年文化观研究。拓展到 20 城市,开展大规模调查,以论证中国青年价值观的有效性;第七章,总结和政策建议。

第二章
研究综述

　　青年是国家的未来和民族的希望。2014 年,习近平总书记在北京大学师生座谈会上《青年要自觉践行社会主义核心价值观》的讲话中指出:"青年的价值取向决定了未来整个社会的价值取向,而青年又处在价值观形成和确立的时期,抓好这一时期的价值观养成十分重要。"①2017 年习近平总书记在中国共产党第十九次全国代表大会上的报告《决胜全面建成小康社会 夺取新时代中国特色社会主义伟大胜利》中再次强调"青年的价值取向决定了未来整个社会的价值取向"。② 不同时代有不同的文化主旋律,每个时代的青年都有其青春话题和青春主色调。对于我国不同历史时期的青年而言,由于时代的发展和社会的进步,青年在社会化的关键时期所嵌入的社会背景和文化主旋律也各有不同,青年的价值取向也随之而来发生变迁。③ 因此,如何使青年一代的成长成才与时代发展的要求相适应,不仅事关一个民族和一个国家,而且事关整个人类的前途和命运。④

　　文化是青年价值观和价值意识的重要来源。价值观是"多种人文、社会学科关注的一个问题,哲学、经济学、伦理学、教育学、人类学、社会学、社会心理学等

① 习近平.青年要自觉践行社会主义核心价值观——在北京大学师生座谈会上的讲话[EB/OL].2014 - 5 - 5,http://www.gov.cn/xinwen/2014 - 05/05/content_2671258.htm.
② 习近平.决胜全面建成小康社会 夺取新时代中国特色社会主义伟大胜利:在中国共产党第十九次全国代表大会上的报告[M].北京:人民出版社,2017.
③ 李庆真.网络化背景下青年价值观代际群比较研究[J].浙江社会科学,2016(3):74 - 81+88+158.
④ 杨晓慧.构建人类命运共同体视域下青少年价值观教育的中国特色与国际视野[J].思想政治教育研究,2018,34(4):18 - 21.

学科都在这一领域进行过不同角度的探索"。① 青年价值观包括"青年对身边所有事物的心理感受和主观认识等,它构成青年人的行为动机和价值判断标准"。② 而精神文化会直接作用于青年的心理、思维和情感,并对塑造青年价值观有着难以忽视的巨大作用。按照美国文化人类学家露丝·本尼迪克特(Ruth Benedict)的"文化模式论",③李庆真认为"每一种文化都有一个主旋律,即典型性的目的,又叫希图优越的欲望。这种典型性的目的从内部决定文化的性质。因此,她认为,任何一种文化模式的生活方式和文化方式都是由这个主旋律决定的。一个文化和另一个文化,一个民族和另一个民族不仅在习俗方面与邻近的民族不同,而且在生活总体倾向上也有差别,这种差别是由主旋律决定的"。④

第一节 西方价值观研究

在西方心理学领域,价值观的研究追溯到 20 世纪 20～30 年代。⑤ 1926 年佩里(Perry)探讨了价值的 8 个领域(道德、宗教、艺术、科学、经济学、政治学、法学和习俗),并将价值观分为 6 类,包括认知的、道德的、经济的、政治的、审美的和宗教的。⑥ 1931 年美国心理学家奥尔波特(Allport)和阜农(Vernon)出版《一项价值观的研究》(*A Study of Values*)一书,他们采用德国哲学家和心理学家斯普兰格(Spranger)对人的 6 种分类(经济的、理论的、审美的、社会的、宗教的、政治的),设计了具有开创意义的"价值观研究量表"。⑦ 经过众说纷纭的 20 世纪40 年代,到了 50 年代,克拉克洪(Kluckhohn)提出了价值观的定义:"价值观是一

① 李德顺.价值学大辞典[M].北京:中国人民大学出版社,1996.
② 赵汇.杨超然.文化消费主义对青年价值观的影响与引导[J].中国特色社会主义研究,2017(4):63-67+72.
③ [美]露丝·本尼迪克特.文化模式[M].王炜,等,译.北京:社会科学文献出版社.2009.
④ 李庆真.乡村情缘在农村现代化进程中的社会效应[J].安徽大学学报,2003(4):108-112.
⑤ 岑国桢,顾海根,李伯黍.品德心理研究新进展[M].上海:学林出版社,1999.
⑥ Perry, Ralph Barton. General Theory of Value: Its Meaning and Basic Principles Construed in Terms of Interest. New York: Longmans, Green and Company, 1926. 孙丽娟.瑟斯顿 IRT 模型在迫选式道德价值观量表中的应用[D].西南大学,2015. 李红字.分析哲学传统重视价值论研究[J].江海纵横,2014(1):41.
⑦ Allport, Gordon W. and Vernon, Philip E. A Study of Values. Boston: Houghton Mifflin Company, 1931. 金盛华,辛志勇.中国人价值观研究的现状及发展趋势[J].北京师范大学学报(社会科学版),2003(3):56-64.

种外显的或内隐的，有关什么是'值得的'的看法，它是个人或群体的特征，它影响人们对行为方式、手段和目的的选择。"①在区分了"值得的"(the desirable)和"想要的"(the desired)两个概念之后，研究者们对价值观的基本定义达成了共识，并将价值观定位为与"以人为中心的"，与"值得的"有关的东西。②

　　随着越来越多的学者对价值观展开研究，其概念得到不断的修整和补充。加布里埃尔(Gabriel)认为"价值观是我们行动的向导"；③格林(Green)认为"个性是个人的价值观(努力追求各种目标，诸如理想、名望、权力、异性)，及其社会化而带来的种种特性(行为和各种反应的个人独特的惯常方式)的总和"。④ 罗杰斯(Rogers)认为"价值观的确立并不是不变的，而是不断变化的。去年看似有意义的油画现在却兴趣索然；过去觉得个人的工作方式舒适，现在却不适合了；过去觉得是真的信仰，现在发现是半真半假，或全然是假的"。⑤ 雷斯等认为"价值观是决定个人如何度过他一生的那些因素"。⑥ 贝尔和雷斯奇(Braier & Rescher)认为"价值观是一个人的希望、欲求、需要、喜爱、选择以及他认为值得要的、较合人意的、有用的、必须做的，乃至社会禁止的、认可的或强制的一切"。⑦

　　就价值观的测量，心理学家根据各自的理论构架，尝试使用单测题、多测题、情景化、投射化、序列式或非序列式等各种量表编制技术，试图让其具有更好的信度与效度。⑧ 罗宾逊(Robinson)等主编的《性格与社会心理测量总览》(*Measures of Personality and Social Psychological Attitudes*)一书汇集了 15 种价值观测量工具。⑨ 目前西方主要的价值观测量量表有罗克奇价值观调查

① Kluckhohn, C. K. M. Value and value orientation in the theory of action: An exploration in definition and classification[C], in T. Parsons, E. A. Shils (Eds.). Toward a general theory of action. Cambridge, MA: Harvard University Press, 1951.
② 杨宜音.社会心理领域的价值观研究述要[J].中国社会科学,1998(2)：82 - 93.
③ Gabriel, R. H. Traditional values tn American life[M]. New York: Harcourt Brace, and world, 1963.
④ 张进辅.冯维.心理学[M].台北：新文京开发出版有限公司,2002. 张进辅.论青年价值观的形成与引导[J].西南大学学报(社会科学版),2007(3)：82 - 87.
⑤ Rogers, Carl R. Toward a modern approach to values: The valuing process in the mature person[J]. Journal of Abnormal Psychology, 1964, 68(2)：160 - 167. 徐华春.青年人生价值观的横断与纵向研究[D].西南大学,2006.
⑥ Raths, Louis Edward, Merrill Harmin, and Sidney B. Simon. Values and Teaching: Working with Values in the Classroom. Columbus, Ohio: C. E. Merrill Books, 1966.
⑦ Braier, K., Rescher, N. Values and the Future [M]. New York: Free Press, 1969. 王红时.高职大学生价值观、人格特征及关系研究[D].湖南师范大学,2008. 许加明.Rokeach《价值观调查量表》(The Value Survey)的修订[J].山东教育学院学报,2005(4)：10 - 15.
⑧ 杨宜音.社会心理领域的价值观研究述要[J].中国社会科学,1998(2)：82 - 93.
⑨ Wrig htsman, L. S., John P. Robinson, Phillip R. Shaver. Measures of personality and social psychological attitudes[M]. San Diego, CA: Academic Press, Inc, 1990.

表、霍夫斯泰德文化维度理论、施瓦茨价值观量表和个体主义—集体主义量表等。

一、罗克奇价值观调查表

米尔顿·罗克奇(Milton Rokeach)把价值观理解为"一种持久的信念,一种具体的行为方式或存在的终极状态,对个人或社会而言,比与之相反的行为方式或存在的终极状态更可取"。[①] 1973 年他编制的罗克奇价值观调查表(Rokeach values survey)是国际上广泛使用的价值观调查问卷。该量表提出了两类价值系统:一是终极性价值观(terminal values),指"个人价值和社会价值,用以表示存在的理想化终极状态和结果;它是一个人希望通过一生而实现的目标"。二是工具性价值观(instrumental values),指"道德或能力,是达到理想化终极状态所采用的行为方式或手段。"终极性和工具性价值观各自包含 18 项具体内容(见表2-1)。[②] 在测试的时候,受测者按照其对自身的重要性分别对终极性和工具性两类价值系统排列顺序,将最重要的价值排在第 1 位,次重要的价值排在第 2位,依此类推,最不重要的价值排在第 18 位。该量表可测得不同的价值在不同的人心目中所处的相对位置,或相对重要性程度。它把各种价值观放在整个系统中进行比较,因而更能体现价值观的系统性和整体性。[③]

表 2-1　罗克奇价值观调查表

终 极 价 值 观	工 具 价 值 观
舒适的生活(富足的生活)	雄心勃勃(勤奋工作、奋发向上)
振奋的生活(刺激的、积极的生活)	心胸开阔(头脑开放)
成就感(持续的贡献)	能干(有能力、有效率)
和平的世界(没有冲突和战争)	欢乐(轻松、愉快)
美好的世界(艺术与自然之美)	清洁(卫生、整洁)

---

① Rokeach, M.. *The Nature of Human Values*[M]. New York: Free Press, 1973.
② 梅格·惠特曼.一个 CEO 的价值思考[J].商学院,2010(9):42-46. 孙宝云,苏隽.解析斯诺登的价值观:罗克奇价值观量表的视角[J].保密科学技术,2015(5):54-60.
③ 梅格·惠特曼.一个 CEO 的价值思考[J].商学院,2010(9):42-46.

终 极 价 值 观	工 具 价 值 观
平等(手足之情、机会均等)	使人鼓舞(坚持自己的信念)
家庭安全(照顾自己所爱的人)	宽容(愿意谅解他人)
自由(独立、自由选择)	乐于助人(为他人的幸福安康着想)
幸福(满足)	正直(真挚、诚实)
内心的和谐(没有内在冲突)	富于想象(勇敢、有创造性)
成熟的爱(性和精神上的亲密)	独立(自力更生、自给自足)
国家的安全(免受攻击)	富有知识(智慧、善于思考)
快乐(享受的、闲暇的生活)	合乎逻辑(理性的、稳定的)
救世(得救的、永恒的生活)	博爱(充满感情的、温柔的)
自尊(自敬)	顺从(有责任感的、可敬的)
社会承认(尊敬、赞赏)	礼貌(彬彬有礼的、有修养的)
真挚的友谊(亲密关系)	责任(可靠的、值得信赖的)
睿智(对生活有成熟的理解)	自控(自律、自我约束)

二、霍夫斯泰德文化维度理论

霍夫斯泰德(Hofstede)的文化维度理论(cultural dimensions theory)是衡量不同民族文化价值观的突出成果之一。从 1967 到 1973 年,霍夫斯泰德在跨国公司 IBM(国际商业机器公司)进行了一项包括两轮问卷调查的大规模文化价值观调查,涵盖 IBM 公司的各国员工(涉及 20 多种不同语言、72 个国家),共发放调查问卷 116 000 多份,并回收了答案。[①] 1980 年他出版了《文化的影响力：价值、行为、体制和组织的跨国比较》(*Culture's consequences: Comparing values, behaviors, institutions and organizations across nations*),并确定了四个价值观的潜在维度：权力距离(power distance, large vs small)——某一社会底

---

① 李文娟.霍夫斯泰德文化维度与跨文化研究[J].社会科学,2009(12)：126 - 129＋185.

层民众对于权力不平等分配的接受程度；不确定性规避（uncertainty avoidance，strong vs weak）；个人主义和集体主义（individualism/collectivism）以及男性气质和女性气质（masculinity/femininity）。[①] 随后于 1988 年在华人价值观调查（Chinese value survey，CVS）的基础上发展出第五个维度——长期导向/短期导向（long-term orientation/short-term orientation），[②]并于 2010 年在世界价值观调查（world values survey，WVS）的基础上发展出第六个维度——自身放纵与约束（indulgence versus restraint）。[③] 1980 年，霍夫斯泰德的调研发现"西方文化是个体主义的，东亚文化是集体主义的"。此后，个体主义—集体主义几乎主导了跨文化心理学研究。2002 年欧伊斯曼（Oyserman）等学者的分析认为，美国人和中国人的区别比美国人与日韩人之间的区别要大，中国被认为是集体主义的典型国家。[④]

三、施瓦茨价值观量表

20 世纪 80 年代以来，以色列希伯来大学心理学教授谢洛姆·施瓦茨（Shalom H. Schwartz）等人认为"价值观是合乎需要的超情境的目标，在一个人的生活中或其他社会存在中起着指导原则的作用"。[⑤] 他们编制了施瓦茨价值观量表（Schwartz values survey，SVS）（见表 2 - 2），从需要和动机出发来解释价值观的深层内涵，试图描绘出一个世界范围的价值观地形图（geography of values），并将各个文化标识在相对的位置上（mapping cultural groups）。[⑥] 他的

---

① Hofstede，Geert. *Culture's consequences: International differences in work-related values*[M]. Beverly Hills，CA：Sage Publications，1980.

② Hofstede，Geert，Michael Harris Bond. The Confucius connection：From Cultural Roots to economic Growth[J]. *Organizational dynamics*，1988，16(4)：5 - 21.

③ Hofstede，Geert，Michael Minkov. Long-Versus Short-Term Orientation：New Perspectives[J]. *Asia Pacific Business Review*，2010，16(4)：493 - 504. Indulgence VS. Restraint——The 6th Dimension[EB/OL]. https://www. communicaid. com/cross-cultural-training/blog/indulgence-vs-restraint-6th-dimension/. Pau Huo，Y.，Donna M. Randall. Exploring Subcultural Differences in Hofstede's Value Survey：The Case of the Chinese[J]. *Asia Pacific Journal of Management*，1991，8(2)：159 - 173.

④ Oyserman，Daphna，H. M. Coon，and M. Kemmelmeier. Rethinking individualism and collectivism：evaluation of theoretical assumptions and meta-analyses[J]. *Psychological Bulletin*，2002，128(1)：3 - 72. 陈玲丽，金盛华，刘文，孙丽. 个体主义—集体主义的跨文化比较——区分参照对象的视角[J].心理学探新，2014，34(6)：548 - 553.

⑤ 涂水发.当代高职学生价值观变化及对策研究[J].闽西职业大学学报，2005(3)：66 - 68.

⑥ Schwartz SH，Bilsky W. Toward A Universal Psychological Structure of Human Values[J]. Journal of personality and social psychology，1987，53：550 - 562. Bilsky W，Schwartz SH. Values and Personality[J]. European journal of personality. 1994，8(3)：163 - 181. Schwartz SH，Huismans S. Value Priorities and Religiosity in Four Western Religions[J]. Social psychology quarterly. 1995，58(2)：88 - 107. 梁翀.中学生价值观、成就目标定向和对自身学习能力评价的关系[D].天津师范大学，2007.

研究包括了 57 项价值观,用以代表自我超越、自我提高、保守、对变化的开放性态度 4 个维度的 10 个普遍的价值观动机类型(universal motivational types of values),并揭示它们之间的结构关系。[①]

表 2-2   施瓦茨价值观量表

维 度	动机类型	内 容
自我超越(1)	普遍性	指为了所有人类和自然的福祉而理解、欣赏、忍耐、保护。例如:社会公正、心胸开阔、世界和平、智慧、美好的世界、与自然和谐一体、保护环境、公平
自我超越(2)	慈善	指维护和提高那些自己熟识的人们的福利。例如:帮助、原谅、忠诚、诚实、真诚的友谊
自我提高(1)	权力	指社会地位与声望、对他人以及资源的控制和统治。例如:社会权力、财富、权威等
自我提高(2)	成就	指根据社会的标准,通过实际的竞争所获得的个人成功。例如:成功的、有能力的、有抱负的、有影响力的等
自我提高(3)	享乐主义	指个人的快乐或感官上的满足。例如:愉快、享受生活等
保守(1)	传统	指尊重、赞成和接受文化或宗教的习俗和理念。例如:接受生活的命运安排、奉献、尊重传统、谦卑、节制等
保守(2)	遵从	指对行为、喜好和伤害他人或违背社会期望的倾向加以限制。例如:服从、自律、礼貌、给父母和他人带来荣耀
保守(3)	安全	指安全、和谐、社会的稳定、关系的稳定和自我稳定。例如:家庭安全、国家安全、社会秩序、清洁、互惠互利等
对变化的开放性态度(1)	自我定向	指思想和行为的独立——选择、创造、探索。例如:创造性、好奇、自由、独立、选择自己的目标
对变化的开放性态度(2)	刺激	指生活中的激动人心、新奇和挑战性。例如:冒险、变化的和刺激的生活

---

① Schwartz SH, Bilsky W. Toward A Universal Psychological Structure of Human Values[J]. Journal of personality and social psychology, 1987, 53: 550 - 562. Bilsky W, Schwartz SH. Values and Personality[J]. European journal of personality, 1994, 8(3): 163 - 181. Schwartz SH, Huismans S. Value Priorities and Religiosity in Four Western Religions[J]. Social psychology quarterly, 1995, 58 (2): 88 - 107.

四、个体主义—集体主义量表

1986年,许志超和特里安迪斯(Traindis)基于不同文化下的人们所持有的不同价值观,编制了"个体主义—集体主义量表"(individualism‑collectivism scale,INDCOL)。他们试图从个体主义—集体主义这一维度来概括不同价值观念的文化差异。该量表涉及六种人际关系(夫妻、父母、亲戚、邻里、朋友、同事/同学)和七种假设情境(对自己为他人所做的决定或对行为本质的考虑、分享物质财富、分享非物质财富、对社会影响的敏感性、自我表现与面子、分享成果、对他人生活的情感介入)。[①] 他们把个人主义取向和集体主义取向,按照水平和垂直两个维度将文化分为了四种类型:垂直个人主义(vertical individualism,VI)、水平个人主义(horizontal individualism,HI)、垂直集体主义(vertical collectivism,VC)、水平集体主义(horizontal collectivism,HC)(见表2‑3)。[②] 他们的研究表明,东方和西方文化背景下人们的价值观存在显著的差异,东方人相对处于集体主义的一极,而西方人处于个人主义的另一极。[③]

表 2‑3 个体主义—集体主义量表

维 度	中 文	英 文
垂直集体主义 (vertical collectivism)	B3a. 尊重团队做出的决定对我来说很重要	It is important to me that I respect the decisions made by my groups.
	B3b. 不管需要做出何种牺牲,家庭成员都应该团结在一起	Family members should stick together, no matter what sacrifices are required.
	B3c. 父母和孩子必须尽可能多地在一起相处	Parents and children must stay together as much as possible.
	B3d. 照顾好家庭是我的责任,即使我不得不牺牲自己的追求	It is my duty to take care of my family, even when I have to sacrifice what I want.

① Hui C. H., Triandis H C.. Measurement in Cross-Cultural Psychology: A Review and Comparison of Strategies[J]. Journal of Cross-Cultural Psychology, 1985, 16(2): 131 - 152. Hui, C. Harry and Harry C.. Triandis. Individualism-Collectivism: A Study of Cross-Cultural Researchers[J]. Journal of Cross-Cultural Psychology, 1986, 17(2): 225 - 248.

② Triandis HC, Gelfand MJ. Converging Measurement of Horizontal and Vertical Individualism and Collectivism[J]. Journal of personality and social psychology, 1998, 74(1): 118 - 128.

③ 杨宜音.社会心理领域的价值观研究述要[J].中国社会科学,1998(2): 82 - 93.

续　表

维　度	中　文	英　文
垂直个人主义 (vertical individualism)	B3e. 胜利就是一切	Winning is everything.
	B3f. 把工作做得比别人好对我来说很重要	It is important that I do my job better than others.
	B3g. 竞争是自然法则	Competition is the law of nature.
	B3h. 当别人做得比我好时,我会有紧迫感并受到鞭策	When another person does better than I do, I get tense and aroused.
水平集体主义 (horizontal collectivism)	B3i. 同伴(同事/同学)的幸福对我来说很重要	The well-being of my coworkers is important to me.
	B3j. 如果一个同伴(同事/同学)得到奖励,我会感到自豪	If a coworker gets a prize, I would feel proud.
	B3k. 花时间和别人在一起,对我来说是一种快乐	To me, pleasure is spending time with others.
	B3l. 和别人合作时,我感到愉快	I feel good when I cooperate with others.
水平个人主义 (horizontal individualism)	B3m. 我经常做"我自己的事"	I often do "my own thing".
	B3n. 我宁愿依靠自己也不依靠别人	I'd rather depend on myself than others.
	B3o. 我大部分时间依靠自己,很少依靠别人	I rely on myself most of the time; I rarely rely on others.
	B3p. 我要有自己的与别人不同的个性,这对我来说很重要	My personal identity, independent of others, is very important to me.

第二节　中国传统文化价值观体系

中华文化是世界上唯一没有中断过的文化。中华文化大致从尧、舜、禹时代开始,在历时五千年的发展过程中,其核心就是以儒为主干,以道、佛为两翼的传统价值观。① 在殷周时期,在宗法礼制充分发展的基础上,我国已经大体形成了能够代表整个中华民族的、较为稳定的"自强不息"和"厚德载物"相统一的核心价值观,这就是中国人内在的、和谐的核心价值观。在"百花齐放、百家争鸣"的春秋战国时期,发展出阴阳、儒家、墨家、名家、法家、道家等众多的派别和学说,中国传统文化和核心价值观发生巨大变迁。老子以一部不朽的杰作《道德经》奠定了道家学派的坚实地位;孔子的儒家学说的核心思想就是一种稳定的伦理政治思想,主要包括仁(民本)—礼(宗法)—中庸这一三角架构。其中的"仁""礼""中庸"等就是对"厚德载物"的充分展开,而修养方法则包括"修身、齐家、治国、平天下"等,主要是对"自强不息"的全面阐释,它教导人们要积极"入世"。西汉时代,经过秦以来儒与道之间的激烈论战,在董仲舒的极力倡导下,汉王朝最终确立了"罢黜百家,独尊儒术"的文化格局,以及"三纲五常""天人感应"等"天人合一"的价值模式。佛学自两汉传入中国,在魏晋得到充分发展,在隋唐达到了鼎盛时期。整个过程,佛学在中国都在不断地进行着"中国化",并获得了儒家精神的充实,对中国人以儒道互补的核心价值观又起到了结构上的补充作用(见图2-1)。②

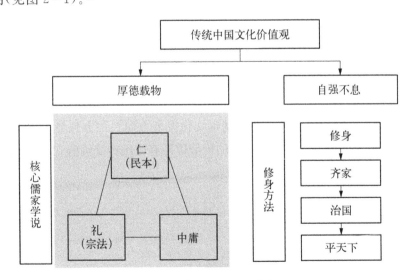

图2-1　传统中国文化价值观

① 孙英春.东亚传统的当代呈现与东亚价值观重构[J].教学与研究,2007(2):72-77.
② 周兴茂.中国人核心价值观的传统变迁与当代重建[J].东南大学学报(哲学社会科学版),2010,12(3):5-11+126.

  1840年鸦片战争之后,张骞、林则徐、魏源等人率先"睁开眼睛看世界"。[①] 魏源提出了"师夷长技以制夷"。[②] 在19世纪60～90年代,洋务派提出"中学为体,西学为用",主张既要捍卫中国传统的精神文化,又要引进西方的物质文化,"体"为根本,"用"是表象并为"体"服务。[③] 1917年,"十月革命一声炮响,给我们送来了马克思列宁主义"。[④] 1919年,五四运动中形成了爱国、进步、民主、科学的五四精神,促进了马克思主义思想在中国的传播,推动了中国共产党的建立。[⑤] 从1840到新中国成立的近百年里,经历了中国传统文化及其核心价值观与西方文化及其核心价值观的相互冲突(1840～1919),中国传统文化及其核心价值观、西方文化及其核心价值观、马克思主义及其中国化的三者交织以及相互冲突(1919～1949)两个阶段。中国传统文化和核心价值观的"三纲五常"等封建道德被冲破;西方文化及其核心价值观中的天赋人权、君主立宪、民主法制、功利主义、合理利己主义、自由、平等、博爱等引进和重点宣扬;马克思主义与中国的具体实际相结合,并从中寻找马克思主义中国化的革命道路。[⑥]

  新中国成立后的文化发展方向为"新民主主义的,即民族的、科学的、大众的文化教育"。[⑦] 毛泽东于1956年提出"百花齐放,百家争鸣"的繁荣学术文化方针。但在"文化大革命"时期,中国的传统文化和西方的一些先进文化等均完全被排斥在新中国的文化之外。改革开放以后,党中央重新确立了"实事求是"的思想路线,出现了空前的"文化热"现象,形成马克思主义主导、中国传统文化复兴、西方文化引进三者相互交织和争论的局面,并出现"复兴儒学论""全盘西化""西体中用"等各种主张。[⑧] 事实上中国文化及其核心价值观呈现出马克思主义(主流和主导文化)、中国传统文化(基本文化发展方向)、西方强势文化(重要组成部分)三者相互交织的局面。主要的价值体系有中国传统价值观、社会主义核心价值观和人类命运共同体。

① 邢春华.张骞:第一个睁开眼睛看世界的中国人[J].农经,2017(6):96-97. 袁南生.魏源:"睁开眼睛看世界"[J].湘潮,2006(8):31-33.

② 魏源.海国图志(上册)[M].长沙:岳麓书社,1998. 魏源.海国图志(下册)[M].长沙:岳麓书社,1998.

③ 史全生.论洋务派的"中学为体,西学为用"思想[J].历史档案,1998(3):86-93+104.

④ 毛泽东.毛泽东选集(第4卷)[M].北京:人民出版社,1991.

⑤ 习近平.青年要自觉践行社会主义核心价值观[N].人民日报,2014-5-5(2). 吴庆.青年先锋力量组织动员与中国共青团发展[J].广东青年研究,2022,36(1):67-78.

⑥ 周兴茂.中国人核心价值观的传统变迁与当代重建[J].东南大学学报(哲学社会科学版),2010,12(3):5-11+126.

⑦ 奠定基石——毛泽东与新中国教育制度创立[EB/OL].1999-9-11,http://www.people.com.cn/rmrb/199909/11/newfiles/col_19990911001054_zhxw.html.

⑧ 张岱年,方克立.中国文化概论[M].北京:北京师范大学出版社,2008.

一、中国人价值观研究

1988 年杨宜音在《社会心理领域的价值观研究述要》一文中将价值观的分析层面分为个体价值观、社会价值观、文化价值观三个层面(见图 2 - 2)。[①]

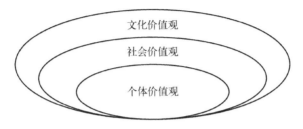

图 2 - 2　价值观的分析层面

(一) 个体价值观

杨中芳认为该体系包括三方面：一是"世界观"，即对人及其与宇宙、自然、超自然等关系的构想，对社会及与其成员关系的构想等；二是"社会观"，即在文化所属的具体社会中，为了维系文化的存在而必须具有的价值理念；三是"个人观"，即个人所必须具有的价值理念。[②] 这给予文化社会成员一个有意义的生活目标和一套行为准则。目前，研究者不再仅仅静态地去考察价值观的现状，而是与亲社会行为、合作行为等联系起来。此外，有些研究从价值观与自我概念、自尊、生活满意度、主观幸福感、行为的关系等角度进行了较为深入的探讨。[③]

(二) 社会价值观

杨中芳认为它是"隐含在一套社会结构及制度之内的一套价值，这套价值的持有使现有的社会架构得以保持。社会制度在这里包括社会化、社会控制、社会规范及社会奖惩等。它通过规范、价值、惩罚等，给个人带来外在压力，也通过社会价值的内化，给个人带来就范的压力"。[④] 社会层面的价值观研究在西方发达

---

① 杨宜音.社会心理领域的价值观研究述要[J].中国社会科学，1998(2)：82 - 93.
② 杨中芳.中国人真是集体主义的吗？：试论中国文化的价值体系[M]//杨国枢.中国人的文化价值观社会科学观点.台北：桂冠图书公司，1994.
③ Liwei ZHANG. Life satisfaction in Chinese people: the contribution of collectiveself-esteem[D].香港中文大学，2000. 辛志勇.当代中国大学生价值观及其与行为关系研究[D].北京师范大学博士论文，2000. 金盛华，辛志勇.中国人价值观研究的现状及发展趋势[J].北京师范大学学报(社会科学版)，2003(3)：56 - 64.
④ 杨中芳.中国人真是集体主义的吗？ ——试论中国文化的价值体系[M]//杨国枢.中国人的文化价值观：社会科学观点[M].台北：桂冠图书公司，1994.

国家较为普遍,包括"日本的国民性研究"和津留宏等学者的"现代日本青年价值观的发展和变迁"研究,①霍夫斯泰德的"文化维度理论"和英戈尔哈特的"物质主义—后物质主义"。② 1993 年中国社会科学院价值观课题组在《中国青年大透视:关于一代人的价值观演变研究》一书中对我国城乡青年进行价值观调查,包括人生、道德、政治、职业、婚恋与性五方面,研究发现三个特点:一是群体本位取向向个体本位取向偏移;二是单一取向向多元取向发展;三是世俗性的价值目标正在取代理想主义的价值目标。③ 1994 年黄希庭等人在《当代中国青年价值观与教育》一书中从政治、道德、审美、宗教、职业、人际、婚恋、自我、人生、幸福10 个维度对青年人的价值观进行了调查研究。④

(三) 文化价值观

杨中芳认为文化价值观是"一个文化中的成员在社会化过程中被教导的一套价值,大体上,这一套价值是共存于文化成员之中的"。⑤ 金盛华和辛志勇在《中国人价值观研究的现状及发展趋势》一文中概述为六个层面:⑥一是"以己为中心的价值观",如费孝通提出"差序格局"的概念;⑦杨中芳表示"中国人是非常重视自己的,它不但是个人行为的原动力,也是理想社会达成的工具"。⑧ 二是"以社会、关系、情境为中心的价值观"。杨国枢把人类社会比作含有两种运作方式的"生活圈":"自我取向(individual orientation)"和"社会取向(social orientation)"。中国人是比较典型的社会取向,其表现为家族、关系、权威和他人四个次级的取向。⑨ 许烺光从人类生活依赖对象的角度概括出三种处世态度:"个人中心""情境中心""超自然中心"。⑩ 三是"富贵与道德的相容与冲突"。

① 武勤.日本心理学界青年价值观研究的新进展[J].山东师大学报(社会科学版),1995(4):69-72.
② 中国社会科学杂志社.社会转型:多文化多民族社会[M].北京:社会科学文献出版社,2000.
③ 中国社会科学院社会学所.中国青年大透视:关于一代人的价值观演变研究[M].北京:北京出版社,1993.
④ 黄希庭,张进辅,李红,等.当代中国青年价值观与教育[M].成都:四川教育出版社,1994.
⑤ 杨中芳.中国人真是集体主义的吗?——试论中国文化的价值体系[M]//杨国枢.中国人的文化价值观:社会科学观点[M].台北:桂冠图书公司,1994.
⑥ 金盛华,辛志勇.中国人价值观研究的现状及发展趋势[J].北京师范大学学报(社会科学版),2003(3):56-64.
⑦ 费孝通.乡土中国[M].北京:生活·读书·新知三联书店,1985.
⑧ 乔健.中国人的观念与行为[M].天津:天津人民出版社,1995.
⑨ 杨国枢.中国人的价值观:社会科学观点[M].台北:桂冠图书出版公司,1993.
⑩ 许烺光.宗族·种姓·俱乐部[M].薛刚,译.北京:华夏出版社,1990.

如文崇一提出"富贵与道德"二分模式。① 四是"人情与面子模式"。如黄光国的《人情与面子：中国人的权力游戏》。② 五是"从历史阶段对中国人价值观进行分类"，翟学伟相应地将中国社会的价值取向分为宗教意识、伦理、文化、政治和经济五个取向。③ 六是"中国人价值观的跨文化研究"，如霍夫斯泰德的"孔子的联系"④邦德的"中国人价值观调查量表"。⑤

二、中国传统价值观测量

中国人价值观和中国传统价值观的研究起初均借助外来的量表或理念进行。西方学者已经开发了诸多价值观工具与理论，但由于东西方文化之间的显著差异，借助上述工具和理论讨论中国人的价值观时，难免会扭曲或遗漏一些"中国人生活中的核心概念和看待价值问题的独特方式"。⑥ 具体而言，施瓦茨价值观量表就难以准确地反映中国人的"家庭观"（如家庭在生活中的地位），⑦中国人的"成就和权力观"（两者相伴而生，很难分开），⑧中国人的"辩证观"（如阴阳调和，矛盾是相互排斥又相互依赖，亦此亦彼）。⑨ 因此，学者们纷纷从理论架构和方法上突破了对西方研究的生搬硬套，尝试建构契合中国人的价值观测量工具和理论。⑩ 1987 年由香港中文大学心理系教授邦德(M. H. Bond)牵头的中国文化关系(The Chinese culture connection)用包括儒家倡导的孝、勤劳、容忍、随和、尊卑有序、节俭、毅力、知耻、礼尚往来、要面子、尊重传统等 40 个指标对以儒家思想为主体的华人文化价值观进行了测量。通过因子分析，最后 40 个指标降

---

① 文崇一，萧新煌.中国人：观念与行为[M].南京：江苏教育出版社，2006.

② 黄光国.人情与面子：中国人的权利游戏[M].北京：中国人民大学出版社，2010.

③ 翟学伟，屈勇.中国人的价值观：传统与现代的一致与冲突[J].江苏社会科学，2001(4)：136－142.

④ Gcert, Hofstede. The Confucius connection: From cultural roots to economic growth [J]. *Organizational Dynamics*, 1988, 16(4)：4.

⑤ Bond, M. H.. Chinese Values[C]. In Bond, M. H. (Eds.). *The Handbook of Chinese Psychology*. Hong Kong：Oxford UniversityPress, 1996：208－226.

⑥ 于广涛，富萍萍，曲庆，等.中国人的人生价值观：测量工具修订与理论建构[J].南开管理评论，2016，19(6)：70－80.

⑦ 叶明华，杨国枢.中国人的家族主义：概念分析与实证衡鉴[J]//"中央研究院"民族学研究所集刊，1997(83)：169－225.

⑧ 于广涛，富萍萍，刘军，等.阴阳调和：中国人的价值取向与价值观结构[J].南大商学评论，2007(4)：1－34.

⑨ Li, P. Toward an Integrative Frame work of Indigenous Research：The Geocentric Implications of Yin-Yang Balance[J]. Asia Pacific Journal of Management, 2012, 29(4)：849－872. 杨中芳.传统文化与社会科学结合之实例：中庸的社会心理学研究[J].中国人民大学学报，2009(3)：53－60.

⑩ 杨宜音.社会心理领域的价值观研究述要[J].中国社会科学，1998(2)，82－93.

维到四个维度，分别为整合（integration）、儒家伦理（confucian work dynamism）、仁心（human-heartedness）、道德教化（moral discipline）（见表 2 - 4）。[①]

表 2 - 4　中国文化关系量表

		英　　　文	中　　文	整合	儒家伦理	仁心	道德教化
1		Filial Piety (Obedience to parents, respect for parents, honoring of ancestors, financial support of parents)	孝(服从父母,尊敬父母,遵从祖先,赡养父母)	√			
2		Industry (Working hard)	勤劳				
3		Tolerance of others	容忍	√			
4		Harmony with others	随和	√			
5		Humbleness	谦虚				
6		Loyalty to superiors	忠于上司				
7		Observation of rites and social rituals	礼仪				
8		Reciprocation of greetings, favors, and gifts	礼尚往来		√		
9		Kindness (Forgiveness, compassion)	仁爱(恕、人情)			√	
10		Knowledge (Education)	学识(教育)				
11		Solidarity with others	团结	√			
12		Moderation, following the middle way	中庸				√
13		Self-cultivation	修养				
14		Ordering relationships by status and observing this order	尊卑有序		√		
15		Sense of righteousness	正义感			√	
16		Benevolent authority	恩威并施				
17		Non-competitiveness	不重竞争	√			

---

① Connection C C. Chinese Values and the Search for Culture-Free Dimensions of Culture[J]. Journal of Cross-Cultural Psychology，1987，18(2)：143 - 164.

续　表

	英　　　文	中　　文	整合	儒家伦理	仁心	道德教化
18	Personal steadiness and stability	稳重		√		
19	Resistance to corruption	廉洁				
20	Patriotism	爱国	√		√	
21	Sincerity	诚恳				
22	Keeping oneself disinterested and pure	清高				√
23	Thrift	俭		√		
24	Persistence (Perseverance)	耐力(毅力)		√		
25	Patience	耐心			√	
26	Repayment of both the good or the evil that another person has caused you	报恩与报仇				
27	A sense of cultural superiority	文化优越感				
28	Adaptability	适应环境				√
29	Prudence (Carefulness)	小心(慎)				√
30	Trustworthiness	信用	√			
31	Having a sense of shame	知耻		√		
32	Courtesy	有礼貌			√	
33	Contentedness with one's position in life	安分守己	√			
34	Being conservative	保守	√			
35	Protecting your "face"	要面子		√		
36	A close, intimate friend	知己之交	√			
37	Chastity in women	贞洁	√			
38	Having few desires	寡欲				√
39	Respect for tradition	尊敬传统		√		
40	Wealth	财富				

注："√"表示因子负荷值(value loading)大于 0.55。

随后,霍夫斯泰德和邦德于 1988 年指出,孔子的儒家学说有四个主要原则:一是等级关系。它指社会的稳定基于人们之间的不平等关系,儒学中的"伦理五常(五伦)"要求君敬臣忠,父慈子孝,夫唱妇随,兄友弟恭,朋谊友信;[1]二是家庭。家庭乃所有组织的原型,儒家学说如同社会的黏合剂,将家庭成员固定在合适的等级关系网络中,使主从关系以及服从权威的习惯得到了强化;[2]三是仁。仁是儒家传统的一个关键性概念,仁是关怀他人的一种道德,也是一种特殊的人性;实践中仁从父母和孩子之间,到家庭和亲属之间,直达人类之爱。四是教育。儒家思想的中心是"人通过教育可达到尽善尽美",因此重视教育成为中国文化最重要的特征之一,并扩散到每一个亚洲国家和地区。[3]

游汉明则依据克鲁克洪和斯托德贝克(Kluckhohn & Strodtbeck)于 1961 年提出的文化价值观分类框架,将儒家价值观分为五种不同类型的取向:人与自然和谐属于人与自然关系取向;谦卑属于人性取向;尊重权威、团结则属于关系取向;尊重传统、保守则属于时间取向;中庸之道则是其人类活动取向。[4] 刘世雄则在克鲁克洪和斯托德贝克、霍夫斯泰德和游汉民的基础上构建了人与宇宙(man-nature orientation)、集体主义与个人主义(individualism/collectivism)、权力距离(power distance)、男性化与女性化(masculinity/femininity)、不确定回避(uncertainty avoidance)、时间导向(time orientation)、长期与短期导向(long term versus short term orientation)、归因导向与成果导向(ascription versus achievement)、情感反应倾向(affectivity versus affective neutrality);物质主义(material comfort)10 个面向。最后发现,中国人的传统文化价值所包括的"长期与短期导向""人与宇宙""不确定回避""时间导向""集体主义与个人主义""情绪化与情绪中性"都与中国传统儒家文化有着深厚的渊源,而"物质主义"

---

① 代之浩.教育:展开想象和创新的翅膀[J].素质教育大参考,2003(12):3.

② Larry A.Samovar, Richard E. Porter Intercultural Communication:A Reader[M]. 8th ed. Belmont:Wadsworth Publishing Company,1997. 刘和林,熊力游.大学生外企就业障碍的跨文化审视——以霍夫斯塔德的价值维度理论分析[J].湖南农业大学学报(社会科学版),2007(5):78 - 80.

③ 芦有珍.论儒学文化对亚洲五小龙管理行为的影响[J].中国市场,2006(Z3):132. Geert, Hofstede. The Confucius connection:From cultural roots to economic growth[J]. *Organizational Dynamics*,1988,16(4):4.

④ Yau, Oliver HM. Chinese Cultural Values:their Dimensions and Marketing Implications[J]. *European journal of Marketing*,1988,22(5):44 - 57. Kluckhohn, Florence R., Fred L. Strodtbeck. *Variations in Value Orientations. Variations in Value Orientations*[C]. Oxford, England: Row, Peterson. 1961:450. 胡康.文化价值观、社会网络与普惠型公民参与[J].社会学研究,2013,28(6):120 - 143+244.

则源于近年来中国社会受西方文化的影响。①

传统观念与现代观念是相互排斥和彼此对立的,换言之,现代观念就是传统观念的对立面,反之亦然。传统观念和现代观念处于单一维度的两极,故两者可以采用相同的一组问题来测量。尽管这种操作方式显得过于简单,但这是调查量表设计的常规处理方式。与此同时,传统观念和现代观念又是统一的综合体,整体态度趋于协同变化,如果一个人的传统观念减弱,必然导致现代观念的强化。出于研究的目的考虑,研究者一方面可以将传统—现代态度视为通过多个侧面来测量的单一属性,另一方面可以将其认为是相互关联的多维属性。这样假设的意义在于:不仅可以因应某种研究目的将一组多问题的题组累加成一个测度,也可以因为其他的研究目的将其解构。②

塔尔科特·帕森斯(Talcott Parsons)、刘兆佳和关信基(Liu & Kuan)的模式变量(pattern variables)包括五个变量。它们分别是评判变量:普遍性/特殊性(universalism/particularism);义务变量:专门性/扩散性(functional specificity & diffuseness);情感变量:情感性/情感中立(affectivity & affective neutrality);地位变量:先赋性/自致性(ascription & achievement);利益变量:自我取向/集体取向(self-orientation & collectivity-orientation)。③ 刘兆佳和关信基在《香港中国人的民族精神》(*The Ethos of the Hong Kong Chinese*)一书报告了 1985 年和 1986 年两次在香港开展的调查结果,他们将传统文化价值观限定在中国人的范畴,关注个人主义(individualism)、权利(rights)、平等主义(egalitarianism)、冲突(conflict)、政治秩序(political order)、尊重权威(deference to authority)、领导者的道德水准(moral quality of leadership)、实质或程序正义(substantial vs procedural justice)等。④ 他们的研究和帕森斯一脉相承,并借鉴了玛丽·W·裴(Mary W. Pye)和卢西安·W·裴(Lucian W. Pye)的诠释,⑤而后应用到中国人

---

① 刘世雄.基于文化价值的中国消费区域差异实证研究[J].中山大学学报(社会科学版),2005(5):99-103+127-128.

② Nathan A. J. Patterns of traditionalism in East Asia[C]//conference on How East Asians View Democracy, Taipei, December. Tianjin Shi (1993). *Cultural requisites for democracy in China*, Daedalus, 2003, 122: 95-124.

③ Parsons, Talcott, Edward Albert Shils, Neil J. Smelser, eds. *Toward a general theory of action: Theoretical foundations for the social sciences*[M]. New Brunswick, NJ: Transaction Publishers, 1965.

④ Liu, Zhaojia, and Hsin-chi Kuan. *The ethos of the Hong Kong Chinese*[M]. Hong Kong: Chinese University Press, 1988.

⑤ Pye, Mary W., Lucian W. Pye. Asian power and politics: The cultural dimensions of authority[M]. MA: *Harvard University Press*, 2009.

身上。刘兆佳和关信基对于"传统中国文化价值观"的定义和亚洲风向标第一波调查所定义的"传统东亚价值观"几乎完全一致。史天健和黎安友(Andrew J. Nathan)在 1993 年到 1994 年期间分别在中国大陆和中国台湾开展了实证调查,并完成一组包括 11 个面向的传统中国价值观题组,很多问题被原封不动地移植到亚洲风向标的三波调查中。[①]

　　1991 年,杨国枢等将传统性视为一种多维度的心理组型(syndrome),通过实证研究显示,中国人的个人传统性涵盖五个成分:遵从权威、孝亲敬祖、安分守成、宿命自保、男性优越。[②] 1993 年,杨国枢在《我们为什么要建立中国人的本土心理学》一文中指出应从强加式的通则性客位研究(imposed etic approach)转向本土化的特则性主位研究(indigenous emic approach)。[③] 2004 年杨国枢和陆洛把中国人的传统性归纳如下:男性优越、宿命迷信、中庸心态、孝亲敬长、关系取向五个方面。[④] 经过杨国枢等学者长达数十年的研究,他们完成了将"传统价值观"在中国语境下操作化的系列研究,分别开发了"中国人传统性多维量表(multidimensional scale of chinese traditionality)"和"中国人现代性多维量表(multidimensional scale of chinese individual modernity)",他认为传统中国文化价值观的核心是家族主义(familism)和秩序(order)。家族主义包括:家庭是中国的核心,中国人必须要"光宗耀祖";百善孝为先,但不孝有三,无后为大,故中国人必须有子嗣;亲缘关系是最重要的纽带,反映在裙带关系等方面;留情面是维持良好关系必不可少的产物。秩序则包括:遵从(conformity),因为遵守社会秩序是维持秩序和和谐的最佳手段;避免冲突(conflict-avoidance),传统的解决冲突方法是让权威人士来处理。[⑤]

　　2007 年,于广涛等开发了"中国人价值观工具(Chinese values instrument, CVI-I)",它包括 10 种价值取向(包括社会和谐、仁爱友信、开拓创新、成就权力、中庸传统、安居乐业、家庭美满、快乐人生、人情关系和自由平等),以及 46 个项目。[⑥]

---

①　Nathan, Andrew, J.. Is Chinese Culture Distinctive? —A Review article[J]. *Journal of Asian Studies*, 1993, 52(4): 923-936. Shi, Tianjian. Cultural Values and Political Trust: A Comparison of the People's Republic of China and Taiwan[J]. *Comparative Politics*, 2001, 33(4): 401-419.

②　杨国枢,余安邦,叶明华.中国人的个人传统性/现代性//杨国枢.华人心理的本土研究[M].台北:桂冠图书出版公司,1991.

③　杨国枢.我们为什么要建立中国人的本土心理学[J].本土心理学研究,1993,(1):6-88.

④　邵康华.海峡两岸文化价值观差异性研究[D].华中科技大学,2014.

⑤　杨国枢.中国人的蜕变[M].北京:中国人民大学出版社,2013.

⑥　于广涛,富萍萍,刘军,等.阴阳调和:中国人的价值取向与价值观结构[J].南大商学评论,2007(15):1-34.

2016年,于广涛等总结了近30多年中国人价值观实证研究中使用的价值观工具,在CVI-I的基础上修订和简化,并完成了中国人价值观工具(CVI-II),共包括7种价值取向(社会和谐、仁爱有信、公平公正、家庭美满、身心愉悦、显达有为、开拓创新),以及28个项目。①

三、社会主义核心价值观

2012年11月,党的十八大报告明确提出"三个倡导",即"倡导富强、民主、文明、和谐,倡导自由、平等、公正、法治,倡导爱国、敬业、诚信、友善,积极培育社会主义核心价值观",这是对社会主义核心价值观的最新概括。② 富强、民主、文明、和谐是国家层面的价值目标,自由、平等、公正、法治是社会层面的价值取向,爱国、敬业、诚信、友善是公民个人层面的价值准则(见图2-3)。2014年5月4日,习近平总书记在北京大学师生座谈会上发表的《青年要自觉践行社会主义核心价值观》的讲话中系统论述了社会主义核心价值观体系。首先,习近平总书记将核心价值观定义为"承载着一个民族、一个国家的精神追求,体现着一个社会评判是非曲直的价值标准",它是"对一个民族、一个国家来说,最持久、最深层的力量"。其次,中国传统文化历来讲格物致知、诚意正心、修身齐家、治国平天

图2-3　社会主义核心价值观

---

① 于广涛,富萍萍,曲庆,等.中国人的人生价值观:测量工具修订与理论建构[J].南开管理评论,2016,19(6):70-80.

② 坚定不移沿着中国特色社会主义道路前进 为全面建成小康社会而奋斗——胡锦涛同志代表第十七届中央委员会向大会作的报告摘登[EB/OL].2012-11-9,http://cpc.people.com.cn/18/n/2012/1109/c350821-19529916.html.

下"。修身是个人层面的要求,齐家是社会层面的要求,治国平天下是国家层面的要求。最后,社会主义核心价值观源于中国传统文化,传承着中国优秀传统文化的基因,寄托着近代以来中国人民上下求索、历经千辛万苦确立的理想和信念,也承载着我们每个人的美好愿景。习近平总书记强调"建设富强民主文明和谐的社会主义现代化国家,实现中华民族伟大复兴,是鸦片战争以来中国人民最伟大的梦想,是中华民族的最高利益和根本利益"。①

四、人类命运共同体

命运共同体的概念源于 2010 年中美战略与经济对话,并于 2011 年被纳入《中国的和平发展》白皮书中。② 在 2012 年党的十八大演变明确了"人类命运共同体"的概念,并指出"要倡导人类命运共同体意识,在追求本国利益时兼顾他国合理关切"。③ 2013 年 3 月,习近平主席在莫斯科国际关系学院的演讲时表示:"这个世界,各国相互联系、相互依存的程度空前加深,人类生活在同一个地球村里,生活在历史和现实交汇的同一个时空里,越来越成为你中有我、我中有你的命运共同体。"④ 2015 年 3 月,习近平主席在博鳌亚洲论坛上发表主旨演讲《迈向命运共同体 开创亚洲新未来》时强调:"人类只有一个地球,各国共处一个世界。共同发展是持续发展的重要基础,符合各国人民长远利益和根本利益。我们生活在同一个地球村,应该牢固树立命运共同体意识,顺应时代潮流,把握正确方向,坚持同舟共济,推动亚洲和世界发展不断迈上新台阶。"⑤ 2015 年 9 月和 12 月,习近平主席先后在第七十届联合国大会上发表了《携手构建合作共赢新伙伴 同心打造人类命运共同体》,⑥ 在第二届世界互联网大会上阐释了《共同构建网络空间命运共同体》的"中国互联网观"。⑦

---

① 习近平.青年要自觉践行社会主义核心价值观[N].人民日报,2014-5-5(2).
② 刘方喜.论人类命运共同体与共享理念的文化战略学意义[J].学术论坛,2018,41(3):1-8.《中国的和平发展》白皮书(全文)[EB/OL].2011-9-6,https://www.mfa.gov.cn/ce/cemw/chn/sghdhzxxx/t856013.htm.
③ 中共首提"人类命运共同体"倡导和平发展共同发展[EB/OL].人民网.2012-11-11,http://cpc.people.com.cn/18/n/2012/1111/c350825-19539441.html.
④ 习近平在莫斯科国际关系学院的演讲(全文)[EB/OL].2013-3-24,http://news.xinhuanet.com/2013-03/24/c_124495576.htm.
⑤ 习近平.迈向命运共同体开创亚洲新未来[N].人民日报,2015-3-29(2).
⑥ 习近平.携手构建合作共赢新伙伴 同心打造人类命运共同体[N].人民日报,2015-9-29(2).
⑦ 习近平.共同构建网络空间命运共同体[J].内蒙古宣传思想文化工作,2015(12):4-6.

2017年1月,习近平主席在联合国日内瓦总部发表《共同构建人类命运共同体》的演讲中进一步详细地阐述了构建人类命运共同体所遵循的基本原则:主权平等,国家不分大小、强弱、贫富,主权和尊严必须得到尊重,内政不容干涉,都有权自主选择社会制度和发展道路;坚持对话协商,建设一个持久和平的世界;坚持共建共享,建设一个普遍安全的世界。坚持合作共赢,建设一个共同繁荣的世界;坚持交流互鉴,建设一个开放包容的世界;坚持绿色低碳,建设一个清洁美丽的世界。[①] 此后,习近平主席在多种重要场合对"人类命运共同体"加以阐释,如先后在上海合作组织成员国元首理事会第十八次(2018)、第二十次(2020)会议上发布了《弘扬"上海精神" 构建命运共同体》[②]和《弘扬"上海精神" 深化团结协作 构建更加紧密的命运共同体》[③]的讲话;2019年在亚洲文明对话大会开幕式上发表了《深化文明交流互鉴 共建亚洲命运共同体》的主旨演讲等。[④]

整体来看,习近平新时代中国特色社会主义思想在方法论上创新性发展了中华优秀传统文化"个人—社会—国家—天下"的四层结构论:在个人层面,强调社会主义核心价值观;在家庭和社会层面,强调社会主义核心价值观,高度重视家庭和睦、家风建设等问题;在"国家"层面提出"中华民族命运共同体"的理念;而"人类命

图2-4　人类命运共同体理念

① 习近平.共同构建人类命运共同体[N].人民日报,2017-1-20(2).
② 弘扬"上海精神" 构建命运共同体[EB/OL]. 2018-6-11, https://baijiahao.baidu.com/s? id=1602926456660223852&wfr=spider&for=pc.
③ 习近平.上海合作组织要弘扬"上海精神" 深化团结协作 推动构建更加紧密的命运共同体[EB/OL]. 2020-11-11, https://baijiahao.baidu.com/s?id=1683026923482448032&wfr=spider&for=pc.
④ 深化文明交流互鉴共建亚洲命运共同体[EB/OL]. 2019-5-16, http://cnews.chinadaily.com.cn/a/201905/16/WS5cdca209a310e7f8b157ce57.html?ivk_sa=1023197a.

运共同体"(图 2-4)则是在"天下"层面提出的重要理念。贯穿这四个层面的是优秀传统文化所强调的"和"的理念。习近平总书记人类命运共同体理论，充分吸收了传统文化"大同""和"等重要思想资源，多次引用古人"大道之行也，天下为公"的说法，强调中华文明历来崇尚"以和邦国""和而不同""以和为贵"，和平融入了中华民族的血脉中，刻进了中国人民的基因里。可以说人类命运共同体正是对中华优秀传统文化"协和万邦"理念的创造性转化、创新性发展，就此展开进一步研究，当是个颇富激发性的课题，兹不多论。①

五、传统文化价值观念变迁

亚洲风向标调查(asian barometer survey，ABS)是由胡佛和朱云汉于 2000年领衔创立，该调查已在东亚各国家和地区完成四波面访民意调查，每个调查样本都是严格遵守科学抽样方法而采集、具有全国或全地区代表性的随机样本。② 史天健、朱云汉、刘康等完成了亚洲风向标"中国传统价值观"三波调查题组的设计。他们对前二波的选项进行了信度和效度检验，随后进行了调整、修改和完善，并在第三波调查中形成趋于稳定的"中国传统价值观"量表。③ ABS I (2001—2002 年)包括遵从天命、遵从父母、遵从长者、男尊女卑、裙带关系、避免冲撞同事、避免冲撞婆婆、避免冲撞邻居和家庭利益 9 个选项。④ ABS II(2006年到 2008 年)包括遵从父母、遵从老师、遵从政府、家长制政府、长远关系、家庭利益、避免冲撞同事、避免冲撞邻居、避免内部冲突 9 个选项；⑤ABS III(2010—2012 年)和 ABS IIII(2014—2016 年)则包括遵从天命、遵从父母、遵从老师、集体利益、国家利益、家庭利益、长远关系、重男轻女、避免冲撞同事、避免冲撞婆婆、避免内部冲突、避免冲突生人 12 个选项。⑥ 四波调查的相关问题与调查结果如表 2-5 所示。

---

① 习近平.青年要自觉践行社会主义核心价值观[N].人民日报,2014-5-5(2). 刘方喜.论人类命运共同体与共享理念的文化战略学意义[J].学术论坛,2018,41(3)：1-8.
② 朱云汉,肖唐镖,黄旻华.中美两国在东亚区域的影响力——受众视角的实证分析[J].政治学研究,2018(3)：39-50+126-127.
③ 核心问卷[EB/OL]. http://www.asianbarometer.org/data/core-questionnaire.
④ 第一波核心问卷下载[EB/OL]. http://www.asianbarometer.org/pdf/core_questionnaire_wave1.pdf.
⑤ 第二波核心问卷下载[EB/OL]. http://www.asianbarometer.org/pdf/core_questionnaire_wave2.pdf.
⑥ 第三波核心问卷下载[EB/OL]. http://www.asianbarometer.org/pdf/core_questionnaire_wave3.pdf. 第四波核心问卷下载[EB/OL]. http://www.asianbarometer.org/pdf/core_questionnaire_wave4.pdf.

表 2 - 5 ABS 1 - 4 传统文化价值观题组

	测量	英文问题表述	中文问题表述	ABS			
				1	2	3	4
1	家庭利益	For the sake of the family, the individual should put his personal interests second.	为了家庭的利益,个人应该把自己的利益放在第二位	√	√	√	√
2	集体利益	In a group, we should sacrifice our individual interest for the sake of the group's collective interest.	在一个集体里,个人利益要让位于集体利益			√	√
3	国家利益	For the sake of national interest, individual interest could be sacrificed.	个人利益应当为了国家利益而牺牲			√	√
4	长远利益	When dealing with others, developing a long-term relationship is more important than securing one's immediate interest.①	与他人打交道时,发展长期关系比确保眼前利益更重要		×	√	√
5	长远利益(2)	When dealing with others, one should not only focus on immediate interest but also plan for future.	与人打交道,既要着眼眼前利益,又要谋划未来			√	√
6	遵从父母	Even if parents' demands are unreasonable, children still should do what they ask.	即使父母的要求不合理,子女仍应按照父母的要求去做	√	√	√	√
7	避免冲撞婆婆	When a mother-in-law and a daughter-in-law come into conflict, even if the mother-in-law is in the wrong, the husband should still persuade his wife to obey his mother.	当婆婆和儿媳妇有矛盾时,即使是婆婆一方的错,丈夫还是应该劝说妻子顺从婆婆	√		√	√
8	遵从老师	Being a student, one should not question the authority of their teacher.	学生不应该挑战老师的权威		√	√	√

---

① When dealing with others, securing one's immediate interests should be more important than developing a long-term relationship.

续　表

	测量	英文问题表述	中文问题表述	ABS			
				1	2	3	4
9	避免内部冲突	In a group, we should avoid open quarrel to preserve the harmony of the group. ①	集团中,应该避免公开争吵,以保持集团和谐		×	√	√
10	避免冲突他人	Even if there is some disagreement with others, one should avoid the conflict	即使和别人有分歧,也应避免冲突			√	√
11	避免冲撞同事	A person should not insist on his own opinion if his co-workers disagree with him.	如果同事不同意,一个人不应该坚持自己的意见	√	√	√	√
12	遵从天命	Wealth and poverty, success and failure are all determined by fate.	富贵或贫穷,成功或失败都是由命运决定的	√		√	√
13	重男轻女	If one could have only one child, it is more preferable to have a boy than a girl.	如果只能有一个孩子,男孩比女孩更好			√	√
14	长远关系	When dealing with others, one should not be preoccupied with temporary gains and losses.	为人处事,发展长期的关系比维护短期利益更重要			√	√
15	避免冲撞邻居	When one has a conflict with a neighbor, the best way to deal with it is to accommodate the other person.	当和邻居发生冲突,最好的办法是适应对方	√	√		
16	家长制政府	The relationship between the government and the people should be like that between parents and children.	政府和人民之间的关系应该像父母与子女之间的关系		√		
17	遵从政府	People should always support the decisions of their government even if they disagree with them.	人们应该永远支持他们的政府的决定,即使他们不同意		√		

① Open quarrels (criticisms) among politicians are harmful to society.

	测量	英文问题表述	中文问题表述	ABS			
				1	2	3	4
18	坚持自我	Sometimes one has to follow one's own beliefs regardless of what other people think.	有时一个人必须遵循自己的信仰,而不管别人怎么想		√		
19	裙带关系	When hiring someone, even if a stranger is more qualified, the opportunity should still be given to relatives and friends.	雇人的时候,即使某陌生人更有资格,机会还是应该给予亲人和朋友	√			
20	男尊女卑	A man will lose face if he works under a female supervisor.	如果在女上司下面工作,男人会很没面子	√			
21	遵从长辈	If there is a quarrel, we should ask an elder to resolve the dispute.	如果有争吵,我们应该寻求长辈来解决争端	√			

注:⟨1⟩非常认同 ⟨2⟩认同;⟨3⟩不认同;⟨4⟩非常不认同。

亚洲风向标历次在中国调查的时间、不同年龄段的样本数、总样本数如表 2-6所示。第一波调查在 2002 年 3—6 月展开,共计样本 3 183 份;第二波调查在 2007 年 11 月—2008 年 12 月展开,共计样本 5 098 份;第三波调查在 2011 年 7—10 月展开,共计样本 3 473 份;第四波调查在 2014 年 12 月—2016 年 6 月展开,共计样本 4 068 份。四个世代的样本数如表 2-6 所示。

表 2-6　亚洲风向标四波调查样本数

样本数　　时间　　世代	ABS 1 (2002/3—6)	ABS 2 (2007/11—2008/12)	ABS 3 (2011/7—10)	ABS 4 (2014/12—2016/6)
传统 T 世代	852	1 256	587	652
建国 S 世代	1 637	2 286	1 444	1 664
开放 O 世代	694	1 505	1 227	1 307
移动互联网 M 世代	0	51	214	420
缺失值	0	0	1	25
	3 183	5 098	3 473	4 068

亚洲风向标的四波调查一共从 21 个面向测试中国大陆民众的传统中国文化价值观。提问方式为："现在我将陈述一些观点,请您告诉您对这些观点是非常认同,认同,不认同,还是非常不认同?"重新编码"非常认同"和"认同"为"认同",表 2-7 中各列表示的是各世代认同"传统中国文化价值观"的比例。

(一) ABS 第一波调查

ABS 第一波调查涵盖家庭利益、遵从长辈、避免冲撞邻居、避免冲撞婆婆、避免冲撞同事、裙带关系、遵从父母、遵从天命、男尊女卑九个传统观念。调查结果如表 2-7 所示。中国人对上述九个传统观念已经产生了巨大分化:

第一,依然在坚定地继承着某些传统文化价值观念(如家庭利益观),代际差异也比较小。传统的儒家关系中家庭占据着第一重要的位置。在 2002 年的调查中,中国大陆有 91.03% 的民众认为"为了家庭的利益,个人应该把自己的利益放在第二位"。毫无疑问,T 世代的家庭观念最强,93.7% 的民众重视"家庭利益",S 世代(91.3%)和 O 世代(89.1%)的比例有萎缩,但依然在九成左右。三个世代的差距虽然显著,但仅为 4.6%。

第二,对某些传统观念依然有广泛的支持者(如避免冲撞邻居、遵从长辈),但代际差异悬殊。中国是礼仪之邦,儒家文化强调以礼相待。在处理邻里关系方面,儒家文化强调睦邻友好的关系。整体而言,对于"避免和邻居冲突",在中国大陆有 71.9% 的支持率,七成以上的民众均重视和邻居友好相处,认为"当和邻居发生冲突,最好的办法是适应对方"。78.8% 的 T 世代对这一观点比较支持,S 世代的支持率是 75.3%,但 O 世代仅有 64.0% 的支持率。三个世代的差距悬殊,达到 14.8%。对"如果有争吵,我们应该寻求长辈来解决争端"这一观念的支持,反映了儒家文化对长辈的遵从。总体上 72.4% 的中国民众愿意诉求长辈来解决争端。三个世代的支持率分别是 81.0%、75.5%、63.8%,三个世代的分歧越来越大,达到了 17.2%。

第三,对某些传统观念的产生分裂(如避免冲撞婆婆、避免冲撞同事),代际差异悬殊。在如何处理婆媳关系方面,53.5% 的中国民众认为"当婆婆和儿媳妇有矛盾时,即使是婆婆一方的错,丈夫还是应该劝说妻子顺从婆婆"。三个世代的支持率分别是 57.7%、55.7% 和 48.1%,差异为 9.6%。同理,在如何处理同事关系方面,51.6% 的中国大陆民众认为"如果同事不同意,一个人不应该坚持

单位：%

表2-7　亚洲风向标四波调查结果

	测量面向	ABS 1(2002/3—6)					ABS 2(2007/11—2008/12)						ABS 3(2011/7—10)						ABS 4(2014/12—2016/6)					
		平均值	T世代	S世代	O世代	极差	平均值	T世代	S世代	O世代	M世代	极差	平均值	T世代	S世代	O世代	M世代	极差	平均值	T世代	S世代	O世代	M世代	极差
1	家庭利益	91.0	93.7	91.3	89.1	4.6*	93.5	95.3	93.6	91.9	100.0	8.1***	90.7	93.3	92.2	88.8	84.3	9***	88.1	90.6	90.9	87.0	84.0	6.9**
2	集体利益												77.5	86.7	80.8	72.1	64.0	22.6***	71.7	85.3	80.3	68.4	57.4	27.9***
3	国家利益												82.4	92.4	85.0	77.4	67.4	25***	76.6	89.9	86.5	72.6	61.1	28.8***
4	长远利益						55.2	51.3	53.1	60.5	56.6	9.2***	88.5	93.6	90.3	85.7	80.5	13.2*	85.4	90.5	87.4	84.7	81.1	9.5***
5	长远利益(2)												95.9	97.5	96.0	95.1	94.4	3.1	96.1	95.4	96.8	96.0	95.6	1.4
6	遵从父母	34.2	44.4	38.2	23.4	21***	52.3	59.5	54.6	44.0	46.3	15.6***	37.0	45.4	42.2	29.4	23.3	22***	32.6	43.9	41.4	28.6	19.9	24***
7	避免冲撞婆婆	53.5	57.7	55.7	48.1	9.6***							61.9	69.9	67.8	54.7	42.2	27.7***	47.0	56.7	57.7	43.4	29.5	28.2***
8	遵从老师						66.5	73.7	69.5	58.7	37.3	36.4***	48.9	56.1	55.9	40.9	32.2	23.9***	49.9	65.4	61.6	47.5	27.5	37.9***
9	避免内部冲突						74.2	78.2	75.0	70.8	68.1	10.1***	89.1	90.7	90.7	87.1	86.7	4	88.2	89.9	88.3	87.3	89.8	2.6
10	避免冲突他人												89.6	92.8	90.3	87.6	88.8	5.1	92.6	92.5	92.6	93.0	92.2	0.8

测量面向	ABS 1 (2002/3—6)					ABS 2 (2007/11—2008/12)						ABS 3 (2011/7—10)						ABS 4 (2014/12—2016/6)					
	平均值	T世代	S世代	O世代	极差	平均值	T世代	S世代	O世代	M世代	极差	平均值	T世代	S世代	O世代	M世代	极差	平均值	T世代	S世代	O世代	M世代	极差
11 避免冲撞同事	51.6	58.5	54.5	45.0	13.5***	56.0	62.2	56.3	51.1	65.3	14.2***	47.9	50.2	53.6	43.0	34.8	18.7**	50.6	60.8	58.7	48.7	35.8	25***
12 遵从天命	24.4	33.2	26.5	16.9	16.3***							33.9	44.5	39.5	25.8	14.6	29.9***	27.1	41.4	38.9	20.6	13.0	28.4***
13 重男轻女												20.1	21.6	23.1	17.8	10.3	12.8**	20.9	32.0	24.9	18.7	11.5	20.5***
14 长远关系												90.7	91.1	91.5	90.0	89.9	1.6	89.8	87.2	89.1	91.0	88.9	3.9
15 避免冲撞邻居	71.9	78.8	75.3	64.0	14.8***	63.8	66.8	65.8	58.9	61.2	7.9***												
16 自我						67.4	67.7	67.3	67.0	75.0	8												
17 家长制政府						89.4	92.4	89.4	87.1	96.4	9.3***												
18 遵从政府						87.0	89.6	90.1	81.2	82.7	8.9***												
19 裙带关系	36.7	37.8	40.1	32.5	7.6**																		
20 男尊女卑	8.5	10.4	9.7	6.1	4.3**																		
21 遵从长辈	72.4	81.0	75.5	63.8	17.2***																		

自己的意见"。三个世代的支持率分别是 58.5％、54.5％和 45.0％,三个世代的差异为 13.5％。

第四,对某些传统观念已经有广泛的不支持者(如遵从父母、遵从天命、裙带关系),代际差异也比较悬殊。在遵从父母方面,仅有 34.2％的中国民众认为"即使父母的要求不合理,子女仍应按照父母的要求去做"。中国传统文化讲求"孝",传统的儒家文化认为"百善孝为先",即使在某种程度上是"愚孝"也在所不辞。但调查显示,这样传统正在发生翻天覆地的变化,即使是 T 世代,其支持率也仅有 44.4％,S 世代的支持率为 38.2％,而 O 世代的支持率仅为 23.4％,代际差异达到了 21％。在"遵从天命"方面,只有 24.4％的中国人认为"富贵或贫穷,成功或失败都是由命运决定的",其中 T 世代的支持率是 33.2％,S 世代的支持率为 26.5％,而 O 世代的支持率仅为 16.9％,代际差异达到了 16.3％。对"裙带关系"的支持率降到 36.7％,不过 1/3 的各世代均认为"雇人的时候,即使某陌生人更有资格,机会还是应该给予亲人和朋友",其中 T 世代的支持率是 37.8％,S 世代的支持率为 40.1％,而 O 世代的支持率仅为 32.5％,代际差异较小,为7.6％。

第五,对某些封建糟粕思想(如男尊女卑),基本上已经遗弃。仅有 8.5％的民众认为"如果在女上司下面工作,男人会很没面子",其中 T 世代的支持率是 10.4％,S 世代的支持率为 9.7％,而 O 世代的支持率仅为 6.1％,代际差异较小,为 4.3％,差距并不是很大。

(二) ABS 第二波调查

ABS 第二波调查于 2005—2007 年开展,在 ABS 第一波的基础上,减少了"裙带关系""男尊女卑""遵从长辈""避免冲撞婆婆""遵从天命"五个问题,并增加了"长远利益""遵从老师""避免内部冲突""自我""家长制政府""遵从政府"等问题。调查结果如表 2-7 所示,中国人对于上述 10 个传统观念已经形成巨大分化。

第一,在三方面依然继承着传统文化价值观念(家庭利益、家长制政府、遵从政府),代际差异也比较小。总体而言,中国大陆有 93.5％的民众认为"为了家庭的利益,个人应该把自己的利益放在第二位",其中,T 世代的家庭观念最强,95.3％的民众重视"家庭利益",S 世代(93.6％)和 O 世代(91.9％)的比例有萎缩;M 世代首次参与到调查中来,他们对"家庭利益"的认同率达到 100.0％(样本仅有 1%左右），四个世代之间的差距为 8.1%；中国有 89.4%的民众认为"政府和人民之间的关系应该像父母与子女之间的关系"，其中，T 世代的观念最强，92.4%重视"家长制政府"，S 世代（89.4%）和 O 世代（87.1%）的比例有萎缩，M 世代对"家长制政府"的认同率达到 96.4%，四个世代之间的差距为 9.3%；中国有 87.0%的民众认为"人们应该永远支持他们的政府的决定，即使他们不同意"，其中，T 世代有 89.6%认为要"遵从政府"，S 世代为 90.1%，而 O 世代（81.2%），M 世代对"家长制政府"的认同率为 82.7%；四个世代之间的差距为 8.9%。

第二，中国民众对四个方面的传统观念依然有广泛的支持意愿（如遵从老师、避免内部冲突、避免冲撞邻居、坚持自我）。74.2%的民众支持"避免内部冲突"，他们认为"集团中，应该避免公开争吵，以保持集团和谐"。四个世代的差距是 10.1%。其中，78.2%的 T 世代对这一观点比较支持，S 世代的支持率是 75.0%，O 世代的支持率是 70.8%，M 世代的支持率是 68.1%；66.5%的中国民众依然重视老师的权威，认为"学生不应该挑战老师的权威"。不过四个世代对此认知差异非常悬殊。73.7%的 T 世代对这一观点比较支持，S 世代的支持率是 69.5%，O 世代的支持率是 58.7%，M 世代的支持率仅为 37.3%，四个世代的差距非常悬殊（36.4%）；在处理邻里关系方面，儒家文化强调睦邻友好的关系。整体而言，"避免和邻居冲突"在中国有 63.8%的支持率，大部分民众认为"当和邻居发生冲突，最好的办法是适应对方"，66.8%的 T 世代对这一观点比较支持，S 世代的支持率是 65.8%，O 世代的支持率是 58.9%，M 世代的支持率是 61.2%，四个世代的差距是 7.9%；67.4%认为"有时一个人必须遵循自己的信仰，而不管别人怎么想"。近三分之二的民众都认为要"坚持自我"，T 世代、S 世代、O 世代对此的认知差异比较小，分别为 67.7%、67.3%、67.0%，但 M 世代对"坚持自我"支持率更高，达到 75.0%，四个世代的差异是 8%。

第三，对某些传统观念产生分裂（如避免冲撞同事、长远利益、遵从父母），代际差异悬殊。56.0%的中国民众支持"避免冲撞同事"，他们认为"如果同事不同意，一个人不应该坚持自己的意见"。四个世代的差距是 14.2%，62.2%的 T 世代对这一观点比较支持，S 世代的支持率是 56.3%，O 世代的支持率是 51.1%，M 世代的支持率是 65.3%；55.2%的中国民众支持"长远利益"，他们认为"与他人打交道时，发展长期关系比确保眼前利益更重要"，四个世代的差距是 9.2%。51.3%的 T 世代对这一观点比较支持，S 世代的支持率是 53.1%，O 世代的支持率是 60.5%，M 世代的支持率是 56.6%；52.3% 的中国民众支持"遵从父母"，他们认为"即使父母的要求不合理，子女仍应按照父母的要求去做"，四个世代的差距是 15.6%，59.5% 的 T 世代对这一观点比较支持，S 世代的支持率是 54.6%，O 世代的支持率是 44.0%，M 世代的支持率是 46.3%。

（三）ABS 第三波调查和第四波调查

ABS 第三波调查于 2010—2012 年开展，ABS 第四波于 2014 年 12 月到 2016 年 6 月展开，这两波的调查在第一波、第二波的基础上定型了传统文化价值观问题的表述和维度。最后确定了 14 个问题，分别为：家庭利益、集体利益、国家利益、长远利益、长远利益(2)、遵从父母、避免冲撞婆婆、遵从老师、避免内部冲突、避免冲突他人、避免冲撞同事、遵从天命、重男轻女、长远关系。

第一，比较 ABS 第四波和 ABS 第三波的调查结果，总体而言，中国人的传统文化价值比较稳定。在 10 个维度中，两波调查的差距小于 5%，包括"避免冲突他人"(89.6%，92.6%)，差距为 3%；"避免冲撞同事"(47.9%，50.6%)，差距为 2.7%；"遵从老师"(48.9%，49.9%)，差距为 1%；"重男轻女"(20.1%，20.9%)，差距为 0.8%；"长远利益(2)"(95.9%，96.1%)，差距为 0.2%；"避免内部冲突"(89.1%，88.2%)，差距为 -0.9%；"长远关系"(90.7%，89.8%)，差距为 -0.9%；"家庭利益"(90.7%，88.1%)，差距为 -2.6%；"长远利益"(88.5%，85.4%)，差距为 -3.1%；"遵从父母"(37%，32.6%)，差距为 -4.4%。这说明，21 世纪以来，中国人的传统文化价值观初步成型和稳定。但在其他四个维度，差距较大，包括"国家利益"(82.4%，76.6%)，差距为 -5.8%；"集体利益"(77.5%，71.7%)，差距为 -5.8%；"遵从天命"(33.9%，27.1%)，差距为 -6.8%；"避免冲撞婆婆"(61.9%，47%)，差距为 -14.9%。

第二，在某些维度几乎已经初步形成全面共识，不仅各世代的认同率高，而且它们之间的极差也比较小。对于长远利益(2)、避免冲突他人、长远关系、避免内部冲突的认同率均在 80% 以上，而且四个世代之间的极差大约在 10% 以内，它们分别是"长远利益(2)"(3.1%，1.4%)、"避免冲突他人"(5.1%，0.8%)、"长远关系"(1.6%，3.9%)、"避免内部冲突"(4%，2.6%)、"家庭利益"(9%，6.9%)、"长远利益"(13.2%，9.5%)。

第三，某些维度虽然有多数人支持，但各世代的认同率差异显著，它们之间的极差比较大。如在"国家利益"(25%，28.8%)和"集体利益"(22.6%，27.9%)

两方面,尽管整体上有 7 成以上的支持率,但代际差异在 25％左右。M 世代对国家利益和集体利益的支持率仅维持在 60％左右,并逐年下降,如在 2012 年它们分别为 67.40％、64.00％,但到 2016 年已经降到了 61.10％、57.40％。

第四,在某些维度不仅支持率降到 50％或以下,而且代际差异显著,它们之间的极差比较大。主要体现在以下六个维度,以及它们在 2011 年和 2016 年的极差分别为:"避免冲撞同事"(18.7％,25％)、"遵从老师"(23.9％,37.9％)、"避免冲撞婆婆"(27.7％,28.2％)、"遵从父母"(22％,24％)、"遵从天命"(29.9％,28.4％)、"重男轻女"(12.8％,20.5％),极差均在 20％左右(图 2-5)。

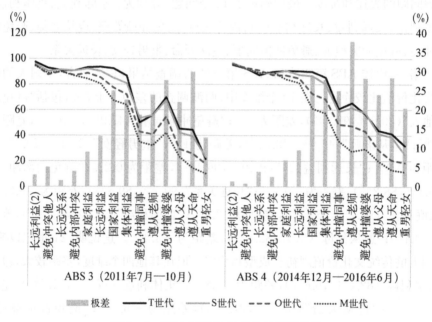

图 2-5　2011 年和 2016 年的价值观差异

第三节　影响价值观的因素

一、代际差异理论

卡尔·曼海姆(Karl Mannheim)是最早关注代际问题的社会学家,他于 20 世纪 50 年代提出代际差异理论(generational cohort theory),即"因出生年代与成长背景的不同而导致的各代群之间在价值观、偏好、态度与行为等方面呈现出的具有差异性的群体特征".[1] 曼海姆所谓的"代"(generation)或"世代"(generation cohort,部分学者译为"代群")具有"生物"与"社会文化"双重属性;[2]它并不是一个具体的团队,而是在社会与历史过程中具有的共同位置(common location)的群体,这一位置使同一"世代"分享特定重大历史事件或生活经历,形成特有的性格特征和价值观,并产生了趋同的思考、体验和行动模式。[3]

玛格丽特·米德(Margaret Mead)于 1970 年出版了《文化与承诺——一项有关代沟问题的研究》,并指出"整个世界正处于一个前所未有的局面,年轻人和老年人——青少年和所有的比他们年长的人——隔着一条深沟互相望着"。[4] 米德认为造成这一局面的主要原因既非社会政治原因、也非生物学遗传差异,而是文化传递模式的差异。[5] 20 世纪 70 年代以来,罗纳德·英格尔哈特(Ronald Inglehart)相继出版了《寂静的革命:变化中的西方公众的价值与政治行为方式》《发达工业社会的文化转型》《现代化与后现代化:43 个国家的文化、经济与政治变迁》《现代化、文化变迁和民主:人类发展时序》等著作,系统地阐述了"代际价值观转变理论(theory of intergenerational values change)"。[6] 所谓"代际价值观"是指不同世代所持有的价值观念,而"代际价值观转变"是指不同世代的

---

① Mannheim K. The Problem of Generations[M]. London: Routledge & Kegan Paul, 1952. 卡尔·曼海姆.卡尔·曼海姆精粹[M].徐彬,译.南京:南京大学出版社,2002. 方师师,李博璠,李秀玫.中生代与新生代网络关注的代际差异[J].新闻记者,2014(12):16-23. Thach, L., Riewe, S. and Camillo, A. Generational cohort theory and wine: analyzing how gen Z differs from other American wine consuming generations[J]. International Journal of Wine Business Research, 2021, 33(1): 1-27.

② 陈坚,连榕.代际工作价值观发展的研究述评[J].心理科学进展,2011,19(11):1692-1701. 冷滨.90 后的价值观、族群分类与消费行为——以运动休闲服装市场为例[J].广告大观(理论版),2008(3):26-45.

③ 陈玉明,崔勋.代际差异理论与代际价值观差异的研究评述[J].中国人力资源开发,2014(13):43-48.

④ Margaret Mead. *Culture and Commitment. A Study of the Generation Gap*[M]. New York: Natural History Press, Doubleday Co., Inc., 1970. 玛格丽特·米德.代沟[M].曾胡,翻译.北京:光明日报出版社,1988. 周怡.代沟理论:跨越代际对立的尝试[J].南京大学学报(哲学社会科学版),1995(2):47-52+58.

⑤ 薛雪.玛格丽特·米德的代沟理论与 20 世纪 60 年代美国反文化运动中的代际关系[D].山东大学,2010.

⑥ Inglehart, Ronald. *The silent revolution: Changing values and political styles among Western publics*[M]. Princeton, NJ: Princeton University Press, 1977. Inglehart, Ronald. *Culture shift in advanced industrial society*[M]. Princeton, NJ: Princeton University Press, 1990. Inglehart, Ronald. *Modernization and postmodernization: Cultural, economic, and political change in 43 societies*[M]. Princeton, NJ: Princeton University Press, 1997. Inglehart Ronald; Welzel Christian. Modernization, Cultural Change and Democracy. The Human Development Sequence[M]. New York: Cambridge University Press, 2005.

人们所持有的价值观念的变革;通常"持有旧价值观的一代人逝去,持有新价值观的一代人成长起来,伴随人口的代际更迭,社会整体价值观发生由旧到新的变迁。"①

1991年,施特劳斯和豪认为世代是"一个群体,长度大约等于一个生命阶段,其界限由同侪个性(peer personality)来界定"。② 2000年,库珀施密特(Kupperschmidt)进一步将"代"定义为:具有共同的出生年份、年龄段,并在关键的成长阶段(critical developmental stages or times)经历了重大人生事件的可识别群体(an identifiable group or cohorts),他们可以按照5—7年划分为第一波(fist wave)、核心群体(core group)和最后一波(last wave)三部分。③ 目前,国际学术界通常采用美国的"每15年为一世代"的代际划分方式,分别为:阿尔法世代(Generation Alpha,2013年至今)、Z世代(Generation Z,1997—2012)、Y世代或千禧一代(Generation Y, Millennials Generation,1981—1996)、X世代(Generation X,1965—1980)、婴儿潮一代(Baby Boomer Generation,1946—1964)、沉默一代(Silent Generation,1945年以前)等。④

与国外相比,中国对代际价值观差异研究起步较晚、时间尚短。不过,代际之间存在价值观差异已经获得普遍认同。廖小平先后主持了国家社科基金"改革开放以来中国社会代际价值观及其变迁研究""改革开放以来价值观的变迁与社会主义核心价值体系建设研究"。他的系列研究成果发现:一是改革开放与全球化带来了中国社会价值观的深刻变迁,不仅代际价值观存在巨大差异,而且新生代内部的价值观也趋于多元化。二是改开以来价值观演变的基本轨迹是:20世纪80年代"反思与博弈";20世纪90年代"多元化、个体化、世俗化和物质化";21世纪以来"嬗变的延续与新的发展价值观和核心价

---

① 王天楠.英格尔哈特代际价值观转变理论及其现实意义探究[J].武汉科技大学学报(社会科学版),2014,16(1):60-66.田国秀.价值观代际转变与学校德育理念更新[J].中国德育,2017(20):51-55.高秉雄、林大祥.英格尔哈特的代际价值观转变理论及其对政治文化理论发展的贡献[J].社会主义研究,2019(1):150-158.

② Strauss W, Howe N. America's 13th Generation[N]. New York Times, 1991-3-16(23). 刘世雄,张宁,梁秋平.中国消费者文化价值观的代际传承与嬗变——基于中国主流消费群的实证研究[J].深圳大学学报(人文社会科学版),2010,27(6):77-84.

③ Kupperschmidt B R. Multigeneration employees: Strategies for effective management[J]. Health Care Manager, 2000, 19(1):65-76.

④ Nadanyiova M., Gajanova L., J Majerova. Green Marketing as a Part of the Socially Responsible Brand's Communication from the Aspect of Generational Stratification[J]. *Sustainability*, 2020, 12(17):7118.

值观的重构"三个阶段。[①]

　　目前,国内有些研究直接采用美国和西方的代际划分,比如"Z世代"[②]"Y世代",[③]但也有从中国的独特的经济和社会发展出发,采用独特的代际划分方式。尤其是改革开放作为我国最为重要的"特定重大历史事件",1980年通常会被研究者作为划分新生代与非新生代的时间间隔点。[④] 2004年埃格里(Egri)和拉尔斯顿(Ralston)借助施瓦茨价值观量表比较了中美经理人和专业人士的代际价值观的差异,他们将中国世代划分为"建国前一代"(1930—1950年)、"社会主义建设一代"(1951—1960年)、"文化大革命一代"(1961—1970年)和"改革开放一代"(1971—1975年),研究发现新中国成立后出生的三代人"对变化的开放性态度"(open to change)和"自我提升"(self-enhancement)显著高于"建国前一代",但"保守"(conservative)和"自我超越"(self-transcendent)程度却显著低于建国前一代。除自我超越外,美国三个世代(X世代、婴儿潮一代、沉默一代)的价值取向都遵循与年龄相关的模式。[⑤] 2013年尤佳等学者对中国新生代员工工作价值观的差异进行研究,他们按照"文革"代(1966—1979年)、新生代或改革开放代(1980—2000年)来划分,其中新生代内部又划分为"80后"(1980—1989年)和"90后"(1990—2000年)。研究发现中国职场的休闲价值观(如福利等)、外在价值观(如薪酬、地位等)及内在价值观(如责任和兴趣等)随代际(包括世代间和

---

① 廖小平.改革开放以来价值观的变迁与核心价值的解构[J].天津社会科学,2014(5):45-49. 廖小平.改革开放以来价值观演变轨迹探微[J].伦理学研究,2014(5):9-15.DOI:10.15995/j.cnki.llxyj.2014.05.027. 廖小平.改革开放以来中国社会价值观变迁之基本特征[J].哲学动态,2014(8):71-76. 廖小平.改革开放以来价值观变迁与核心价值的建构[J].天津社会科学,2013(6):4-11. 廖小平.论改革开放以来价值观变迁的五大机制[J].北京师范大学学报(社会科学版),2013(4):95-101. 廖小平.改革开放以来价值观的变迁及其双重后果[J].科学社会主义,2013(1):87-91. 廖小平,张长明.价值观代际变迁的基本规律和特点——从改革开放以来的中国社会来看[J].西北大学学报(哲学社会科学版),2007(5):10-15. 廖小平.全球化与价值观的代际传承和代际整合——从中国社会的改革开放背景来看[J].湘潭大学学报(哲学社会科学版),2006(4):25-32. 廖小平.改革开放以来中国社会代际价值观的嬗变轨迹[J].甘肃社会科学,2006(4):215-218. 廖小平.改革开放以来我国价值观变迁的基本特征和主要原因[J].当代中国史研究,2006(3):108. 廖小平.改革开放以来我国价值观变迁的基本特征和主要原因[J].科学社会主义,2006(1):64-67. 廖小平,成海鹰.改革开放以来中国社会的价值观变迁[J].湖南师范大学社会科学学报,2005(6):12-16.

② 黎娟娟,黎文华.Z世代大学生多重矛盾性社会心态解析[J].中国青年研究,2022(7):104-110+30. 王肖,赵彦明."Z世代"大学生媒介化生存的审视与应对[J].思想理论教育,2022(3):90-95.

③ 谢兴政,蔡念中,黄志铭.依附·关系·文化:Y世代在线口碑传播行为的实证初探[J].兰州学刊,2018(10):148-161. 王蕾."Y世代"青年志愿者社会参与持续性的原因分析——基于12名青年志愿者的访谈[J].青年探索,2015(5):39-44.

④ 陈玉明,崔勋.代际差异理论与代际价值观差异的研究评述[J].中国人力资源开发,2014(13):43-48.

⑤ Egri, C. P., Ralston, D. A.. Generation cohorts and personal values: A comparison of China and the United States[J]. *Organization science*, 2004, 15(2): 210-220.

世代内)而越来越受重视;在社会价值观(如和谐和尊严等)和利他价值观(如贡献等)上各世代间和世代内均无显著差异。[①]

此外,中国的新生世代有典型的时代特征,如独生子女一代的80后、伴随新媒体长大的90后、凸显个性化特征的00后。[②] 李庆真认为,60后是穿越历史时空并沐浴着理想主义成长的一代,经历了1978～1982年农村改革,"红色"主旋律是他们的时代特征;70后是在理想与现实双重考验中历练成长的一代,经历了20世纪80年代中后期及90年代大众传媒的发展和港澳台地区海外文化传播,"蓝色"是他们的主旋律;80后作为第一代独生子女的一代,见证了90年代市场化改革,"多色调"是他们的主旋律;90后伴随着互联网长大的一代,经历了网络化、全球化的兴起,"异色调"是他们的主旋律。[③] 魏莉莉则发现80后和90后青年对社会主义核心价值观的认同存在代际差异。他们对国家层面价值观最认同富强,对社会层面价值观最追求自由,对个人层面价值观最注重诚信;90后更向往自由等后物质主义价值观,而80后更看重富强和法治,并且90后的内部异质性大于80后。[④] 王文发现,与发达国家的青年人相比,90后已拥有浓烈的中国经济自信与国际情怀。[⑤]

自1911年辛亥革命以来,中国一直进行着激进的社会、政治和经济变革。[⑥] 清末到解放前(1911—1949年),中国处于极端贫困、自然灾害、战争和政治不稳定的时期;崇尚儒家思想,强调仁、礼、尊重社会等级和追求集体利益。[⑦] 新中国成立前夕,中国共产党确定了向苏联"一边倒"的方针,并在此后20年中美长期处于对峙状态,[⑧]在这段时期马列主义和毛泽东思想取代了儒家思想,[⑨]社会主

① 尤佳,孙遇春,雷辉.中国新生代员工工作价值观代际差异实证研究[J].软科学,2013,27(6):83－88＋93.

② 宫敏燕.当代青年群体价值观的代际特征及培育路径研究——以80后、90后及00后为例[J].兰州教育学院学报,2017,33(4):27－28＋101.

③ 李庆真.网络化背景下青年价值观代际群比较研究[J].浙江社会科学,2016(3):74－81＋88＋158.

④ 魏莉莉."80后""90后"青年对社会主义核心价值观的认同——基于代际和阶层比较[J].当代青年研究,2017(2):17－23.魏莉莉.青年群体的代际价值观转变:基于90后与80后的比较[J].中国青年研究,2016(10):64－75.

⑤ 王文.全球视野下中国"90后"的经济自信——兼论代际价值观转变理论视角下的中国青年与制度变革[J].西北师大学报(社会科学版),2020,57(4):95－100.

⑥ Vohra, R. *China's Path to Modernization: A Historical Review From 1800 to the Present*[M]. Upper Saddle River, NJ: Prentice-Hall, 2000.

⑦ Xing, F. The Chinese cultural system: Implications for cross-cultural management[J]. *Sam Advanced Management Journal*, 1995, 60(1): 14－20.

⑧ 孔寒冰.并非一方选择的结果——论新中国初期"一边倒"外交政策的产生[J].俄罗斯研究,2003(3): 81－87.

⑨ Ladany, L. *The Communist Party of China and Marxism (1921－1985)*[M]. Hong Kong: Hong Kong University Press, 1988.

义集体主义代替了封建宗法集体主义。中苏关系交恶和 1969 年中苏珍宝岛事件后,经历了 1971 年中国恢复在联合国的合法席位、1972 年中美关系正常化、1978 年改革开放和 1979 年中美建交等事件后中国从封闭逐渐走向开放。80 年代后中国进入经济全球化时代,与此同时,民主、自由思想,重视个人成就和物质主义等个人主义价值观等西方资本主义意识形态在中国的商业和教育中具有更大的影响。[①] 自 1994 年互联网进入中国以来,中国快速进入信息全球化时代。中国新兴的"网络资本主义"代表了西方市场资本主义和集体主义价值观的独特融合,[②]迅速的工业化和现代化带来了前所未有的经济增长和繁荣。[③] 2001 年中国加入 WTO 后,中国与世界经济全面接轨,中国的互联网迎来爆发式增长。与此同时,中国和以美国为首的西方国家同步经历了互联网的历次变革,如 Web1.0(门户网站)、Web2.0(社交媒体)和 Web3.0(智能媒体)。

基于此,我们认为可以将中国的世代划分为"T 世代""S 世代""O 世代""M 世代"。T 世代为传统世代(tradational cohort,出生于 1950 年之前),他们出生在新中国成立之前;S 世代为建国世代(socialism cohort,出生于 1950—1969 年),他们出生在新中国,不过与西方世界处于隔绝的传统封闭环境;O 世代为开放世代(openings cohort,出生于 1970—1989 年),他们出生在中国从封闭逐渐走向开放,经济全球化的环境,O 世代又包括 70 后和 80 后两个子世代;M 世代为移动互联网世代(mobile cohort,出生于 1990 年之后),他们出生在信息全球化环境下,是互联网"原住民",他们的成长伴随着智能科技蓬勃的发展,物质财富在中国的空前积累,并伴随着前所未有的中外融合进程,如"全球化""公民意识"等。

二、媒体使用

媒体是交流、传播信息的工具,包括诸如报刊、广播、电视、网络等。[④] 尤其是以网络和手机为代表的新媒体是 20 世纪的重大科技发明。新媒体(new

---

① Vohra, R. *China's Path to Modernization: A Historical Review From 1800 to the Present*[M]. Upper Saddle River, NJ: Prentice - Hall, 2000.

② Boisot, M., J. Child. From Fiefs to Clans and Network Capitalism: Explaining China's Emerging Economic Order[J]. *Administrative Science Quarterly*, 1996, 41(4): 600 - 628.

③ Tian, X. *Dynamics of Development in an Opening Economy: China Since 1978*[M]. Commack, NY: Nova Science Publishers, 1998. Yao S. Economic Development and Poverty Reduction in China over 20 Years of Reforms[J]. *Economic Development & Cultural Change*, 2000, 48(3): 447 - 474.

④ 匡文波."新媒体"概念辨析[J].国际新闻界,2008(6): 66 - 69.

media)是一个相对和发展的概念。[1] 1967 年,美国哥伦比亚电视网技术研究所所长 P·戈尔德马克(Goldmark)首次在一份关于开发电子录像商品的计划中把电子录像称为"新媒体"。1969 年,美国传播政策总统特委会主席罗斯托(E. Rostow)在提交尼克松总统的报告中也多处使用了"新媒体"一词。随后,"新媒体"一词开始流行于美国社会,并随之扩展到全世界。[2] 对于新媒体这一概念,至今并没有明确的界定。联合国教科文组织认为新媒体就是网络媒体。美国《连线》杂志指出新媒体就是"所有人对所有人的传播"。[3] 美国俄裔新媒体艺术家列夫·曼诺维奇(Lev Manovich)认为,新媒体"将不再是任何一种特殊意义的媒体,而不过是一种与传统媒体形式没有关联的一组数字信息,但这些信息可以根据需要以相应的媒体形式展示出来。"[4]马歇尔·麦克卢汉(Marshall McLuhan)在网络产生之前不仅曾预见性地指出"媒介即讯息,媒介是人体和人脑的延伸"的论断,而且于 1959 年曾发表"电子革命:新媒体的革命影响"的研究,他认为随着新媒体的快速发展,世界将变成一个地球村。[5] 阿尔温·托夫勒(Alvin Toffler)指出"谁掌握了信息、控制了网络,谁就拥有了整个世界。"[6]

　　国内学者普遍认为相较于传统媒体,新媒体"依托于数字技术、互联网技术、移动通信技术等向受众提供信息服务的新兴媒体"。[7] 熊澄宇认为,新媒体是一个相对的概念,相对于广播,电视是新媒体;相对于电视,网络是新媒体。[8] 蒋宏和徐剑从内涵和外延两方面对新媒体做出了界定:就内涵而言,新媒体是指 20 世纪后期在世界科学技术发生巨大进步的背景下,在社会信息传播领域出现的建立在数字技术基础上的能使传播信息大大扩展、传播速度大大加快、传播方式大大丰富的,与传统媒体迥然相异的新型媒体。就外延而言,新媒体包括了光纤电缆通信网、有线电视网、图文电视、电子计算机通信网、大型电脑数据库通信系统、卫星直播电视系统、互联网、手机短信、多媒体信息的互动平台、多媒体技术

① 廖祥忠.何为新媒体? [J].现代传播(中国传媒大学学报),2008(5):121-125. 景东,苏宝华.新媒体定义新论[J].新闻界,2008(3):57-59. 喻国明.解读新媒体的几个关键词[J].广告大观(媒介版),2006(5):12-15. 邓新民.自媒体:新媒体发展的最新阶段及其特点[J].探索,2006(2):134-138.
② 陈刚等.新媒体与广告[M].北京:中国轻工业出版社,2002.
③ 邢长敏.论新媒体定义的重构[J].新闻爱好者,2009(20):8-9.
④ 蒋宏,徐剑.新媒体导论[M].上海:上海交通大学出版社,2006.
⑤ 麦克卢汉.理解媒介:论人的延伸[M].何道宽,译.北京:商务印书馆,2000. 廖祥忠.何为新媒体? [J].现代传播(中国传媒大学学报),2008(5):121-125.
⑥ 宋元林,陈春萍.网络文化与大学生思想政治教育[M].长沙:湖南人民出版社,2006.
⑦ 孙鉴.新媒体对"90 后"大学生价值观影响与对策[J].职教通讯,2013(5):56-59.
⑧ 熊澄宇,廖毅文.新媒体——伊拉克战争中的达摩克利斯之剑[J].中国记者,2003(5):52.

广播网等。① 就新媒体的种类划分来看,其形式多样、种类丰富。如宫承波教授指出,新媒体包括网络电视、网络博客、搜索引擎、电子邮件、手机短信、手机报、移动电视、数字电视等形式。② 目前,新媒体发展迅猛,它不仅极大地丰富了传媒形态,而且改变了传媒格局,还对全球尤其是中国的社会经济发展产生了全方位的深刻影响。③

以网络为核心的新媒体是信息传播的又一次重大飞跃,受众对新媒介的使用突破了传统主流媒体的话语壁垒,使受众的话语权有了更大程度上的实现。④ 目前,网络技术已经演进三代,Web1.0 是"内容"的连接,诞生出网络媒体;Web2.0 是"人"的连接,见证社交媒体的兴盛;Web3.0 是"万物互联",将开启"万物皆媒"和"人机共生"。⑤ 近两年来,微博、推特(Twitter)、微信和脸书(Facebook)等社交媒体平台,今日头条和一点资讯等聚合型资讯终端平台几乎掌控了中外移动互联网的入口,算法推荐作为人工智能在新闻领域的技术运用已成为移动互联网语境下新闻分发的主流模式,它让"人找信息"变为"信息找人",实现用户偏好导向下的信息和人的精准与高效匹配。⑥

在 Web3.0 新媒体时代,传播速度的实时性、传播过程的交互性、传播范围的全球性、信息内容的海量性、信息检索的便利性等特点,导致议程设置(agenda setting)理论发生了嬗变。议程设置理论经历了三个层级的发展。1972 年,麦库姆斯(Mccombs)和肖(Shaw)提出该理论,并先后诞生了第一层级的议题议程设置(issue agenda setting)和第二层级的属性议程设置(attribute agenda setting),上述两层级议程设置效果中,无论客体(object)还是属性(attribute)的显著性转移都是线性排列。⑦ 在"前互联网"时代,屈指可数的几家主流媒体在很大程度

① 蒋宏,徐剑.新媒体导论[M].上海:上海交通大学出版社,2006.
② 宫承波.新媒体概论[M].北京:中国广播电视出版社,2009.
③ 邵庆海.新媒体定义剖析[J].中国广播.2011(3):63-66.
④ 凌引迪.网络新媒体语境下电视节目创新[J].电视研究,2012(12):49-50.
⑤ 彭兰.智媒化:未来媒体浪潮——新媒体发展趋势报告(2016)[J].国际新闻界,2016,38(11):6-24.彭兰."新媒体"概念界定的三条线索[J].新闻与传播研究,2016,23(3):120-125.彭兰.万物皆媒——新一轮技术驱动的泛媒化趋势[J].编辑之友,2016(3):5-10.
⑥ 薛永龙,汝倩倩.遮蔽与解蔽:算法推荐场域中的意识形态危局[J].自然辩证法研究,2020,36(1):50-55.张志安,汤敏.论算法推荐对主流意识形态传播的影响[J].社会科学战线,2018(10):174-182+2.
⑦ McCombs, Maxwell E., Donald L. Shaw. The Agenda-Setting Function of Mass Media[J]. *Public Opinion Quarterly*, 1972, 36(2): 176-187. McCombs, Maxwell E., Donald L. Shaw. The Evolution of Agenda-Setting Research: Twenty-Five Years in the Marketplace of Ideas [J]. *Journal of Communication*, 2010, 43(2): 58-67. McCombs, Maxwell E., Donald L. Shaw, David H. Weaver. New directions in agenda-setting theory and research[J]. *Mass communication and society*, 2014, 17(6): 781-802.

上影响了公众对政治和社会议题的认知、立场和相关行为。但互联网彻底改写了大众传播的图景,郭蕾和麦库姆斯提出第三层级的网络议程设置(network agenda setting)。基于此,有学者证实了传统媒体(如《纽约时报》等)对新媒体(如推特等)讨论的议题缺乏影响力,但新媒体却对传统媒体产生了显著影响。[①] 2016 年以来,算法和人工智能技术与新闻传播发生深度融合,它们正在全方位地介入信息生产、分发、互动反馈流程,掀起了新闻传播行业理念与业态实践的重大变革,并促进信息更有效地传播。[②] 因此,社交媒体也不断消解传统媒体的议程设置权,但"千人千面"的个性化服务背后却可能是隐含的阶层和区隔,人工智能和算法推送让受众陷入过滤气泡、信息茧房、回音室、政治极化等状况,在国内造成"族群分裂"和国际上造成"文明的冲突";[③]并加速中西文化融合,将一系列不端的文化价值观念、语言、风俗习惯及腐朽没落的文化现象混杂在一起;[④]甚至导致人的扭曲和异化;[⑤]最终对社会主义价值观的主导地位构成威胁。[⑥]

　　移动媒体是新媒体的一部分,其发展速度惊人,对传媒业的影响越来越大,它的发展将移动媒体产业与互联网行业紧密结合起来,传统媒体也在这个过程中渐渐加入到移动传播的队伍中来。孟倩认为移动媒体主要指不同于传统媒体,利用数字传输技术播出,满足流动性人群视听需求的新兴媒体。主要包括智能手机、平板电脑、公交系统移动数字电视等。[⑦] 邓瑜和陶涛认为移动媒体是"媒体在数字化冲击下所产生的变化之一""移动媒体接收的终极形态就是手机媒体"。[⑧] 邹军为移动媒体与移动传播做出了相对明晰的界定:移动媒体是

① Guo, Lei, Maxwell McCombs. Network agenda setting: A third level of media effects[C]. *annual conference of the International Communication Association*, Boston, MA. 2011. Guo, Lei, and Maxwell McCombs, eds. *The power of information networks: New directions for agenda setting*[M]. Routledge, 2015.

② 师文,陈昌凤.新闻专业性、算法与权力、信息价值观:2018 全球智能媒体研究综述[J].全球传媒学刊, 2019,6(1):82-95. 陈昌凤,师文.智能算法运用于新闻策展的技术逻辑与伦理风险[J].新闻界,2019 (1):20-26. 崔保国,刘金河.报业新生态与融合新路径——党的十九大以来报业研究的创新与突破 [J].编辑之友,2022(4):90-95.

③ 张志安,汤敏.论算法推荐对主流意识形态传播的影响[J].社会科学战线,2018(10):174-182+2. 张志安,刘杰.人工智能与新闻业:技术驱动与价值反思[J].新闻与写作,2017(11):5-9.

④ 张东,刘建辉.自媒体时代网络舆情引导研究——基于议程设置的视角[J].重庆邮电大学学报(社会科学版),2018,30(2):80-86.

⑤ 郝雨,李林霞.算法推送:信息私人定制的"个性化"圈套[J].新闻记者,2017(2):35-39.

⑥ 李丹,张森林.校园网络文化对大学生社会主义核心价值观培育的影响及对策[J].黑龙江高教研究, 2014(8):117-119.

⑦ 孟倩.中国移动媒体发展综述[J].中国报业,2013(12):5.

⑧ 邓瑜,陶涛.手机媒体:移动媒体的终极形态[J].中国记者,2006(4):64-65.

"指个人的、便携式的、用户控制的、交互的、能接入互联网的、可实现用户之间和用户与网络之间信息交换与共享的平台"。今天的移动媒体包括"数字化、交互式的、可移动的、可上网的个人便携式新媒体,以智能手机为代表,包括平板电脑、电子阅读器、游戏机等一系列手持式设备"。移动传播,即"基于移动媒体的传播,是通过各种移动平台,在用户之间、用户与网络之间进行信息交换的传播过程"。[①]

　　20 世纪 40 年代,西方学界就开始对媒介接触展开研究。1959 年伊莱休·卡茨(Elihu Katz)提出"使用与满足"(uses and gratifications)的概念,并在《个人对大众传播的使用》专著中论述了人们的媒介使用行为(media use):"受众是基于自身的社会与心理因素而产生一定的需求和目标,从而主动地、而不是被动地选择媒介和进行媒介接触行为,行为产生的满足度再影响下一次的媒介接触行为"。[②] 媒介使用通常包括以媒介使用频率和次数来计算的媒介接触(media exposure),以及关于媒体内容的注意力(attention)两个维度。[③] 而注意力则是指对不同类型新闻的关注和感兴趣程度。[④] 西方国家的研究成果表明,网络媒介针对政治信息的过度竞争性报道容易导致网络"政治犬儒主义(political synicism)";[⑤]选民会对此产生"厌倦、冷漠、愤世嫉俗"等情绪反应,这会严重弱化网络媒介的政治动员作用。[⑥] 国内的相关研究表明,新媒体接触频率持续不断的上升使社会公众获取和交换信息的成本大大降低,以网络传播形态为代表的新媒体日益成为信息获取和传播的重要渠道。[⑦] 互联网和手机等新媒介作为

① 邹军.移动传播研究:概念澄清与核心议题[J].新闻大学,2014(6):72－73.
② Jay G. Blumler, Elihu Katz. The Uses of Mass Communications: Current Perspectives on Gratifications Research[M]. California: Sage Publications,1974. 伊莱休·卡茨,保罗·F·拉扎斯菲尔德.人际影响:个人在人众传播中的作用[M].北京:中国人民大学出版社.2016. 韩晓宁,王军,张晗.内容依赖:作为媒体的微信使用与满足研究[J].国际新闻界,2014,36(4):82－96.
③ Zhao, Xinshu, Steven H. Chaffee. Campaign advertisements versus television news as sources of political issue information[J]. *Public Opinion Quarterly*, 1995, 59(1):41－65.
④ Choi, Jihyang, Jae Kook Lee. Investigating the effects of news sharing and political interest on social media network heterogeneity[J]. *Computers in Human Behavior*, 2015, 44(mar.):258－266.
⑤ Jackson, Dan. Strategic news frames and public policy debates: Press and television news coverage of the euro in the UK[J]. *Communications*, 2011, 36(2):169－193.
⑥ Schuck, Andreas RT, Hajo G. Boomgaarden, and Claes H. de Vreese. Cynics all around? The impact of election news on political cynicism in comparative perspective[J]. *Journal of Communication*, 2013, 63(2):287－311.
⑦ Bohman, James. Survey article: The coming of age of deliberative democracy[J]. *Journal of political philosophy*, 1998, 6(4):400－425. Browning, Graeme. Updating electronic democracy[J]. *Database (Weston)*, 1997, 20(3):47－54.

一种工具,已经深深地镶嵌在居民的生活和工作之中。① 而微博、微信作为新兴的社会化传播平台受到国内传播学界的重点关注,②它们具备适应新传播时代的多元化、多媒体化的传播特点。③ 在新时代背景下,我国的新媒体被赋予传播正能量的社会责任,如宣传社会主义核心价值观等主流价值取向方面与传统媒体的传播立场保持一致。④

就社会参与而言,公众网络参与成本的降低极大程度上提高了网民公共参与的热情,而网络新媒体提供了一个最接近哈贝马斯所谓"公共领域(public sphere)"的舆论平台,这为公众意见的自由表达提供了机会。⑤ 但这也带来新的问题,新媒体视域下的"把关人"理论(gatekeeping theory)的研究发现,面对新媒体传播速度过快、内容过于多元化的特点而出现的"把关人"缺位现象,这会使得信息环境的熵值增大,最终削弱网民的新媒体信任和政治参与积极性。⑥ 青年人(16 岁至 24 岁)的互联网使用通常与不同形式的政治参与有正相关关系,⑦而根据强化螺旋模型(reinforcing spiral model),他们也往往有更强烈的动机去选择接触新媒体并接收政治信息等传播内容,从而维护其自身的"积极的互联网使用"以及"对政治参与的渴望"等社会身份。⑧ 我国新媒体的存量用户和增量用户也以年轻人为主。⑨ 在网络新媒体时代,传媒媒介对青少年教育的影响也越来越明显,有研究表明,青少年和青年"对于社会的基本认识,对游戏规则

① 喻国明,吴文汐,许子豪,刘佳莹.中国居民全天候媒介接触图景的三维透析——基于天津居民的"时间—空间"多维研究范式的考察[J].山西大学学报(哲学社会科学版),2012,35(3):280-289.

② 方志鑫,蔡莉白.从传播学角度看微信的兴起[J].科教导刊(中旬刊),2012(4):219-220. 刘红平,曹君如.从传播学角度看微博的兴起[J].新闻世界,2010(8):268-269.

③ 陈雅静.微信,还能红多久?——以经济学 SWOT 理论分析微信[J].新闻知识,2012(6):83-84+68.

④ 仰义方.新媒体时代的国家治理:机遇、挑战与应对[J].中共天津市委党校学报,2014(5):62-67+92. 黄楚新.当前我国新媒体发展状况、问题及对策[J].人民论坛·学术前沿,2018(19):79-87. 周辉.巩固与发展党务新媒体舆论阵地[J].人民论坛,2019(12):118-119.

⑤ 韦路,陈稳.城市新移民社交媒体使用与主观幸福感研究[J].国际新闻界,2015,37(1):114-130.

⑥ Pingree, Raymond J., et al. Effects of media criticism on gatekeeping trust and implications for agenda setting[J]. *Journal of Communication*, 2013, 63(2):351-372. 张云亮,冯珺,季芳芳,等.新媒体接触对社会治理参与的影响研究——基于中国社会状况综合调查 2013—2017 年数据的实证分析[J].新闻与传播研究,2020,27(7):77-95+127-128.

⑦ Quintelier, Ellen, and Sara Vissers. The effect of Internet use on political participation: An analysis of survey results for 16-year-olds in Belgium [J]. *Social science computer review*, 2008, 26(4):411-427.

⑧ Slater, Michael D. Reinforcing spirals model: Conceptualizing the relationship between media content exposure and the development and maintenance of attitudes[J]. *Media Psychology*, 2015, 18(3):370-395.

⑨ 匡文波.北京市新媒体用户特征的调查报告[J].新闻与写作,2019(6):74-79.

的把握,甚至人生观、价值观的形成,90％以上的影响来自传播媒介"。[1] 本研究参考赵(Zhao)和查菲(Chaffee)对媒体使用的定义设置了两组变量:媒体接触和媒体内容。前者考察传统媒体、社交媒体、平台媒体、网络媒体和境外媒体等;而后者则分为政治和军事类信息、经济和金融类信息、文娱和体育类信息、社会和生活服务类信息等。[2]

第四节　青年网络意识形态

在传统媒体时代,传统媒体所生产出的新闻以内容制胜,哪家推出的成果质量高,其受众人数也就更多,人们看重的媒体要素是内容与形式。而在互联网时代,影响其产出效果的因素不仅局限于内容与形式,社交、场景等核心要素也加入新兴媒体研究和发展的考虑范围之内。[3]

移动新媒体是所有具有移动便携特性的新兴媒体的总称,包括手机媒体、平板电脑、掌上电脑、psp 游戏机(play station portable)、移动视听设备(如 MP3、MP4、MP5)等。现下普遍被大众所界定的移动媒体,主要是指可移动的、能上网的、用来交流互动的个人便携式的新媒体。这里的移动不再是指物理意义上的位置移动,更多地强调的是能够穿越时空,手握智能手机,虽身在一处,注意力却可移动到另外一个甚至多个情境当中,只要有电有网,人们通过移动媒体可以尽情畅游,获得无限自由。

当然,人们在获得这种自由感受的同时,慢慢变成了手机党低头族,仿佛成了移动媒体的奴隶。例如,春节期间,对于手持智能手机的年轻一代,传统的拜年方式与庆祝形式已不再流行,利用手机终端、社交平台互道祝福,扫码集福赞、群里抢红包成了大家在节日里的助娱剂;当人们外出游玩时,可以通过手机来订酒店、机票、火车票和景点门票,也可以通过手机 APP 来预约出租车,将银行卡与手机中的微信、支付宝绑定在一起后,可谓是"手机在手,出游

---

① 喻国明.传媒的负面影响与青少年教育[J].中国青年研究,2005(2):1. 钱文彬.从政治观看新媒体对大学生价值观的影响[J].当代教育论坛(管理研究),2010(12):78-79. 王宏.新世纪主旋律电视剧的青年认同研究[J].山东社会科学,2021(10):160-165.

② Zhao, Xinshu, Steven H. Chaffee. Campaign advertisements versus television news as sources of political issue information[J]. *Public Opinion Quarterly*, 1995, 59(1):41-65.

③ 彭兰.场景:移动时代媒体的新要素[J].新闻记者,2015(3):20-22.

不愁";闲暇时间,当人们通过移动终端来获取更多资讯时,所接收的更多是针对个人兴趣爱好推送的个性化新闻,朋友圈里展现的都是熟人的动态消息,身处严寒的冬季也能感受到来自云南朋友发来的四季如春的温暖气息,浩瀚星空里也能体会大洋彼岸的朋友激情冲浪的乐趣……人们的阅读习惯也逐渐趋于碎片化。

总的说来,移动媒体相较于传统媒体,不仅体积小分量轻、便于携带,还易于操作和使用。在移动媒体技术高度发达的今天,它仍然在不断进步着,现今社会几乎每个人都可以拥有一部自己能购买得起的移动媒体。在使用移动媒体进行信息传播的过程中,传播内容更加平民化,传播途径更加多样化,传播对象更加精准化。此外,手机等移动媒体还具备使生活更加便捷的电子支付功能等,其发展空间与发展前景广阔。

正如陈独秀在《青年杂志》(后改名《新青年》)的发刊词《敬告青年》中写道:"青年如初春,如朝日,如百卉之萌动,如利刃之新发于硎,人生最可宝贵之时期也。青年之于社会,犹新鲜活泼细胞之在人身……"[1]青年不仅是国家和民族的希望,也是建构主流意识形态的主体。青年是社会文化重要的生产主体,青年人的思想、行为、生活以及特定时代下的青春经历、爱情故事等都曾被作为一种文化现象被人们所传颂。在我国互联网、移动互联网蓬勃发展之际,网络在青年人群中迅速普及,并成为网络使用和网络交际的重要人群。网络新思潮能够在极短的时间内被复制、传播到广泛的青年人群,并对青年网络意识形态产生极其深刻的影响。[2]

第一,美国占据世界互联网技术霸权、全球社交媒体霸权位置。当前支撑全球互联网运营的 13 个 IPv4(internet protocol,互联网协议第四版)根服务器中,1 个主根服务器设在美国、12 个副根服务器中有 9 个在美国,1 个在英国,1 个在瑞典,1 个在日本。尽管 25 个 IPv6 根服务器中,我国拥有其中 1 台主根服务器和 3 台辅根服务器。[3] 但美国的互联网技术霸权地位依然难以撼动。所有的根服务器、域名体系和 IP 地址等均由美国商务部(United States

---

① 陈独秀.独秀文存[M].合肥:安徽人民出版社,1987.红色百宝 奋斗百年|《新青年》唤醒新青年[EB/OL].2021-2-18.https://www.zgzzs.com.cn/index.php/Article/detail/id/77812.html.
② 杨文华.网络语言的流行对主流意识形态的解构[J].深圳大学学报(人文社会科学版),2012,29(5):60-64.
③ 全球共 13 台根服务器,美国独占 10 台,若想关停中国网络可能吗[EB/OL].2022-6-9.https://baijiahao.baidu.com/s?id=1735154065382746524&wfr=spider&for=pc.

Department of Commerce，DOC）授权的互联网域名与号码分配机构（The Internet Corporation for Assigned Names and Numbers，ICANN）统一管理。① 此外，脸书、推特、优兔（YouTube）、WhatsApp、维基百科在世界社交媒体中地位超然，如2016年脸书的全球用户人数近20亿；而2020年底，脸书的全球用户人数已经近30亿，日活跃用户（DAU，daily active user）数量为18.4亿；月活跃用户（MAU，monthly active user）数量为28亿。②

第二，美国积极输出"网络自由"理念。"网络自由（Internet Freedom）"的本质是网络霸权主义，③它是美国《网络空间国际战略（The International Strategy for Cyberspace）》的核心理念之一。美国"网络自由"战略的核心为"支持基本自由和隐私"，即"言论和结社自由、珍视个人隐私和信息的自由流动"。④ 一方面，美国凭借其强大的综合国力，以"网络自由"为幌子在双边和多边国际交往与经济援助中和商业利益捆绑销售，如"在制定商业决策时，美国公司日益将网络和信息自由视为更重要的考量因素"。⑤ 大力向外国民众尤其是青年输出"联络自由"理念，宣扬"网络民主"，鼓励"网络问政"，培养"网络意见领袖"，左右输出国的"网络舆论导向"；另一方面，斥巨资研发"网络自由技术"，如开发高效散布虚假信息的软件（大肆发展网络部队水军）、穿透他国网络信息过滤系统的"翻墙软件""影子"互联网计划和手机通信网络，以及"突岩""弹弓"等"网络自由技术"，以帮助中东、西亚和北非多国网民突破网络封锁和过滤。再一方面，以"网络自由"为借口抹杀他国的"网络主权"，美国利用网络空间治理平台"伦敦进程"，⑥向他国兜售"去政府化"的网络空间治理模式，进一步抢占网络空间治理领域的话语权。⑦ 美国"网络自由"渗透战略的实质就是美国冷战思维的现实延续和发展，是美国价值观渗透的网络翻版，是美国国家利益在互联网上的延伸，

---

① 吴则成.美国网络霸权对中国国家安全的影响及对策[J].重庆社会主义学院学报.2014，17（1）：80－84.
② 日活跃用户已达18.4亿！Facebook发布2020Q4及全年财报[EB/OL].2021－2－2.https://www.sohu.com/a/448189684_120637672.
③ 张卫良，何秋娟.应对西方"网络自由"必须维护我国意识形态安全[J].红旗文稿，2016（9）：9－11+1.
④ International Strategy for Cyberspace[EB/OL].2011－5－16，https://obamawhitehouse.archives.gov/sites/default/files/rss_viewer/internationalstrategy_cyberspace.pdf.
⑤ Hillary Rodham Clinton. Remarks on internet freedom[EB/OL].2012－2－29，https://www.docin.com/p-351201737.html.
⑥ 黄志雄.2011年"伦敦进程"与网络安全国际立法的未来走向[J].法学评论，2013（4）：52－57.
⑦ 夏自军.我国青少年网络主流意识形态认知认同探究——基于美国"网络自由"渗透战略的研究视角[J].当代青年研究，2016（2）：18－23.

是美国霸权主义在虚拟世界的扩张。①

第三,多重意识形态网络合围。杨文华认为"意识形态领导权是一种文化权力,它通过对主流文化'核心'的坚守而为某一政党、组织或社会集团所持有"。② 尽管尼古拉·尼葛洛庞蒂(Nicholas Negroponte)提出"网络空间完全没有物理边界,是一个平等、自由、公开的领域"的观点。③ 但事实上,意识形态在网络时代并没如西方学者预期的那样出现"网络意识形态终结论",④反而意识形态的冲突趋于更加激烈。⑤ 网络文化是技术科学与文化艺术相结合的产物。它属于"第三文化"范畴,所谓第三文化"与人类以往的智力探求不同,它不是一群特权人士在边缘的吵吵闹闹,它会影响地球上每个人的生活。"⑥网络文化具有"大众文化"的特征,并包含诸多文化形式,如网络游戏、网络音乐、网络论坛、网络博客、网络视频、网络聊天等。⑦ 一直以来,比较宽松的网络空间环境使得网络文化异常兴盛,从而使得游戏主义、自由主义、技术主义、全球主义等各种"非主流"或"反主流"的网络文化渐渐地聚溪成流、聚沙成塔、集腋成裘,被各种集团或势力所利用,形成对主流意识形态的强劲冲击。⑧ 一是游戏主义。其滋生与网络游戏、网络文学的流行有关,它传递着"沉迷享乐""不负责任"的虚幻人生观,并对主流意识形态形成威胁。二是自由主义。它是"一种赋予个体自由以很高价值的生活哲学",其特质是"西方文化"和"新自由主义意识形态"在网络中的放大。因为其"道德虚无主义""时空虚拟性"等会为一些敌对政治势力提供可乘之机。三是技术主义。在网络社会,技术取得了统治的"合法性"地位,并导致人们阶级意识的淡化,人们纵情于消费、享受,放弃了对社会的思考和对理想的追求。四是全球主义。网络化是全球主义的物质载体,它主张"全球意识",宣扬"全球思维"。但所谓的"全球主义"并未代表人类的"整体利益",而只是西方发

① 阚道远.美国"网络自由"战略评析[J].现代国际关系,2011(8):18-23.
② 杨文华.意识形态领导权面临的网络挑战[J].理论导刊,2011(3):30-33. 杨文华.网络空间中主流意识形态领导力提升的三级维度[J].上海行政学院学报,2012,13(4):13-19.
③ [美]尼葛洛庞蒂.数字化生存[M].胡泳,范海燕,译.海口:海南出版社,1996.
④ 丹尼尔·贝尔.意识形态的终结[M].南京:江苏人民出版社,2001.
⑤ 杨文华.我国主流意识形态网络风险防范机制的建构[J].吉首大学学报(社会科学版),2011,32(1):106-109.
⑥ Morley, David. and Robins, Kevin. Spaces of Identity. London: Routledge, 1995.
⑦ 杨文华.网络空间中意识形态生长规律的生物学探析[J].福建师范大学学报(哲学社会科学版),2011(1):154-159.
⑧ 杨文华.网络语言的流行对主流意识形态的解构[J].深圳大学学报(人文社会科学版),2012,29(5):60-64. 杨文华.网络文化的意识形态流变及其攻势[J].上海行政学院学报,2011,12(3):99-105.

达国家利益的体现。[①]

一、青年成为西方意识形态试图渗透的主要群体

香港《明报》指出"社交媒体催生了在新世代的新人类,社媒使用者多具有年轻、高学历、具科技能力和批判思维、喜欢沟通传播等特征"。[②] 因此,青年已经成为西方"意识形态"试图渗透的主要群体,凭借其对新媒体的娴熟运用能力,他们被武装为各类公民运动中是"互联网行动主义者",即"以各种技术手段进行传播、动员、游说、组织,以达到发动大规模社会运动的目的"。[③]

(一) 新媒体特别是移动媒体对于社会产生巨大影响

移动媒体作为新兴传媒手段已悄然改变了我们的生活。王艳认为新一代移动媒体技术便捷了人们的生活,它将会整合历史出现过的一切媒介形式——电话、电视、计算机、收音机、音频播放器等媒介,它们的单一发展将变得缺乏实际应用的意义和价值。不过移动媒体的快速发展也存在一定的负面影响,比如同它一起出现和扩大的社会问题。由于网络的开放性与自由度较大,对网上的信息把控得不够严格,会使许多本应遏制传播的信息如黄赌毒等,在虚拟网络世界里容易滋生和蔓延。[④] 国内学者们认识到在移动媒体等新兴媒体的大环境下,加强高校青年价值引领,把握青年思想动态平衡发展的重要性,他们认为移动媒体使用对高校思想政治教育将会产生重要影响,应引起社会各界的广泛重视。但绝大部分的研究对象主要是以 90 后为主的学生群体,研究移动媒体使用对高校青年价值观念的影响理论成果不多。具体来看,其中部分学者认为移动媒体的使用对于青年们既提供了便捷也产生一定负面影响,虽然有利于更加便捷与富有时效性地引领青年的价值观念,但这条路上也存在着重重困难。如李轩复和宁秋娅指出,移动媒体以及新媒体上存在大量信息,这些信息真假难辨,良莠

---

① 杨文华.网络文化的意识形态渗透及其应对[J].中国青年研究,2010(11)：81 - 84＋61. 杨文华.网络文化的意识形态渗透及其应对[J].理论与改革,2010(6)：111 - 113. 胡伊青加.人：游戏者[M].贵阳：贵州人民出版社,1998. 高国涛.杨文华.西方网络民主输出情势下大学生制度自信的重建[J].河北经贸大学学报(综合版),2015,15(3)：36 - 38＋44. 张化冰.美国的"网络外交"与我国意识形态安全[J].理论视野,2012(6)：32 - 34. 史安斌.全球网络传播中的文化和意识形态问题[J].新闻与传播研究,2003(3)：52 - 60＋95.
② 闵大洪.刘瑞生.香港"占中"事件中的新媒体运用及思考[J].新闻记者,2015(1)：65 - 73.
③ 华媒：互联网真正的黄金时代还有 20 年[EB/OL].2021 - 2 - 2,https://oversea.huanqiu.com/article/9CaKrnJFRAt.
④ 王艳.移动媒体技术的社会影响及应用价值研究[J].创新科技,2013(7)：100 - 101.

不齐,对传播速度不好加以掌控,网络环境监管不尽如人意,这些都给高校青年的价值引领带来挑战。[①]

(二) 互联网和新媒体已经成为新型社会事件的"扩音器"和"发动机"

在政治日趋媒介化和媒介日趋政治化的新媒体时代,通过新媒体发起社会行动已经成为常态。例如,2014 年 9 月 28 日发生在中国香港地区的非法"占中"运动以及 2019 年 6 月 9 日发生的非法"反修例"运动,它们均是通过新媒体发起而做大的新型社会运动。上述运动并不是市民的自发行动,而是有组织的集体行动,组织方通过以脸书(Facebook)等为代表的社交媒体进行动员和部署。[②] 由于借助了"新媒体"强大的宣传、动员和组织功能,这些社会运动实际上已经成为一种"低强度"的"新样态战争"。[③]

陈相雨和王全权以香港非法"占中"运动为例,总结了其动员特点:一是征用西方意识形态的思想资源动员,将民主包装成可以解决任何问题、具有普世价值的"灵丹妙药",在全世界推销"普世民主"(或者"颜色革命")。二是整合使用自媒体的媒介资源动员。尼尔·波兹曼认为"媒介即隐喻",[④]强调媒体技术对社会的"再建构"作用,这种作用在自媒体上体现得尤为显著。香港"占中"运动的非法组织围绕互联网、社交媒体及智能手机等自媒体为技术平台,构建了具有明显信息边界的社会化媒体传播网络,包括官方网站、社交媒体账号、独立媒体网站、网络论坛、即时通信软件、APP 应用、懒人包等。[⑤] 三是以社团为核心的组织资源动员。加姆森(Gamson)认为,组织更完备的社会运动成功率更高,科层制、集权化的组织较非科层制、非集权化的同类组织更易获得成功。[⑥] 整个非法"占中"期间有包括"和平占中"在内的一系列社会组织,他们共同推动"占中"运动向其预定方向发展。四是迎合西方势力的外部资源动员。以美国为首的西方势力对中国的"和平演变"从未停止。香港非法"占中"运动可以被视为美国等西

---

① 李轩复,宁秋娅.新媒体视阈下高校青年教师思政工作初探[J].北京教育(高教),2014(5):60.
② Facebook 在香港占中事件中的作用及成因——基于访谈的总结分析[EB/OL].2016‐3‐31,http://media.people.com.cn/n1/2016/0331/c402791‐28241443.html.
③ 闵大洪,刘瑞生.香港"占中"事件中的新媒体运用及思考[J].新闻记者,2015(1):65‐73.
④ 波兹曼.娱乐至死·童年的消逝[M].桂林:广西师范大学出版社,2009.
⑤ 闵大洪,刘瑞生.香港"占中"事件中的新媒体运用及思考[J].新闻记者,2015(1):65‐73.
⑥ Gamson, W. A. The Strategy of Social Protest[M]. IL: The Dorsey Press, 1975. 孔卫拿.社会运动结果:对西方学界的研究述评[J].中共杭州市委党校学报,2015(3):80‐87.

方国家对中国进行"和平演变"和"颜色革命"的桥头堡。①

（三）从众和宣泄心理的弱化、求真心理的强化

在传统媒体时代，主流媒体垄断信息传播渠道，受众缺乏意见表达的通道。但新媒体时代，各种新型网络文化形式持续不断地涌现，比如网络问答社区、②网络直播、③音乐社交短视频、④弹幕网站等，⑤它们已经改变了以往人们所熟知的社群信息传播路径，传统媒体式与机构化的"自上而下"的信息传播路径正在被大幅度修正，正形成代表着社交媒体时代的信息扩散式的"自下而上"的新路径。

陈晨在"知乎"平台的基础上分析了新型网络社群的舆论心理，主要体现在三个方面：一是从众心理的弱化。从众心理是"指个人受到外界人群或权威人物行为的影响，在认知上或行动上与他人或权威人物产生认同并趋同的现象。"⑥由于有"自下而上"的信息扩散途径，"沉默的螺旋"趋于分化，允许不同声音出现，并产生众多"意见领袖"。尽管从众现象也依然存在，但从众心理已经有所弱化。⑦ 二是宣泄心理的弱化。所谓宣泄就是通过语言和行为的方式来减缓或释放心理压力。⑧ 三是求真心理的强化。面对各种社会热点事件，网民探求事件真相的心理得到充分的激发和表达，他们会结合自己的知识背景，给出"深入"和"专业"解读。因此，一些以往潜藏在公众主流意见的小众声音借助新媒体

① 陈相雨，王全权.香港"占中"运动生成的再认识：阐释与启发——基于资源动员理论的分析[J].世界经济与政治论坛，2016(2)：101-111. 陈相雨，鲁玲悦.香港"占中"事件中的舆论话语博弈[J].青年记者，2015(32)：11-12. 李桂芹，陈相雨.大学生网络公民意识教育的困境及处置理路[J].江苏经贸职业技术学院学报，2015(2)：49-52. 陈相雨，王丹.大众传媒参与生态文明建设的理念定位和实践路径[J].阅江学刊，2015.7(2)：96-102.
② 沈波，赖园园.网络问答社区"Quora"与"知乎"的比较分析[J].管理学刊，2016.29(5)：43-50. 李丹.中美网络问答社区的对比研究——以 Quora 和知乎为例[J].青年记者，2014(26)：19-20.
③ 梦媛.网络直播在我国的传播现状及其特征分析[J].西部学刊（新闻与传播），2016(8)：29-32. 张旻.热闹的"网红"：网络直播平台发展中的问题及对策[J].中国记者，2016(5)：64-65.
④ 张志安，彭璐.混合情感传播模式：主流媒体短视频内容生产研究——以人民日报抖音号为例[J].新闻与写作，2019(7)：57-66. 吴佳妮.音乐社交短视频软件何以走红——以抖音 App 为例[J].新媒体研究，2017.3(18)：88-89.
⑤ 邓昕.互动仪式链视角下的弹幕视频解析——以 Bilibili 网为例[J].新闻界，2015(13)：14-19. 陈席元.弹幕话语建构的青年亚文化网络社群研究——以哔哩哔哩网对 Keyki 事件反应为例[J].电脑知识与技术，2014.10(20)：4667-4669+4721.
⑥ 高涵.微博转发的从众心理研究[J].中州大学学报，2012.29(3)：58-61.
⑦ 陈怡静.网络环境下群体心理的影响——以知乎精英转变为例[J].视听，2017(11)：138-139.
⑧ 吴传毅."非直接利益冲突"的盲从效应与宣泄心理[J].湖北行政学院学报，2016(4)：52-56.

得到了放大和传播,乃至影响社会思潮。①

二、文化价值观：娱乐资本消解主流价值

全球化背景下,处于强势地位的国家通过向处于弱势地方的国家和民族输出自己的文化,施行文化霸权。

(一) 美国的文化霸权行销中国

美国凭借强大的互联网技术和传播话语权,形成了以好莱坞、迪士尼为主导的娱乐体系,掌握着世界娱乐产业的霸权。除了电影这一强大的主要市场之外,好莱坞的辅助市场也非常健全,如录像带租售、付费家庭录像、网络电视、辛迪加市场等,通过时间差的销售战略,增加制片公司的收入。而另一巨头迪士尼也已集广播电视、书刊、音乐、出版、影视动画节目制作、名牌产品于一身,成为世界上规模最大、经营范围最广的综合性文化娱乐和媒体公司,并且涵盖了媒体网络、影视娱乐、主题乐园和游乐场、品牌产品以及电子商务和直销五大业务。

美国的文化霸权主要表现为：

(1) 消费文化大行其道,奢侈品消费最具代表性。中国已成为世界上主要的奢侈品消费国,爱马仕、香奈儿、宝马这些顶端奢侈品人们耳熟能详。消费文化观念的盛行,为西方国家创造了经济价值,同时也对中国人民的价值观产生巨大影响。另外,美国的好莱坞电影、美剧、麦当劳、肯德基等快餐文化,日本的动漫游戏与成人文化,以及韩国的"韩娱"风潮和整形文化……这些文化产品的输出,都对中国产生了强烈的文化辐射。

(2) 西方国家掠夺中国文化资源,或根据其本土特色对中国文化资源进行重置和改造之后,再次出口给中国。例如,美国好莱坞电影《功夫熊猫》和《花木兰》均利用中国传统元素,而使用的是好莱坞固有的叙事模式,反映的是好莱坞式"个人英雄主义"和"平等、自由"的普世价值观。美国动画电影通过利用和改造中国文化资源,既让中国观众从心理上更能接受和认可其文化产品,从而达到宣扬其价值观的目的,同时也能实现市场盈利的经济目的。

(3) 西方国家通过修改版权法以巩固自己的知识产权霸权。1998 年美国为

① 陈晨.基于"知乎"平台的新型网络社群的舆论心理[J].新闻研究导刊,2016,7(18)：364. 任孟山.互联网时代的"国际吐槽"与国家形象[J].传媒,2016(14)：38-39. 任孟山.从魏则西、雷洋事件看社交媒体时代舆论新生态[J].传媒,2016(10)：37-38.

了保护迪士尼公司的米老鼠和其他著名卡通人物形象的版权,颁布了《版权期间延长法案》(Sonny Bono Copyright Term Extension Act),根据这个法案,美国对著作权的保护期限是直到作者死后 70 年,这比《伯尔尼公约》规定的国际惯例多了 20 年。这意味着"假如作品是集体创作或是 1978 年 1 月 1 日以前发表的,那么其版权保持 75—95 年。1923 年以前发表的作品均属公有领域。但这个规则也有例外,一些 1963 年的作品已经进入公有领域,而另一些早于 1923 年的作品重新被申请版权因此依然受版权保护。出于法律的改变,到 2019 年为止不会有作品进入公有领域"。[①] 在 2013 年跨太平洋伙伴关系协议(TPP)谈判中,美国也要求将版权保护延长至作者死后 70 年。可见,美国在强化自身法律保护的同时,也积极推进对国际版权法的修改,使自身无论在国际法律层面,还是全球文化产业中,始终保持强势话语权。

(二) 中国的新媒体渠道被外资控制

近 20 年来,用户的媒体接触习惯不断地发生改变,从传统媒体(纸媒、广播和电视)到互联网(电脑终端),再到移动互联网(手机、平板电脑)。在移动互联网时代,APP 成为网民接入移动互联网的主要入口。新闻类 APP 既是人们获取资讯的新方式,也是新闻媒体传播信息的新渠道、数字出版的新领域,因此成为媒体跑马圈地、争夺移动互联网入口的重要着力点。在我国国内,移动媒体平台基本被外资、民营占据。因此,青年人的信息获取渠道几乎被外资、民营的平台所垄断。各类综合应用平台向寡头垄断模式发展;内容生产向粉丝和用户延伸,为各种网络传播乱象提供温床。移动社交平台的移动性使其不断与其他领域拼接融合,如信息服务、交通出行及民生服务等,打造一体化服务平台,扩大服务范围和影响力,并渐渐走向寡头垄断模式。其内容生产方从专业媒体、公关机构、网络大 V 和意见领袖,向网络红人、粉丝及普通用户延伸。[②] 受众的信息需求进一步呈现碎片化和个性化的特点,为了吸引受众关注和吸引流量,各种网络传播乱象随之发生:为追求"眼球效应"而夸大其词、断章取义、移花接木,低俗、黄赌毒新闻占据头条、直播等平台;明星私生活成为热搜事件引爆网络。

在互联网出现之前,传统主流媒体扮演着"守门人"的角色,它们能在信息传

---

① 美国著作权地图案—美国版权法的美国版权登记[EB/OL]. 2020 - 5 - 3, http://www.shtopchamber. com/banquanzixun/70281.html.
② 2017 年个人互联网应用发展状况[J].科技中国,2017(9):29 - 39.

播中将那些有损其公信力的信息进行筛选、拦截。但互联网改变了这一格局,网络上惊现的各种"被事件"(如"被代表""被自杀""被捐款"等)极大地损害了社会诚信和媒体的"公信力",如国际权威公关公司爱德曼发布的2010《信任度调查报告》显示"中国大陆报纸媒体的公信力在两年间从45％下降到了21％,而电视媒体的信任度下降了1/3"。[①] 与此同时,自媒体等社交媒体的崛起极大地挤压了传统主流媒体的生存空间。[②] 从互联网带来的冲击来看,江明科认为导致主流媒体公信力下降的原因主要有两方面:一是在人人都能成为传者的网络时代,主流媒体很难"守门"。网络尽管不能保证信息传播的严谨性,但能够使得信息在第一时间、第一现场得到处理,相对传统媒体需要"采集→编辑→传播"的信息传播过程,网络极大地提高了信息传播的速度。以2011年"7·23"动车事故为例,事发时间为当天晚上20时30分,4分钟后,乘客就在车上发出首条求救微博。即使《人民日报》以最快的反应速度也要次日早上见报,距事发已经已近12小时。因此,突发事件来临时以微博为代表的网络终端的首发效应凸显,并日益成为社会舆论的中心。[③] 二是互联网拥有充分的互动性和广泛的参与性。互联网的"双向"传播模式为受众的广泛参与提供了可能,随着民众文化程度的不断提高与公民意识的不断觉醒,受众的参与意识也逐步增强。[④]

三、媒体使用观:新媒体技术给当前的网络意识形态管理带来巨大挑战

信息科技的飞速发展为人类开启了信息时代的大门,也加速以推特、微博、Skype、腾讯QQ、脸书、微信、Quora、知乎、今日头条等为代表的新媒体的出现和普及,并在政治、经济、社会活动中发挥日益重要的作用。尤其是"阿拉伯之春"席卷中东和北非,并导致多个政权接二连三地倒台和剧烈的社会动荡,以推特、脸书和维基为代表的新媒体在整个过程中展现出巨大的作用。因此,"阿拉伯之春"甚至被称为"推特革命""脸书革命"或"维基革命"。[⑤] 究其原因,主要在于"新媒体能够使政治和社会运动一定程度上突破甚至超越空间、时间与成本的限

---

① 魏然."被"时代新闻媒体角色定位及公信力打造[J].海峡科学,2012(6):81-82.
② 佚名.中国媒介公信力系列调查之二——上海传媒公信力调查报告[J].现代广告,2009(9):7.
③ 赵晴.转型升级:报业"过冬"的正能量[J].中国报业,2013(7):42-44.
④ 江明科.主流媒体在互联网时代的公信力[J].青年记者,2011(9):34.
⑤ 衣鹏.北非魅影:"推特"革命流入埃及[N].21世纪经济报道,2011-1-27(001).代玉梅.自媒体的传播学解读[J].新闻与传播研究,2011,18(5):4-11+109.

制，被用以发起和组织大规模的社会动员，以支持运动的持续展开"。[①] 与此同时，新媒体技术也给政府权威和政府监管带来挑战。

（一）新媒体技术去中心性和互动性对政府权威提出挑战

新媒体技术的"去中心性"是指"相对于传统媒体自上而下、'一对一'或'一对多'的传播方式，新媒体能实现平面的、'多对多'的传播方式，使发言权更加平等，话语权更加分散，甚至一定程度上形成'所有人对所有人的传播'"；其"互动性"是指"与相对'单向度'的传统媒体相比，新媒体的传播特性可以让传播者和接受者成为对等的交流者，并且使无数的交流者可以同时进行个性化的交流"。[②] 基于此，曾经的观众、读者可以借助网络、电脑和移动平台终端等来互相传达信息，导致"公民记者"（citizen journalist）的产生，并呈现出"去中心化""互动性""个性化""多元化"等特征。[③]

在"人人都有麦克风，个个都是通讯社"的新媒体时代，科学技术让每个人平等地拥有了发布信息的权力。[④] 任何一个普通民众都可以借助博客、微博、微信、新闻客户端、知乎、抖音等自媒体传播形式，随时随地将其所见所闻、所感所思通过网络发布。这种传播方式允许社会各阶层反映其愿望、意见和诉求，但同时也造成各种网络传播乱象，比如为争取时效而草率完成，或者是为了追求"眼球效应"而夸大其词，弄虚作假；明星私生活被包装成千奇百怪的热点事件，八卦、低俗新闻占据热搜榜首等。从而导致了近年来"新闻反转"，或者"新闻反转之后再反转"事件频繁出现。[⑤]

（二）新媒体技术即时性、超媒体性对舆论的全盘管控提出挑战

新媒体技术的"即时性"是指"与终端设备的普及化与移动化相配合，海量信

---

① Manuel Castells. The Internet Galaxy: Reflections on the Internet, Business and Society[M]. London: Oxford University Press, 2001.

② 庄鹏.3G技术背景下的手机新媒体为新闻传播教学带来的机遇与挑战[J].科教文汇（上旬刊），2013(10)：43-44. 信强，金九汛.新媒体在"太阳花学运"中的动员与支持作用[J].台湾研究集刊，2014(6)：16-24.

③ Lewis S C, Kaufhold K, Lasorsa D L. Thinking about citizen journalism: The philosophical and practical challenges of user-generated content for community newspapers[J]. Journalism Practice, 2009, 4(2)：163-179. 吴燕梅. 新媒体环境下企业危机公关策略研究[D].华中科技大学，2012.

④ 冉沂.从一次蹊跷的集体喧嚣中透视媒体浮躁[J].新闻记者，2011(6)：60-61. 李舫."文化批评，我拿什么拯救你"[N].人民日报，2011-5-6(17). 喻国明.社交网络时代话语表达的特点与逻辑[J].新闻与写作，2017(7)：41-43.

⑤ 韩木土.自媒体时代主流媒体提升公信力的新探索[J].中国广播电视学刊，2014(4)：86-88.

息能于任何计算机网络存在的地方得到即时的收发和传播"。其"超媒体性"是指"新媒体结合了超文本(hypertext)与多媒体的特性,能够以非线性的网状结构,结合影像、声音、图片、文字等多元的信息形式,进行巨量、复杂、多样信息的收发和传播"。① 随着 4G 网络技术的普及,以及 5G 网络技术的大力推广,新媒体可以以远低于传统媒体成本的方式,更加轻易和便捷地实现信息的广泛传播,或全球传播。与此同时,在"无视频,不传播"的新媒体时代,内容产业将迎来"爆发式""百花齐放"式的发展机会,信息与内容传播形态将更加碎片化。在这种情况下,新媒体用户不仅可以以图片、文字、音频、视频等各种形式"即时地"获得信息资源,也能"即时地"地将自己的资源共享出去,从而形成大范围的信息共享网络。

传统主流媒体采用自上而下的信息传播模式,通常是由宣传部制定大方针和指明大方向,媒体总编对宣传内容的真实性和重要性进行把关。由于版面空间的约束,总编需要通过新闻数量、版面和栏目等方式来进行议程设置,受众则处于被动接收的地位。然而该模式已经被自下而上社交媒体所彻底颠覆,传统主流媒体不仅难以在时效方面把握住"第一落点",发出"第一声音",有时甚至会"缺位"或"失语"。② 在极端情况下,传统主流媒体秉承"准确、权威"的专业精神所完成的新闻甚至会被"信息爆炸式""真假莫辨"的移动新闻所淹没。传统主流媒体不仅丧失了舆论主导能力,而且还沦为移动媒体"免费"的内容提供商。相较文字,图片、视频内容长期存在难以审查和监管问题。5G 时代,网络短视频生产时间更短、类型更多、成本更低、传播更快、甄别更难。

(三) 新媒体技术的社群化功能对团体组织动员监控提出挑战

新媒体技术的"社群化"功能是指"透过新媒体平台,用户能够基于相近或共同的兴趣、理念和目标在网络上形成平面与自由的虚拟社区。由于去中心化与匿名性的特性,新媒体形成了类似无政府状态的、平面的虚拟环境。在这个虚拟空间中,用户能突破真实社会的身份、族群、等级、阶级等各方面的限制,尤其是弱势群体可借此获得与强势群体几乎同等的话语权"。③ 在这种情况下,民间网络舆论场的社会影响力日趋扩大,并逐渐形成了可与主流媒体舆论场相抗衡的

---

① 信强,金九汎.新媒体在"太阳花学运"中的动员与支持作用[J].台湾研究集刊,2014(6):16-24.
② 赵晴.转型升级:报业"过冬"的正能量[J].中国报业,2013(7):42-44.
③ 信强,金九汎.新媒体在"太阳花学运"中的动员与支持作用[J].台湾研究集刊,2014(6):16-24.

"公共话语场"。但由于网络上信息量大且参差不齐,有些谣言甚至对网民产生了一定误导,一些群体性事件经常剧情反转再反转,甚至一波三折。① 比如豆瓣的"私密小组"曾经一年被处罚 20 余次,②随着豆瓣于 2022 年 3 月 29 日宣布私密小组因业务调整于 2022 年 6 月 30 日停止服务而曝光在公众的聚光灯下。③ 其原因在于,以豆瓣为例的虚拟社区蓬勃发展同时,④也造成以下问题:一是社交平台"饭圈化",呈现出娱乐化倾向,扩散了"饭圈"思维;二是造成"信息茧房"和"回音室效应",导致"群体情绪极化"现象;三是成为谣言滋生的温床,辟谣难度加大。⑤

四、思想价值观:西方意识形态渗透侵蚀青年思想

作为"网络原住民",当代青年与全球化的浪潮相伴而生,数字化生存、社交化生活已然成为他们的生活常态。网络和社交媒体在影响当代青年认识世界、观察问题的方式和角度的同时,年轻用户的价值偏好也在重塑我们媒体的表达。⑥ 在此大背景下,当代青年的思想政治教育面临着巨大挑战。本质上,思想政治教育是"一种价值传播和劝导行为,关系到'培养什么样的人、如何培养人、为谁培养人'的根本性问题,其话语表达直接影响到思想政治教育的实效"。⑦

(一) 西方意识形态渗透网络思想政治教育话语体系

随着新媒体技术、信息化的飞速发展,网络所具有的"即时性、海量性、全球性、互动性"等特点构成了网络强大的渗透功能,这为西方敌对势力进行迂回多变的意识形态渗透提供了条件。⑧ 以美国为首的西方发达国家利用其网络技术优势,把西方意识形态嵌入到西方文化中,再输入中国。一方面,西方意

---

① 陈晨.基于"知乎"平台的新型网络社群的舆论心理[J].新闻研究导刊,2016,7(18):364.
② 一年被处罚 20 余次,豆瓣告别"私密小组"时代[EB/OL]. 2022 - 4 - 27, https://www.163.com/dy/article/H5VLH1TF0550W16F.html.
③ 豆瓣私密小组将于 6 月 30 日全部停用[EB/OL]. 2022 - 3 - 30, https://baijiahao.baidu.com/s?id=1728687974649217061&wfr=spider&for=pc.
④ 王梦婷.互动仪式链视角下豆瓣私密小组的隐匿聚合与社群功能[J].视听,2022(6):161 - 163.
⑤ 金强.刘子怡.互动仪式链视域下虚拟社群豆瓣小组的关系维系研究[J].海河传媒,2022(3):10 - 17.
⑥ 包雷晶.论社交媒体环境下网络思想政治教育的有效性[J].思想理论教育,2017(3):79 - 82.
⑦ 刘余勤,刘淑慧.网络思想政治教育话语表达的"说理"逻辑和转换机制[J].思想理论教育,2017(10):77 - 80+96.
⑧ 刘余勤,刘淑慧.网络思想政治教育话语表达的"说理"逻辑和转换机制[J].思想理论教育,2017(10):77 - 80+96.

识形态的渗透在内容、名称、方式和过程上带有很强的隐蔽性。[1] 另一方面,西方意识形态传播的途径繁多,可以通过手机和电脑、教材和图书、电视和电影等媒介,而且内容广泛,涉及政治、经济、文化和艺术等社会各个领域。[2] 尤其是他们利用青年,特别是高校大学生思想活跃、求知欲强、容易接受新鲜事物等特点,把青年和高校大学生作为意识形态渗透的重点对象,[3]导致文化冲突和社会思潮交锋的加剧。[4] 在这种情况下,我国青年深受西方意识形态的负面影响,并对主流意识形态发生动摇。比如,崇拜西方价值观,崇尚个人主义、利己主义、消费主义、拜金主义、享乐主义等。[5] 在多元网络价值文化的影响下,青年的思想、话语、价值取向都发生了急剧的变化,呈现出多样化、娱乐化、随意化、情绪化等特性,并逐步形成了一套他们独具特色的话语表达体系。[6]

(二) 商业低俗价值观主导社会议程

1. "流量为王"将现实社会带入"娱乐至死"的境地

在移动互联网时代,流量永远是每个新媒体最关注的对象,如何提升流量的转化率是每个新媒体关注的核心,这一导向加剧了"劣币驱逐良币"现象。首先,新闻终端为了博取流量和点击率,色情、暴力、明星们的八卦绯闻等通常会轻易占据微博热榜、新闻头条;其次,企业或个人可以通过商业购买的方式,轻而易举地将某一个话题推送到热搜榜上;最后,通过背经叛道、哗众取宠的方式吸引粉丝关注和获取点击量。娱乐资本将现实社会带入"娱乐至死"的境地,公众话语日渐以娱乐化的方式出现,政治、新闻、体育、教育和商业都成为娱乐的附庸。[7]

2. 娱乐资本主导媒介议程设置

移动互联网已经浸透到政治、经济、文化、社会和生活的方方面面,改变着人

---

① 孙百亮.西方意识形态渗透的隐蔽性与中国高校思想政治教育创新[J].学术论坛,2009,32(7):176-180.
② 吕海升,宋颖.新媒体环境下西方意识形态的渗透及高校大学生主流意识形态的构建[J].吉林工程技术师范学院学报,2017,33(9):74-77.
③ 杨丽莎.西方意识形态网络渗透背景下我国高校意识形态安全研究[D].燕山大学,2013.
④ 谢斐.新媒体视域下西方意识形态渗透及防范路径——基于对陕西省八所高校大学生的问卷调查[J].贵州省党校学报,2018(5):120-128.
⑤ 胡家保.西方意识形态对高校的传播渗透及防范策略研究[J].中共福建省委党校学报,2018(4):115-120.
⑥ 曹和修.高校意识形态话语机制建构——以90后大学生话语体系变化为背景[J].人民论坛,2015(11):139-141.
⑦ Postman Neil. *Amusing Ourselves to Death*[M]. London: Penguin Books,1985. 波兹曼.娱乐至死.童年的消逝[M].桂林:广西师范大学出版社,2009.

们的生活模式和思维理念,影响着国家的社会民主化进程。[①] 然而在网络议程设置上,主流媒体难以一统天下,以资本主导的互联网平台由于占据着互联网入口的地位,几乎拥有了"生死予夺"的权利。如微博删除政务公众号和普通民众发布的信息,引发舆论哗然;[②]2016 年,东方网旗下媒体性质的公号《新闻早餐》被封号 7 天,就微信删帖和程序不公开的封号行为,总裁徐世平就此给腾讯CEO 马化腾发出两封言辞激烈的公开信,并将"腾讯帝国"在当今中国传媒界的垄断地位斥为一种"狰狞的威权"。[③] 意识形态斗争的"战场"早已在网络空间蔓延,娱乐资本可以游刃有余地主导媒介议程设置。

3. "流量小生(小鲜肉)"加剧娱乐资本对舆论的操作

娱乐资本为了追求丰厚的利润,枉顾社会责任,充分利用"粉丝经济学"来经营"流量小生(小鲜肉)",并形成恶性循环。首先,利用青少年的青春期偶像崇拜行为,把"小鲜肉"捧得很高,将偶像"孤立的优点"扩大为"全面的优点",打造成"流量小生(小鲜肉)",并吸引粉丝的盲目追捧、无条件崇拜。其次,通过各种手段(如绯闻)来制造社会热点,大幅提升和维持"流量小生(小鲜肉)"的热度(如热搜)和持久度。最后,一旦流量小生声誉受损,娱乐资本出于投资回报的考量,疯狂地操纵舆论进行补救,"删帖""网络水军""谣言""人肉"等各种手段层出不穷。青春期偶像崇拜是青少年走向社会所必经的过程,但娱乐资本不惜扭曲青少年的三观,制造了"病态追星"乱象。"病态追星"现象产生了巨大的社会危害,比如危害青少年身心健康(利己主义、个人极端主义恣意传播)、诱发网络暴力和社会冲突等。

---

① 田卉.柯惠新.网络环境下的舆论形成模式及调控分析[J].现代传播(中国传媒大学学报),2010(1):40－45.

② 微博的问题在于舆论垄断［EB/OL］. 2021－12－16,https://www.163.com/dy/article/GRC9TU3G0525HQS0.html.

③ 腾讯:企鹅帝国的狰狞威权——致马化腾的公开信［EB/OL］. 2016－11－4,https://baijiahao.baidu.com/s?id=1550031670334654&wfr=spider&for=pc.

第三章
上海青年网络文化观研究

全世界范围内千禧世代(Millennials,1980—2000)的社交媒体使用行为(快速传播信息、进行组织集结)已经改变了世界各地的社会文化、政治风貌等,他们勇于变化不守旧、敢于创新。社交媒体的时代特征也赋予了他们与前一代不同的政治观。因此"青年震撼"(Youth quake)也被入选为 2017 年牛津辞典"年度选字"。中国的千禧世代超过 4 亿人,这一群体备受西方媒体的关注,如萨克·戴奇瓦尔德(Zak Dychtwald)编著的《青年中国》(*Youth China*)对此进行描述,认为他们见证了从穷到富的中国发展进程,其特征是心胸宽广、骄傲等。[①] 在这种情况下,千禧世代的"新青年"见证了中国经济日新月异的高速发展,但也受到西方文化的严重影响和冲击,形成了迥异于上一代的文化和价值观念。因此,中国的新青年是"颜色革命"试图渗透的主要群体。

第一节 青年网络意识形态测量量表

基于文献梳理、网络意识形态风险现象和网络算法新闻分析,我们召集跨学科的专家组成专家会议,相关专家不仅有较丰富知识和经验,而且打破了学科的樊篱。随后上述专家组成专家小组就各种网络意识形态风险现象进行梳理、座谈讨论,互相启发,集思广益,最后聚焦核心问题和核心要素,并构建了青年网络

[①] Dychtwald,Zak. *Young China: How the restless generation will change their country and the world* [M]. NY: St. Martin's Press,2018.

意识形态测量量表(见表 3-1)。

表 3-1　青年网络意识形态测量量表

一级量表	二级量表
1. 文化价值观	1.1　未来中国文化发展的趋势
	1.2　观看过的文艺节目
	1.3　观看时间最多的影视节目
	1.4　中国人的文明素质
	1.5　了解中国传统文化渠道
2. 媒体使用观	2.1　常用新闻类 APP
	2.2　新闻舆论由谁主导
	2.3　常用社交媒体软件
	2.4　关注新闻类型
	2.5　重大事件您求证的渠道
	2.6　偏爱哪种新闻资讯
	2.7　关注公共事件的方式
	2.8　使用过翻墙软件
	2.9　正能量有效传播方式
	2.10　网络新文化形式
3. 思想政治观	3.1　社会主义理论
	3.2　了解社会主义理论的渠道
	3.3　社会主义核心价值观
	3.4　思想政治课改进
	3.5　对中国未来的信心
	3.6　对个人未来的信心

一、样本选择

上海一共有 32 所公办本科高等院校，并集中在几个大学城。[①] 基于此现状，我们在调研过程中采用两阶段抽样调查的方式。第一阶段从大学城中抽取杨浦大学城(杨浦区)、闵行大学城(闵行区)和松江大学城(松江区)作为调研对象。上海目前一半以上的公办高校聚集在这三个大学城里，杨浦大学城包括复旦大学、同济大学、上海财经大学、上海外国语大学、第二军医大学、上海理工大学、上海体育学院等；闵行大学城包括上海交通大学、华东师范大学等；松江大学城包括上海外国语大学、上海对外经贸大学、上海立信会计学院、东华大学、上海工程技术大学、华东政法大学、上海视觉艺术学院等。

第二阶段我们从 3 所大学城里一共抽取 10 所大学，在每所大学校园里随机抽取 70 个样本作为调查对象。调查时间为 2016 年 7 月 25—31 日，调研地点集中在上述 10 所高校的图书馆、自学教室等学生集中的地方。在整个调研过程中，我们一共投放了 688 份问卷，剔除 50 份无效问卷——它们或者有大量缺失值，或者没有按照答题要求进行回答，最终一共回收有效问卷 638 份，回收率为92.7%。调查范围覆盖了 4 所 985 高校——同济大学(样本数为 65)、复旦大学(样本数为 66)、上海交通大学(样本数为 63)、华东师范大学(样本数为 61)；两所 211 高校——上海财经大学(样本数为 61)、东华大学(样本数为 60)；四所普通高校——华东政法大学(样本数为 67)、上海立信会计学院(样本数为 65)、上海对外经贸大学(样本数为 63)、上海工程技术大学(样本数为 67)，详细情况如表 3 - 2 所示。

表 3 - 2　调研大学和样本数

大学城	大学名称	样本数	大学类型[②]
杨浦大学城	同济大学	65	985 高校(也是 211)
	上海财经大学	61	211 高校
	复旦大学	66	985 高校(也是 211)

---

① 上海一共有 64 所本专科高等院校，其中包括 32 所公办本科、5 所民办本科、1 所中外合作办学、13 所公办专科和 13 所民办专科。详见：2016 年全国高等学校名单[EB/OL]. http://moe.edu.cn/srcsite/A03/moe_634/201606/t20160603_248263.html.

② 上海高等院校名单[EB/OL]. 中国高校之窗. http://www.gx211.com/gxmd/gx-sh.html.

大学城	大学名称	样本数	大学类型
松江大学城	东华大学	60	211 高校
	华东政法大学	67	普通高校
	上海立信会计学院	65	普通高校
	上海对外经贸大学	63	普通高校
	上海工程技术大学	67	普通高校
闵行大学城	上海交通大学	63	985 高校(也是 211)
	华东师范大学	61	985 高校(也是 211)

二、人口统计

如果按 985 高校划分,"985 高校"的样本比例为 39.7%,"非 985 高校"的样本比例为 60.3%;如果按 211 高校划分,"211 高校"的样本比例为 58.6%,"非 211 高校"的样本比例为 41.4%。在受调查的大学生中,男同学占 48%,女同学占 52%;66.5% 为大学在读,33.5% 为研究生在读(其中硕士研究生为 28.1%,博士研究生为 5.4%);从学生生源地来看,城市生源占 71.9%,农村生源占 28.1%;24.6% 的受调查者有境外(含港澳台)旅游、学习和生活的经历,75.4% 的受调查者没有类似的经历;出生年份在 1980—1998 年的比例为 6.6%,1990—1994 年出生的比例为 52.4%,1995—1998 年出生的比例为 39.5%,90 年代生人已成为当代大学生的主要来源(91.9%)。本次调查的人口统计特征变量如图 3 - 1 所示。

受调查的大学生中一半以上从未使用(50.2%)过翻墙软件、48.6% 的人使用过。他们的政治面貌分别是:27.7% 的共产党员、62.3% 的共青团员、10% 的群众。37.8% 的受调查者计划毕业后参加工作(其中 1.9% 准备自己创业),14.3% 的准备出国留学,47.9% 的准备国内继续读研。家庭月收入 0—3 999 元以下的占 20.9%,月收入在 4 000—7 999 元的占 29.8%,月收入在 8 000—11 999 元的占 23.8%,月收入在 12 000—19 999 元的占 13.4%,月收入在 20 000 及以上的占 12.1%(见图 3 - 1)。

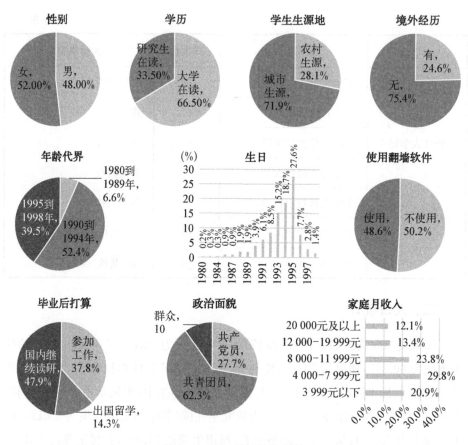

图 3-1   人口统计特征变量

第二节   中国新青年的群体特征、媒介使用

一、青年文化价值观

在文化观方面，当代大学生在文化价值上认同中西文化交融，在文化消费上呈现多元取向和实用主义，在对传统文化继承上表示出愿意接触的兴趣。

（一）大学生多数认同未来将中西文化交融

在对中国文化发展趋势的认同上，80.7%的大学生认为未来中国文化发展的趋势是中西文化交融,13.2%的大学生认为中国文化将占主导地位,而认为西方文化占主导地位的近4.9%。为了进一步分析不同群体对中国文化未来发展趋势认同的差异,我们借助统计软件,对中国文化发展趋势和人口统计特征变量进行交叉和回归分析。在先验性分析过程中,我们发现毕业后打算和政治面貌对大学生的文化和思想价值观的影响非常有限。因此,本研究中的人口统计特征变量仅包括性别、年龄代界(或者年龄)、学历、生源地(城市生源)、境外经历、家庭月收入、翻墙软件使用和高校类型(985高校或211高校),结果显示(见图3-2):

	非985高校	985高校		男	女
中国文化将占主导	14.50%	11.60%		15.90%	11.00%
中西文化交融	82.10%	81.30%		80.10%	83.20%
西方文化将占主导	3.40%	7.20%		4.00%	5.80%

图3-2　未来中国文化发展的趋势

第一,当代大学生几乎一致认为"中西文化交融是未来中国文化发展的趋势"。这一观点不因性别、年龄代界、学历、生源地(城市生源)、境外经历、毕业后打算、政治面貌、家庭月收入和翻墙软件使用等各方面的差异而不同,保持着较强的一致性。

第二,985高校类型是唯一对"西方文化占主导地位"产生显著影响的变量。985高校的大学生(7.2%)比非985高校的大学生(3.4%)略微倾向于"西方文化将占主导"。除此之外,其他人口统计特征变量的影响均不显著。

第三,性别是唯一对"中国文化占主导地位"产生显著影响的变量。男生(15.9%)比女生(11.0%)略微倾向于"中国文化将占主导"。除此之外,其他人口统计特征变量的影响均不显著。

(二) 在文化消费上呈现多元取向和实用主义

由于文化的内容和范畴比较大,我们反复研究后决定选取当前市场化程度最高的影视节目(包括电视、电影)来观察大学生对中西方文化的消费情况,借此作为中西方文化的代理变量进行深入分析。问题的陈述方式是"以下哪类影视节目(包括电视、电影),您花费的时间最多?"选项包括:中国大陆影视节目、中国港台地区影视节目、美国影视节目、英国影视节目、韩国影视节目、日本影视节目、东南亚影视节目(越南、新加坡、泰国)。我们借此来测量在校大学生对各种文化的喜爱程度。

调查发现,44.9%的大学生在美国影视节目上花费最多时间,35.1%的大学生在中国大陆影视节目上花费最多时间,之后依次是韩国影视节目(7.8%)、日本影视节目(5.4%)、中国港台地区影视节目(5.1%)、英国影视节目(1.6%),和东南亚影视节目(越南、新加坡、泰国的比例是 0.2%)。我们调查的结果和当下影视节目消费习惯,以及相关研究结果相吻合(见图 3 - 3)。[①]

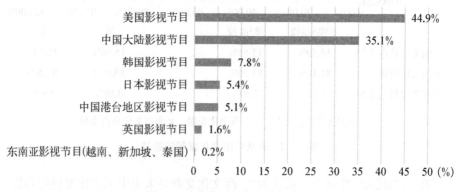

图 3 - 3 花费时间最多影视节目

如果我们把英国影视节目和美国影视节目归类为西方文化范畴,将中国文化分为中国大陆影视节目和中国港台地区影视节目,将模仿日本影视节目衍生

---

① 张磊.互联网环境下的电视剧消费——对于大学生群体的初步调查[J].青年记者,2015(4):55 - 56.

出的韩国影视节目和日本影视节目一起划分为日韩文化,那么在中国国内,以美英为代表的西方文化(46.5%)和中国文化(40.2%)直接竞争,前些年兴盛的日韩文化(13.2%)则逐渐没落,呈现逐步被边缘化的状态。

上述各地区和国家影视节目在我国国内的流行时间有顺序差异——20世纪80和90年代中国开始流行港台地区和日本影视节目,90年代后开始流行韩国影视节目,进入21世纪后美国影视节目开始大行其道,因此形成了不同的受众群体。[1] 东南亚影视节目(越南、新加坡、泰国)的观众群体规模过少,在此不对其进行深入分析,故我们对"花费最多时间的影视节目"进行重新编码,并只保留前六个选项。借助统计软件,把"花费最多时间的影视节目"的人口统计特征变量进行交叉和回归分析。为了减少交叉联立分析带来的系统误差,我们先采用回归分析确定哪些人口统计特征变量对此有显著影响,然后再通过交叉分析来观察其影响的程度。参考组为中国影视节目(包括中国影视节目和中国港台地区影视节目),如表3-3所示。

表 3-3　花费最多时间观看影视节目的回归分析

	美　国	英　国	韩　国	日　本
性别(女)	−0.547***	0.653	1.663***	0.48
年龄	0.09	−0.064	0.134	0.035
学历(研究生在读)	−0.113	0.076	−0.414	−1.187
211高校(是)	−0.391	−0.206	−1.579***	0.111
学生生源地(城市生源)	0.446*	1.805	−0.058	1.302*
境外经历(无)	−0.277	1.327	−0.02	−0.522
家庭月收入	0.141	−0.156	0.023	0.198
使用翻墙软件(有)	0.679***	1.64***	1.062***	0.418
截距	−1.11	−6.999	−6.248***	−1.888

样本数=622。
Cox 和 Snell 0.223;Nagelkerke 0.241;McFadden 0.097。
显著水平:* $p < 0.05$;** $p < 0.01$;*** $p < 0.001$。

---

[1] 张国涛,张陆园.2015年中国电视剧的生态与格局之变[J].中国广播电视学刊,2016(3):26-29.

第一，在美国影视节目模型中，和中国影视节目相比，男生比女生更加喜欢美国影视节目，而女生比男生更加喜欢中国影视节目；城市生源学生比农村生源学生更加喜欢美国影视节目；使用翻墙软件的同学比不使用翻墙软件的同学花费更多的时间看美国影视节目；其他人口统计变量没有显著影响。

第二，在英国影视节目模型中，和中国影视节目相比，使用翻墙软件的同学比不使用翻墙软件的同学花费更多的时间看英国影视节目；其他人口统计变量没有显著影响。

第三，在韩国影视节目模型中，和中国影视节目相比，女生比男生更加喜欢韩国影视节目；非211高校学生比211高校学生花费更多的时间看韩国影视节目；使用翻墙软件的同学比不使用翻墙软件的同学更加喜欢韩国影视节目；其他人口统计变量没有显著影响。

第四，在日本影视节目模型中，和中国影视节目相比，仅城市生源学生比农村学生花费更多的时间看日本影视节目；其他人口统计变量没有显著影响。

综上所述，性别、学生生源地和翻墙软件使用是造成大学生选择不同地区和国家影视节目的主要差异之所在。比较而言：

第一，"使用翻墙软件"的同学比不使用翻墙软件的同学更加喜欢美国影视节目（51.8％vs 38.4％）、英国影视节目（2.3％vs 0.9％）、韩国影视节目（9.1％vs 6.6％），而不太喜欢中国影视节目（31.1％vs 49.1％）。

第二，农村生源学生比城市生源学生更多偏好中国影视节目（48.9％vs 37.7％），而城市生源学生则比农村生源学生更加喜欢美国影视节目（47.1％vs 39.8％）、日本影视节目（6.9％vs 1.7％）。

第三，男生比女生更加偏好美国影视节目（53.8％vs 37.0％）；而女生则比男生更喜欢韩国影视节目（13.1％vs 2.0％）、日本影视节目（7％vs 3.7％）（见图3-4）。

通过多重响应（multiple response）分析，我们进一步了解到大学生观看上述影视节目的原因。该项调查题目是"多选题"，因此在本报告的多重响应分析中，我们只汇报"个案百分比"。个案百分比反映了选择该选项的样本（个案）在全体样本中的比例，能够真实地反映现实状况。

在全体大学生中，有68.6％的大学生纯粹是为了"休闲娱乐"，他们观看影视节目主要是为了放松心情；50.0％的大学生表示是"节目故事情节生动"，他们观看影视节目主要是因为节目有吸引力；30.5％的大学生表示是为了"学习语言"，这说明他们观看该节目是为了满足工具型需求，是为了掌握一门外语；22.1％的

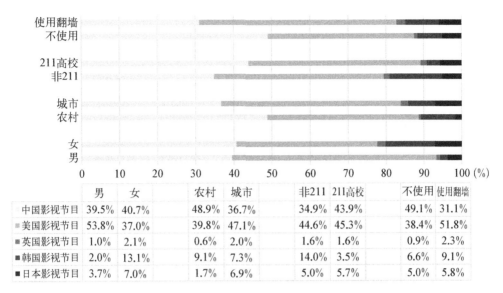

	男	女		农村	城市		非211	211高校		不使用	使用翻墙
中国影视节目	39.5%	40.7%		48.9%	36.7%		34.9%	43.9%		49.1%	31.1%
■美国影视节目	53.8%	37.0%		39.8%	47.1%		44.6%	45.3%		38.4%	51.8%
■英国影视节目	1.0%	2.1%		0.6%	2.0%		1.6%	1.6%		0.9%	2.3%
■韩国影视节目	2.0%	13.1%		9.1%	7.3%		14.0%	3.5%		6.6%	9.1%
■日本影视节目	3.7%	7.0%		1.7%	6.9%		5.0%	5.7%		5.0%	5.8%

图 3-4　花费最多时间的影视节目交叉图

大学生是因为"认同其中价值观";19.4％的大学生认为"符合当下生活";6.0％的大学生是为了"追星"。这说明在文化消费动机上,大部分学生主要为了休闲娱乐,首先是自我娱乐,其次是语言文化学习(见图 3-5)。

对"花费时间最多影视节目"与"观看上述影视节目的原因"进行交叉分析,我们发现与其他流行影视节目相比,中国的影视节目在剧情等方面还有一定的差距。

第一,选择中国影视节目的主要原因是"休闲娱乐"(79.6％)。出于"休闲娱乐"选择韩国影视节目的比例是 85.7％,而选择英国、日本和美国影视节目的比例仅为 40％,55.9％和 59％;从"符合当下生活"角度选择中国影视节目的比例是 36.2％,而从这一角度选择韩国、日本、美国和英国的影视节目的比例均仅为 10％左右。由此可知,中国影视节目在"娱乐化"、贴近观众的生活两方面做得比较成功。贴近当下生活也是国产影视节目的主要优势。

第二,在学习语言方面,80％的大学生是由于"学习语言"的原因选择了英国影视节目,56.2％的大学生为了学习语言选择美国影视节目,选择日本影视节目的比例是 20.6％,选择韩国影视节目的比例是 14.3％。英语是"世界通用"语言,是大多数大学生必须掌握的"第一外语",学习英语是大学生选择英国、美国影视节目的主要因素。

第三,仅有 27.6％的大学生是由于"节目故事情节生动"而选择中国影视节

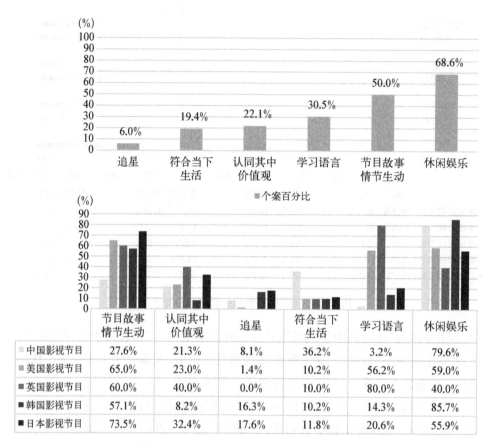

图 3－5　观看上述影视节目的原因及分析

目影视节目的,在六个选项中排名最低。大学生之所以选择花费最多时间看日本影视节目的,是因为其"节目故事情节生动"(73.5％),由于这一原因选择美国影视节目的比例是 65％、选择英国影视节目的比例是 60％、选择韩国影视节目的比例是 57.1％。由此可知,中国影视节目在剧情设计方面和国外的影视节目相比还有非常大的空间可以提升和改善。

第四,在"造星"方面,中国影视节目和日韩影视节目也有一定的差距。观看韩国影视节目的大学生中,16.3％的是为了"追星";观看日本影视节目的大学生中,17.6％的是为了"追星";而为了追星观看中国影视节目的比例为 8.1％,为日韩剧的一半。对于美国影视节目和英国影视节目而言,出于"追星"目的观看的比例仅分别为 0.0％和 1.4％。美国影视节目和英国影视节目并不是靠"明星"来吸引在校大学生,英美剧目的吸引力主要在于其满足了大学生两方面的工具型需求:一是英语作为世界通用语言能够满足学生的学习需求,二是"节目故事情节生动"和"休闲娱乐"方面的精神需求,而不在于其节目中的明星多么地有吸引力。

第五,在"认同其中价值观"方面,中国影视节目(21.3%)和美国影视节目(23%),并没有悬殊的差距。观看英国影视节目的大学生中,有40%的大学生认同其价值观,这种价值观认同更多体现在其宣扬的"绅士"和"淑女"文化教养等方面。这说明当代大学生在文化产品消费上,更多地是从娱乐、休闲和学习的实用角度出发,并没有将其上升到政治认同和价值观等高度。

(三) 对传统文化的愿意了解

对于"近一年来,您观看过以下哪些文艺节目?"这一问题我们发现综艺节目(84.4%)在大学生群体中是最热门的文艺节目(见图 3-6)。然而,大学生观看综艺节目的渠道和内容早已经发生了翻天覆地的变化。从内容上讲,以真人秀为代表的综艺节目向来是国内各家卫视的重磅炸弹,一直占据着周末收视黄金档的头把交椅。但随着 4G 网络技术的普及和 5G 网络的不断推广,新兴媒体正呈现出爆炸式的发展态势。以爱奇艺、腾讯视频等为代表的网络视频平台更是纷纷涉足网络自制综艺节目,他们与传统媒体为争夺综艺节目的市场份额而展开激烈的竞争。① 从渠道上讲,由于移动互联网的便捷性和即时性,目前网络新媒体已经在大学生中得到普及,网络已深度融入他们的日常生活。2013 年一份关于"90 后"大学生的网络媒介素养与价值取向的调查显示,73%的大学生将网络新媒体作为其第一信息源,随后分别是电视(12%)、广播(9%)、报刊(6%)。90 后大学生大幅减少了与传统主流媒体的接触,49.4%减少了阅读报刊,43%减少了收看电视,27%减少了收听广播。② 因此,目前大学生所观看的综艺节目无论是在内容上,还是观看渠道上都日渐多元,内容上包括传统综艺节目(电视直播、网络重播)和网络自制综艺节目等,从收看渠道上包括电视、电脑和移动终端(手机和平板电脑)等。

中国传统文化节目相声(61.4%)也备受大学生欢迎,六成以上的同学收看

---

① 张弛.综艺节目与青年文化正向互动关系[J].新闻采编,2014(6): 46-48. 许颖.综艺节目视野下的国内综艺节目及其对青年价值观影响[J].智富时代,2015(6): 301. 赵若竹.传播技术对电视娱乐节目主持创作的改变[J].中国广播电视学刊,2015(4): 80-81. 李菁.媒介融合背景下对于"内容为王"几个关键点的思考[J].电视研究,2011(2): 50-52. 高宏存,于正.感知国家话语下市场话语的脉动——我国网络新媒体管理政策的宏观思考[J].江汉大学学报(人文科学版),2010,29(6): 31-37.
② 杨维东."90 后"大学生网络媒介素养现状及提升对策研究[D].西南大学,2012.

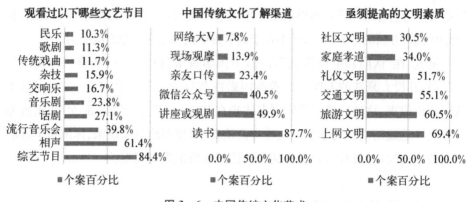

图 3 - 6　中国传统文化艺术

过相声节目(见图 3 - 6)。相声是"一种流传于我国北方(主要是京津地区),为大众所喜闻乐见的民间说唱曲艺形式。"自其产生以来,经历了从街头表演、到茶社表演、到登上舞台、再到登上中央电视台春节联欢,并一度成为春节晚会的重头戏。相声和广播、电视等传播渠道结合曾有一段辉煌期,但在 20 世纪 90 年代后进入低迷期。进入 21 世纪后,相声才再度渐有起色,重新出现在一些地方的茶馆、再次走向剧场复兴,成为视频网站上的热播节目,并开始吸引了年轻受众的关注。[①] 2008 年,根据北京和天津地区相声演出现场田野调查,研究者发现京津地区的观众集中在 18 到 35 岁年龄段的年轻观众,他们占总体的比例达到78.2% 左右。[②] 不过,由于目前相声演员无论数量还是质量都比较有限,除了有限的现场演出外,并没有形成完整的产业链,相声艺术产业并未成形。事实上,相声产业可以开发和衍生的产业模式也非常丰富,包括文化服务业、媒介文化产业、网络产业、休闲产业、论坛产业、博物馆经济等多种现代产业模式。[③]

流行音乐会(39.8%)、音乐剧(23.8%)、交响乐(16.7%)和歌剧(11.3%)在大学生中均有一定的市场,其中四成的大学生观看过流行音乐会。与此同时,传统的中国文化艺术节目,比如杂技(15.9%)、传统戏曲(11.7%)、民乐(10.3%)等也有一成以上的大学生与之有过接触。但从对中华传统文化的接触渠道而言,目前主要还是线下的读书(87.7%)、讲座或观剧(49.9%)、微信公众号(40.5%)等新媒体渠道有一定份额,但传统的中国文化艺术节目还无法像综艺节目那样

① 王芳.相声传播:传播规律与艺术规律的平衡[J].新闻界,2015(24):34 - 37.
② 耿波.京津地区相声演出现场的调查与研究[J].文化遗产,2010(2):47 - 55+157.
③ 王伯群.论媒介融合下电视媒体的产业化之路[J].重庆广播电视大学学报,2010,22(3):73 - 76.

主要依靠互联网来传播。对于中国传统文化,其他的渠道还有亲友口传(23.4%)、现场观摩(13.9%)、网络大 V(7.8%)(见图 3-6)。

由此可知,大学生对中国传统文化和中国传统文化艺术持开放和拥抱的态度,然而,中国传统文化和中国传统文化艺术的传播渠道陈旧,无法和广大青年"亲密接触"是制约中国传统文化和中国传统文化艺术传播的主要障碍。如近九成的大学生通过读书来了解中国传统文化,近五成通过讲座或观剧来了解,仅有近四成通过微信公众号。从中我们可以管窥中国传统文化的传播并没有有效地嫁接到网络或移动互联网。综艺节目的火热很大程度上是因为拥抱了移动互联网,相声能够再次开始复兴大抵也归功于此。因此中国传统文化和中国传统文化艺术的复兴也离不开移动互联网。杂技、传统戏曲和民乐等艺术需要走出剧场,和新的传播技术有效结合,同时需要形成完整的产业链,并最终形成相声、杂技、传统戏曲和民乐艺术产业。因此,如何和新媒体传播技术有效结合,在传播手段上适应当代青年的使用习惯,是传统文艺节目走出剧场,走向复兴的重要破题所在。

尽管中国传统文化和中国传统文化艺术的复兴渠道离不开网络和移动互联网,但是对网络社会中存在的暴力活动也不能忽视,抑制网络暴力、提倡网络文明是当务之急。目前我国最"亟须提高的文明素质",近七成大学生认为上网文明(69.4%)是重中之重,随后是旅游文明(60.5%)、交通文明(55.1%)、礼仪文明(51.7%)、家庭孝道(34%)、社区文明(30.5%)(见图 3-6)。

当代大学生作为"新媒体一代",生长在互联网对人类社会的经济、政治、文化和社会生活各个领域的广泛渗透的环境下,互联网作为一种生活方式、交流方式、聚集方式和工作方式,影响到他们的方方面面。[①] 然而网络上"人肉搜索""网上造谣、传谣""一言不合就恶语相加的网络暴力"等现象也屡见不鲜。在这种情况下,加强对互联网的监督和管理、抑制网络暴力活动、提倡网络文明变得刻不容缓,这会直接影响到当代大学生和当代青年的身心健康。

二、青年的媒体使用观

青年的媒体使用观:在新闻信源上信赖国内主流媒体;在传播渠道上主要使用外资、民营企业移动新闻客户端;在新闻形式上偏好知识分享类社交媒体和视频化的新闻。

---

① 李若鹏.网络文明,从青年开始[N].人民日报,2015-4-7(5).

(一) 在内容上信赖国内主流媒体

对于"发生重大事件您求证的渠道",近七成大学生选择求助于国内主流媒体(如新华社等)(72.9%),近四成求助政府官方发布会(39%),其他学生选择为多种渠道,多方查证(34.5%)、国际主流媒体(如《纽约时报》等)(29.6%)、朋友圈(如微信、QQ群等)(27.6%)、网络媒体自媒体或网络大V等(如微博)(18.8%)(见图3-7)。

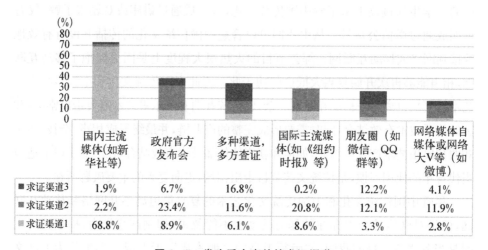

(%)	国内主流媒体(如新华社等)	政府官方发布会	多种渠道,多方查证	国际主流媒体(如《纽约时报》等)	朋友圈(如微信、QQ群等)	网络媒体自媒体或网络大V等(如微博)
■求证渠道3	1.9%	6.7%	16.8%	0.2%	12.2%	4.1%
■求证渠道2	2.2%	23.4%	11.6%	20.8%	12.1%	11.9%
▫求证渠道1	68.8%	8.9%	6.1%	8.6%	3.3%	2.8%

图3-7　发生重大事件的求证渠道

对发生重大事件的求证渠道、人口统计变量、新闻舆论主导倾向(政府主导vs.资本主导)进行深入统计分析,我们可以发现:

第一,所有人口统计变量均没有对选择国内主流媒体(如新华社)作为发生重大事件的求证渠道有影响。68.8%的大学生把国内主流媒体(如新华社)作为发生重大事件的首要求证渠道;72.9%的大学生把国内主流媒体(如新华社)作为主要的求证渠道(见图3-7),这说明大学生对政府有比较充分的信任。

第二,翻墙软件的使用与否是选择国际主流媒体(如《纽约时报》等)作为发生重大事件的求证渠道的唯一影响因素。而翻墙软件的使用与否并不影响受调查者对国内主流媒体(如新华社)的信任。把国际主流媒体(如《纽约时报》等)作为首要求证渠道的比例仅为8.6%,作为第二求证渠道的比例为20.8%(见图3-7),因此大学生们选择国际主流媒体(如《纽约时报》等)作为求证渠道,主要是作为多种渠道,多方查证的一种补充手段,而不是最主要的信息来源。城市生源比农村生源的同学倾向于采用多种渠道,多方求证的方式来求证重大事件。这反映出当代大学生有较强的独立分析能力和较强的批评精神。

第三，非211高校的学生比211高校学生更加倾向于选择政府官方发布作为重大事件发生后的求证渠道，而倾向于政府主导新闻舆论的同学比倾向于资本主导的同学更乐于选择政府官方发布作为重大事件发生后的求证渠道(见表3-4)。

表3-4　发生重大事件的求证渠道的影响因素　　　　单位：%

	是否为211高校			生源地		
	否	是	认知差异	农村生源	城市生源	认知差异
国内主流媒体	74.0	69.4	−4.7	68.9	72.1	3.2
国际主流媒体	26.7	32.3	5.5	24.9	32.1	7.2
政府官方发布会	47.3	34.1	−13.1***	42.9	38.3	−4.7
网络媒体自媒体	25.6	14.5	−11.1*	16.4	20.1	3.7
朋友圈	25.6	25.0	−0.6	31.1	23.0	−8.1
多种渠道	30.6	37.1	6.5	26.6	37.4	10.8**
	是否使用翻墙软件			新闻舆论主导倾向		
	不使用	使用	认知差异	政府主导	资本主导	认知差异
国内主流媒体	71.9	70.6	−1.2	73.2	68.6	−4.6
国际主流媒体	19.1	41.3	22.2***	28.4	32.2	3.8
政府官方发布会	40.9	38.1	−2.9	43.5	33.3	−10.2***
网络媒体自媒体	20.9	17.1	−3.8	16.8	22.4	5.6*
朋友圈	28.4	21.9	−6.5	21.9	30.6	8.7***
多种渠道	31.9	37.1	5.2	33.8	35.3	1.5

显著水平：* $p < 0.05$；** $p < 0.01$；*** $p < 0.001$。

第四，倾向于资本主导新闻舆论的同学比倾向于政府主导新闻舆论的同学更乐于选择朋友圈(如微信、QQ群等)、网络媒体自媒体或网络大V等(如微博)作为重大事件发生后的求证渠道。

求证的原因主要在于其权威性(74.7%)、专业性(43.4%)、及时性(40.4%)和深度报道(23.7%)。当他们关心的公共事件出现在新闻中，五成以上会搜索相关信息(53.2%),近四成仅仅浏览新闻(38.6%),有三成会关注政府新闻发布(29.7%)。仅有1.7%的同学表示对重大事件不关心,这说明大学生的公共参与度较高,98.3%的同学会通过各种方式参与其中(见图3-8)。

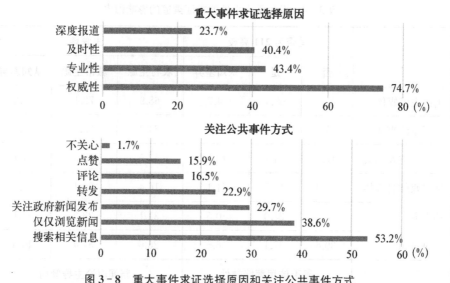

图3-8　重大事件求证选择原因和关注公共事件方式

50.2%的大学生从未使用过翻墙软件,48.6%的大学生使用过翻墙软件(经常使用13.6%,偶尔使用35%)。他们使用翻墙软件主要为了获得以下方面信息:专业学术类(48.1%)、FaceBook等社交类(46.2%)、国外时事新闻类(35.9%)、国内政治类(25%)、留学教育类(13.5%)(见图3-9)。由此可见,他们使用翻墙软件的最主要的目的是查找专业学术类资料。

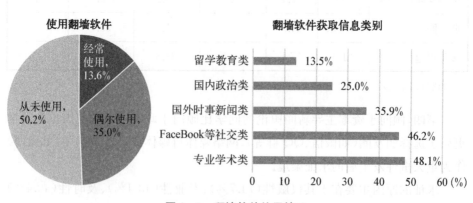

图3-9　翻墙软件使用情况

翻墙软件的使用和多个人口统计变量存在显著的相关关系。211高校学生的使用比例高于非211高校的学生;男生使用翻墙软件的比例高于女生;有境外经历的学生使用翻墙软件的比例高于没有境外经历的;翻墙软件的使用和家庭收入成正比,家庭收入越高,使用翻墙软件的比例越高(见表3-5、图3-10)。

表3-5　翻墙软件使用的影响因素　　　　　　　单位:%

	性　别			是否为211高校			有无境外经历		
	男	女		否	是		无	有	
不使用翻墙软件	45.0	56.0	11.0	57.8	46.0	−11.8	58.0	28.4	−29.6
使用翻墙软件	55.0	44.0	−11.0	42.2	54.0	11.8	42.0	71.6	29.6

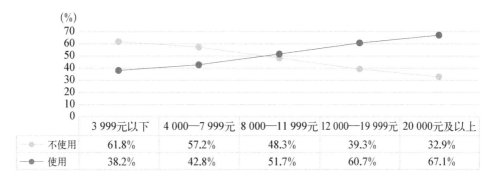

	3 999元以下	4 000—7 999元	8 000—11 999元	12 000—19 999元	20 000元及以上
不使用	61.8%	57.2%	48.3%	39.3%	32.9%
使用	38.2%	42.8%	51.7%	60.7%	67.1%

图3-10　翻墙软件使用与家庭收入关系

(二) 在渠道上主要使用外资、民营企业移动新闻客户端

新闻类APP既是人们获取资讯的新方式,也是新闻媒体传播信息的新渠道、数字出版的新领域。从产权归属的角度可将新闻类APP划分为三种模式:① 外资主导的网络巨头类,如腾讯、搜狐、网易、百度、新浪、360、知乎等;② 国资背景传统媒体类,如《人民日报》、新华社、央视新闻、澎湃新闻等;③ 以民营资本和风险投资为主的市场化公司类,如今日头条、ZAKER等。①

哪些新闻类APP会受到大学生的青睐?我们设置了问题:"最常使用的新

---

① 梁智勇,郭紫薇.中国新闻类APP的市场竞争格局及其盈利模式探讨[J].新闻大学,2015(1):112-118.

闻类 APP 有哪些？"，并让他们"多选限选三项"。我们为此设置了 24 个选项，涵盖了上述 3 种资本类型。根据资本特征类型是否为国资背景，我们将新闻类 APP 划分为政府主导和资本主导。政府主导新闻 APP 共 11 家，包括中央政府主导（央视新闻、新华社、《人民日报》、中国新闻网）、地方政府主导（澎湃新闻、上海观察、东方头条、界面、南方周末、时刻新闻、唔哩）；资本主导新闻 APP 共 11 家，包括境外资本主导（凤凰新闻、百度新闻、新浪新闻、搜狐新闻、网易新闻、腾讯新闻、知乎日报）和民营资本主导（今日头条、ZAKER、一点资讯、华尔街见闻）（见表 3-6）。

表 3-6　新闻 APP 和其产权归属分类

序号	新闻 APP	产权归属 2 级分类	产权归属 4 级分类
1	央视新闻	政府主导	中央政府主导
2	新华社	政府主导	中央政府主导
3	《人民日报》	政府主导	中央政府主导
4	中国新闻网	政府主导	中央政府主导
5	澎湃新闻	政府主导	地方政府主导
6	上海观察	政府主导	地方政府主导
7	东方头条	政府主导	地方政府主导
8	界面	政府主导	地方政府主导
9	南方周末	政府主导	地方政府主导
10	唔哩	政府主导	地方政府主导
11	时刻新闻	政府主导	地方政府主导
12	凤凰新闻	资本主导	境外资本主导
13	百度新闻	资本主导	境外资本主导
14	新浪新闻	资本主导	境外资本主导
15	搜狐新闻	资本主导	境外资本主导
16	网易新闻	资本主导	境外资本主导
17	腾讯新闻	资本主导	境外资本主导

序号	新闻 APP	产权归属 2 级分类	产权归属 4 级分类
18	知乎日报	资本主导	境外资本主导
19	今日头条	资本主导	民营资本主导
20	ZAKER	资本主导	民营资本主导
21	一点资讯	资本主导	民营资本主导
22	华尔街见闻	资本主导	民营资本主导
23	其他		
24	都不用		

调查结果显示,中央政府主导中央媒体的四个新闻类 APP 在大学生群体中的使用比例并不高,如央视新闻(10.4%)、《人民日报》(11.9%)、新华社(4.7%)、中国新闻网(1.5%)。央视新闻和《人民日报》仅有 1 成左右的使用者,而新华社和中国新闻网则不足 5%。地方政府主导的七个地方主流媒体新闻类 APP 面临同样的状况,如澎湃新闻(11.1%)、南方周末(8.3%)、东方头条(2%)、界面(1.5%)、上海观察(0.8%)、时刻新闻(0.5%)和唔哩(0.2%)。只有澎湃新闻超过 1 成,其中五个新闻类 APP 使用率低于 2%(见图 3 - 11)。

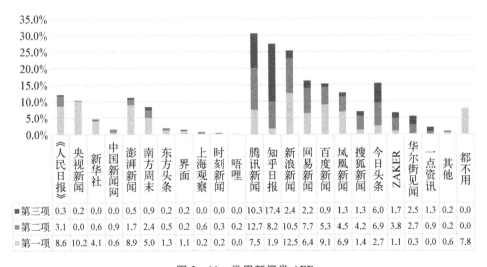

	《人民日报》	央视新闻	新华社	中国新闻网	澎湃新闻	南方周末	东方头条	界面	上海观察	时刻新闻	唔哩	腾讯新闻	知乎日报	新浪新闻	网易新闻	百度新闻	凤凰新闻	搜狐新闻	今日头条	ZAKER	华尔街见闻	一点资讯	其他	都不用
第三项	0.3	0.2	0.0	0.0	0.0	0.9	0.0	0.2	0.0	0.0	0.0	10.3	17.4	2.4	2.2	0.9	0.0	1.3	6.0	0.1	2.5	1.3	0.2	0.0
第二项	3.1	0.0	0.6	0.9	1.7	2.4	0.5	0.2	0.6	0.1	0.2	12.7	8.2	10.5	7.7	5.3	4.5	4.2	6.9	3.8	2.7	0.9	0.2	0.0
第一项	8.6	10.2	4.1	0.6	8.9	5.0	1.3	1.1	0.2	0.2	0.0	7.5	1.9	12.5	6.4	9.1	6.9	1.4	2.7	1.1	0.3	0.0	0.6	7.8

图 3 - 11　常用新闻类 APP

相反境外资本主导的网络巨头类,凭借其网络门户优势,在新闻 APP 中占据主导地位。腾讯新闻的比例达到 30.5%,知乎日报为 27.5%,新浪新闻为 25.4%,三者都超过了 1/4 的比例。网易新闻(16.3%)、百度新闻(15.3%)、凤凰新闻(12.7%)的比例也都超过了 10%,搜狐新闻(6.9%)略微处于劣势。民营资本和风险投资为主的市场化公司中,今日头条(15.6%)的使用比例比较高,其他几款 APP 的使用比例也略低,如 ZAKER(6.6%)、华尔街见闻(5.5%)、一点资讯(2.2%)。"任何新闻类 APP 都不用"的仅占 7.8%,这说明新闻类 APP 在大学生中的渗透率达到 92.2%(见图 3-11)。

按照产权归属 4 级分类和产权归属 2 级分类对新闻类 APP 的使用重新编码(0,1 变量)。通过频次分析,我们发现在产权归属 4 级分类中,中央政府主导的新闻类 APP 仅占 23.8%,地方政府主导的新闻类 APP 占 22.1%、境外资本主导的新闻类 APP 占 79.2%、民营资本主导的新闻类 APP 占 27.6%,境外资本主导新闻类 APP 在大学生中的市场占有率达到 8 成左右。在产权归属 2 级分类中,所有地方和中央政府主导新闻类 APP 在大学生中的市场占有率为 40.4%,而境外和民营资本主导新闻类 APP 在大学生中的市场占有率为 84%(见图 3-12)。

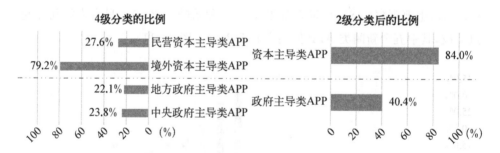

图 3-12　新闻 APP 产权归属分类

直接采用累加的方式,我们将常用新闻类 APP 重新编码为:"常用资本主导新闻类 APP 数量""常用政府主导新闻类 APP 数量两个变量",它们反应了某个受访者分别使用资本主导、政府主导新闻类 APP 的个数。由于"最常使用的新闻类 APP 有哪些?"限选三项,那么常用资本主导类 APP 数量、常用政府主导类 APP 数量是 0 到 3 的变量。表 3-7 反映了政府主导、资本主导新闻类 APP 的组合情况。没有使用过新闻类 APP 的比例约为 10%,两种新闻类 APP 混合使用的比例为34.4%,完全使用资本主导新闻类APP的比例为49.6%,完全使用政府主导新闻类APP的比例为6.0%。近五成大学生的常用新闻类APP被资本主导的APP所垄断(见表3-7)。因此,各种统计分析都显示,资本主导新闻类APP较政府主导新闻类APP在大学生群体中有压倒性优势。

表3-7 常用政府主导、资本主导新闻类APP数量交叉   单位:%

		常用资本主导新闻类APP数量				合计
		没有	1个	2个	3个	
常用政府主导新闻类APP数量	没有	10	9.7	19.4	20.4	59.6
	1个	2.4	7.4	20.2		29.9
	2个	1.7	6.9			8.6
	3个	1.9				1.9
合计		16	24	39.7	20.4	100

新闻与传播学界对于资本介入舆论的批判由来已久,尤其是自2009年以来网络上各种各样的炒作事件频出。"自由"与"控制"共存的现象成为新媒体时代的热点关注问题。尤其是2009年8月14日新浪微博的上线以后,网民从此突然从看客变身成为了说客。从2010年开始,国内的众多网络事件不仅引发了中国网民的急切关注,甚至还吸引他们积极地投身其中。与此同时资本所建构的"网络水军"也以一种全新的姿态进入公众视野,这显示出"资本对互联网的操纵不再仅仅是商业的竞争手段,而已成为损害公民权利与公共利益的祸首"。①

在移动互联网时代,以中央和地方政府主导的新闻类APP在和以境外和民营资本主导的新闻类APP的竞争中完全处于劣势地位。那么在这种情况下,学生们会"认为当前的新闻舆论由谁主导"呢?调查显示43.7%的大学生认为目前的国内舆论由政府主导,随后是由资本(13.9%)、网络大V(4.5%)、网民(9.2%)、网络推手(水军)(14.7%)等主导,12.5%的大学生表示"不清楚"。广义的资本主导应该包括资本主导和网络推手(水军),这一比例达到28.6%(见图3-13)。

---

① 武鹏.李异平."网络水军"的传播乱象评析[J].新闻爱好者,2011(17):98-99.

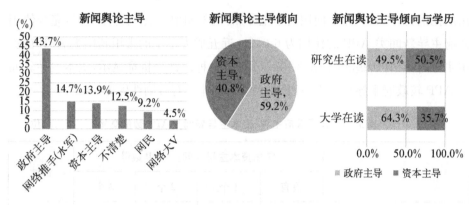

图 3 - 13   新闻舆论主导

对新闻舆论主导和人口统计变量进行回归、交叉等系列统计分析,最后发现性别、学历、211 高校类型和城市生源影响了他们对"当前的新闻舆论由谁主导"的认知。

第一,男生(56.6%)比女生(33.0%)更加倾向于认为政府主导舆论,而女生则比男生更倾向于认为"网络推手(水军)主导"(认知差异为 7.1%),或"不清楚由谁主导"(认知差异为 5.4%);

第二,研究生在读的学生(53.8%)比大学在读的学生(39.6%)更认同政府主导舆论,而大学在读的学生则更倾向于认为资本主导(16.3%)和网络推手(水军)主导(17.7%);

第三,211 高校的学生更倾向于认为政府主导舆论(50.0%),而非 211 高校的学生则比 211 高校的学生有更大比例认同资本(17.1%)或网民(14.3%)主导;

第四,农村生源的大学生更倾向于认为网络大 V 主导舆论(8.5%)(见表 3 - 8)。

表 3 - 8   新闻舆论主导者认知的影响因素   单位:%

	性　　别			学　　历		
	男	女	认知差异	大学在读	研究生在读	认知差异
政府主导	56.6	33.0	23.6***	39.6	53.8	−14.2**
资本主导	12.6	15.3	−2.7	16.3	9.5	6.8**
网络大 V	2.3	6.7	−4.4	4.1	5.2	−1.2

续　表

	性　别			学　历		
	男	女	认知差异	大学在读	研究生在读	认知差异
网民	7.3	11.3	−4	9.4	9.5	−0.2
网络推手	11.3	18.3	−7.1*	17.7	9.5	8.2*
不清楚	9.9	15.3	−5.4*	12.9	12.4	0.6
	211 高校			城市生源		
	否	是	认知差异	农村生源	城市生源	认知差异
政府主导	36.0	50.0	−14**	43.5	44.7	−1.2
资本主导	17.1	12.1	5.0*	10.7	15.3	−4.5
网络大 V	5.0	4.3	0.7	8.5	3.1	5.4*
网民	14.3	5.9	8.4*	11.9	8.4	3.5
网络推手	17.1	13.4	3.6	12.4	15.9	−3.5
不清楚	10.5	14.2	−3.8	13.0	12.6	0.4

显著水平：* $p < 0.05$；** $p < 0.01$；*** $p < 0.001$。

　　如果问他们更希望由谁来主导舆论,59.2％的大学生希望政府主导,而40.8％的大学生希望由资本主导。43.7％的大学生认为目前的国内舆论是由政府主导,而59.2％的大学生希望政府能够主导舆论,15.5％的差距反映出大学生对目前政府舆论主导能力的不满意,他们希望政府能够有更强的舆论主导能力。

　　以新闻舆论主导倾向为因变量,以人口统计变量、常用资本主导新闻类APP 数量和常用政府主导新闻类 APP 数量为自变量进行回归分析,结果显示只有学历是影响大学生对此认知的唯一因素。64.3％的大学在读学生希望政府主导舆论,而有接近一半的研究生在读的学生希望政府主导舆论(见图 3-14)。其他人口统计变量对这一认识均没有显著影响,这说明在校大学生在"政府主导新闻舆论"的认知上存在普遍性。

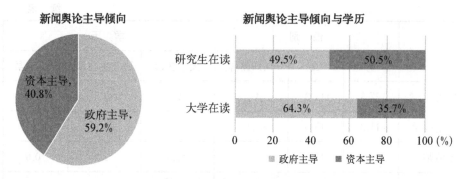

图 3‑14　新闻舆论主导倾向

在新闻议题方面,大学生最为关注的主题是时事政治类(38.4%),随后是娱乐八卦类(22.7%)、生活服务类(20.7%)、文化艺术类(13.0%)和其他(0.9%)。仅有四成同学对时事政治类新闻感兴趣(见图 3‑15)。可能有两方面的原因造成这样状况,一方面是大学生本身对时事政治类新闻的热情度不高,另一方面是新闻娱乐化、新闻市场化。在新闻推送机制下,为了博取流量和点击率,明星们的八卦事件、花边新闻通常会轻易地占据微博版面、新闻头条,这非常不利于严肃新闻和信息的传播,如 2016 年 7 月南海冲裁案、8 月里约奥运会等新闻热度都曾一度被明星们的八卦新闻所淹没。这些原因使得大学生进一步强化了对资本主导舆论的认知。

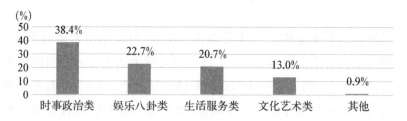

图 3‑15　最关注的信息

有哪些因素影响大学生关注的新闻议题内容呢? 逻辑回归分析结果显示,在时事政治类新闻方面,性别和使用翻墙软件是主要的两个影响因素,男性比女性更加关注时事政治类新闻,使用翻墙软件的同学比不使用翻墙软件的同学更加关注时事政治类新闻,其他变量的影响所造成的差异不显著。使用翻墙软件是唯一影响大学生关注生活服务类新闻议题内容的因素,使用翻墙软件的大学生比不使用翻墙软件的大学生显著不关注生活服务类新闻。211 高校的学生显著比非 211 高校的学生关注文化艺术类新闻,其他变量不显著影响大学生对文化艺术类新闻的关注。女性比男性显著更加关注娱乐八卦类,年龄小的大学生和非 211 高校的大学生比年龄大的大学生和 211 高校的大学生更加关注娱乐八卦类新闻(见表 3-9)。

表 3-9　大学生关注新闻内容的影响因素(逻辑回归)

	时事政治类	生活服务类	文化艺术类	娱乐八卦类
性别(女)	$-1.481(0.182)$***	$0.157(0.204)$	$0.388(0.248)$	$2.252(0.273)$***
学历(研究生在读)	$0.08(0.278)$	$-0.228(0.311)$	$0.223(0.364)$	$0.335(0.341)$
211 高校(是)	$-0.193(0.198)$	$0.197(0.225)$	$0.798(0.287)$***	$-0.509(0.231)$*
学生生源地(城市生源)	$0.165(0.21)$	$0.153(0.241)$	$0.035(0.293)$	$-0.266(0.254)$
年龄	$0.05(0.052)$	$0.092(0.056)$	$-0.063(0.07)$	$-0.178(0.074)$*
境外经历(无)	$0.285(0.23)$	$-0.188(0.256)$	$-0.338(0.296)$	$-0.203(0.274)$
家庭月收入	$0.024(0.076)$	$-0.039(0.087)$	$-0.08(0.106)$	$-0.065(0.094)$
使用翻墙软件(有)	$0.532(0.187)$***	$-0.489(0.213)$*	$0.008(0.253)$	$-0.065(0.222)$
新闻舆论主导倾向(资本主导)	$-0.062(0.184)$	$-0.019(0.207)$	$0.143(0.247)$	$0.044(0.22)$
常量	$-0.357(1.111)$	$-2.629(1.22)$*	$-1.456(1.487)$	$-0.746(1.498)$
-2 对数似然值	739.122	621.695	468.630	543.654
Cox&SnellR 方	0.133	0.018	0.024	0.177
NagelkerkeR 方	0.180	0.029	0.045	0.268

注: * $p < 0.05$; ** $p < 0.01$; *** $p < 0.001$。

进一步将关注时事政治类、男性和使用翻墙软件的同学(取名为"重点关注政治群体")从总体中提取出来,并分析他们和其他人群的差异(见表 3-10、表 3-11)。重点关注政治群体的比重为 16.3%(见图 3-16)。

表 3‐10   重点关注政治群体对热点新闻的关注方式   单位：%

	评论	转发	点赞	搜索相关信息	仅仅浏览新闻	关注政府新闻发布	不关心
非重点关注政治群体	16.2	23.6	16.7	53.8	38.8	29.1	2.1
重点关注政治群体	18.3	19.2	11.5	50.0	37.5	32.7	0.0
差距	2.1	−4.3	−5.2	−3.8	−1.3	3.6	−2.1

表 3‐11   重点关注政治群体的求证渠道   单位：%

	国内主流媒体	国际主流媒体	政府官方发布会	网络媒体自媒体	朋友圈	多种渠道
非重点关注政治群体	71.5	26.6	40.1	20.7	27.6	33.5
重点关注政治群体	70.2	47.1	36.5	10.6	13.5	39.4
差距	−1.3	20.5	−3.6	−10.1	−14.1	6.0

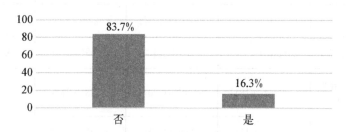

图 3‐16   是否重点关注政治

　　重点关注政治的群体对所有的热点事件都关心。重点关注政治群体和非重点关注政治群体在重大公共事件的求证渠道上有所差异，国内主流媒体是他们的主要求证渠道，但重点关注政治群体的第二关注渠道——国际主流媒体的使用率占到 47.1%，他们不太相信网络媒体自媒体（10.6%），并且喜欢通过多种渠道验证（39.4%）（见表 3‐11）。

　　对新闻资讯类 APP 从功能模式上划分，可分为四种模式：① 传统媒体推出的提供数字化延伸新闻服务的独立应用，如《南方周末》《人民日报》和新华社等推出的独立新闻客户端；② 互联网门户网站推出的移动化应用，如掌中新浪、网易新闻、搜狐新闻等 APP;③ 自媒体平台开发的带有专业信息服务性质的应用,如知乎等网站推出的 APP;④ 以技术平台为中介的新闻聚合服务类应用,如"今日头条""一点资讯""Flipboard""Zaker""好奇心日报"等 APP。① 第四类产品是新型媒介形式,它是基于数据挖掘的推荐引擎产品的新闻聚合服务类应用,是国内移动互联网领域目前成长最快的产品服务之一。它通常采用面向用户的"内容推荐方式",如一点资讯"以用户的搜索动作"为线索,定义了"用户的主动搜索关键词是用户寻求的关联资讯入口",而今日头条则"以用户的浏览阅读"为线索,定义了"用户浏览过的信息是用户的兴趣"。② 在移动互联网环境下,新闻终端为了博取流量和点击率,采用新闻推送订制、基于大数据挖掘的热点主题排行的方式,使得娱乐明星的八卦事件非常轻易地就占据了微博版面、新闻头条,而非常严肃的新闻信息却难以传播。

(三) 在形式上偏好知识分享类社交媒体和视频化的新闻

大学生群体最常使用的社交媒体软件有微信(96.5%)、QQ(69.8%)、新浪微博(56.8%)、知乎(33.5%)、豆瓣(11.1%)、直播平台(4.9%)、脸书推特(3.8%)。微信(九成以上)和 QQ(七成)是他们最主要使用的社交媒体软件。对于网络新文化形式,主要有知识分享(如知乎)(70.2%)、弹幕(如 B 站)(49.4%)、脱口秀(33.8%)、网络直播(31.8%)、网络自制剧(18.9%)、分答(7.8%)。知识分享类社交媒体(如知乎)在大学生群体中有七成的市场。作为一种新兴的网络文化形式,以知乎为代表的知识分享社交媒体在大学生中迅速流行,有七成以上的大学生使用过知乎,并有三分之一的大学生成为了重度使用者(见图 3-17)。知乎作为精英式社交媒体,以问题—回答模式,能够迅速地将平台内的议题转化成公众的议程(如"魏则西""雷洋"事件)。这类网络的新文化形式,在当代大学生中能很快被接受并迅速流行。

随着手机等移动媒体的兴起,视频拍摄越来越简便。视频由于更能生动还原新闻现场,已成为最受大学生欢迎的新闻表达方式。对于"更偏爱哪种新闻资讯的表达形式",视频(66.5%)占据首位,其次是文字(65.7%)、图形(47.3%)、脱口秀(11%)、语音(10.3%)和网络直播(9%)。偏好视频的比例略微高于偏好文

① 綦星龙,卓光俊,张小强.移动互联网时代新闻类 APP 的发展困境与应对策略[J].科技与出版,2013(10):86-90.
② 韩立勇.资讯客户端:从个性化阅读到私人定制[J].中国报业,2016(17):51.

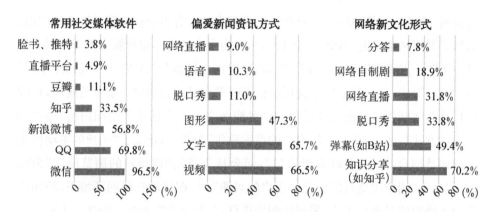

图 3 - 17　常用的媒介和新闻形式

字的比例(见图 3 - 17)。

对于有效的正能量的传播方式,他们认为主要有:公益广告(63.9%)、媒体报道(43.5%)、电影(36.8%)、Ted 演讲等开放形式(35.3%)、微视频及短视频(32.8%)、电视(18%)、先进事迹报告会(12.1%)、网络大 V(8.3%)、动漫卡通(5.2%)、游戏(4.4%)(见图 3 - 18)。

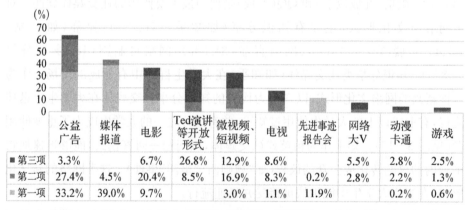

	公益广告	媒体报道	电影	Ted演讲等开放形式	微视频、短视频	电视	先进事迹报告会	网络大V	动漫卡通	游戏
■第三项	3.3%		6.7%	26.8%	12.9%	8.6%		5.5%	2.8%	2.5%
■第二项	27.4%	4.5%	20.4%	8.5%	16.9%	8.3%	0.2%	2.8%	2.2%	1.3%
■第一项	33.2%	39.0%	9.7%		3.0%	1.1%	11.9%		0.2%	0.6%

■第一项　■第二项　■第三项

图 3 - 18　有效的正能量传播方式

三、青年思想政治观

当下的青年思想政治观可以概括为:有强烈的"国民意识",对民主和法治更为关切,不认同现行的思想政治教育效果。

（一）有强烈的"国民意识"，对"中国梦"和个人发展充满信心

党的十八大后不久，习近平总书记多次对"中国梦"进行了论述。2012 年 11 月 29 日，习近平总书记率领新一届中央领导集体参观国家博物馆《复兴之路》展览时，向全世界宣示："实现中华民族伟大复兴，就是中华民族近代以来最伟大的梦想。"①2013 年 3 月 17 日，习近平总书记在第十二届全国人民代表大会第一次会议上的讲话中表示："中国梦归根到底是人民的梦，必须紧紧依靠人民来实现，必须不断为人民造福。"②2013 年 3 月 19 日，习近平主席在接受金砖国家媒体联合采访时说："中国人民发自内心地拥护实现中国梦，因为中国梦首先是 13 亿中国人民的共同梦想。"③2013 年 3 月 23 日，习近平主席在莫斯科国际关系学院演讲时明确指出："实现中华民族伟大复兴，是近代以来中国人民最伟大的梦想，我们称之为'中国梦'，基本内涵是实现国家富强、民族振兴、人民幸福。"④在中国梦的丰富内涵中，"人"无疑是关键要素，"中国梦归根到底是人民的梦，必须紧紧依靠人民来实现，必须不断为人民造福"。⑤

为了了解当代大学生对实现"中国梦"的信心程度，我们设计了一组问题："您对中国未来是否有信心？""您对个人的未来是否有信心？"，制定从非常有信心，到非常没有信心的 5 度李克特量表。调查结果显示 90.8％的大学生（40.1％的非常有信心，50.7％的有信心）对中国的未来充满了信心；90.7％的大学生（28.5％的非常有信心，62.2％的有信心）对个人的未来充满了信心；约 7％的大学生对这两个问题没有想法；仅有 2％到 3％的学生对中国或者个人的未来没有信心（见图 3-19）。据此，我们可以判断九成以上的大学生对"中国梦"的实现充满了信心，他们有强烈的国民意识，对实现国家富强、民族振兴、人民幸福充满了信心。

大学生对中国和个人的未来充满了信心，并且不受人口统计因素的影响。他们对中国的未来的关注领域主要体现在：经济（83.8％）、民生（62.9％）和文化

---

① 实现中华民族伟大复兴是中华民族近代以来最伟大的梦想[EB/OL].2015-7-17，http://cpc.people.com.cn/xuexi/n/2015/0717/c397563-27322292.html.贾建芳."中国梦"的学理解读[J].中国国情国力，2013(12)：30-32.
② 习近平.在第十二届全国人民代表大会第一次会议上的讲话[N].人民日报，2013-3-18(001).
③ 习近平接受金砖国家媒体联合采访（全文）[EB/OL].2020-10-10，http://www.guizhou.gov.cn/ztzl/hhxxsrxxgclsxjpxsdsx/zyhd/2013n/202110/t20211011_70825803.html.
④ 景俊海.中国梦：深刻理解习近平总书记系列重要讲话的主线[J].红旗文稿，2015(4)：4-7.
⑤ 本报评论员.中国梦归根到底是人民的梦[N].人民日报，2013-3-27(1).中央党校教授辛鸣.中国梦归根到底是人民的梦[N].人民日报，2013-6-26(7).

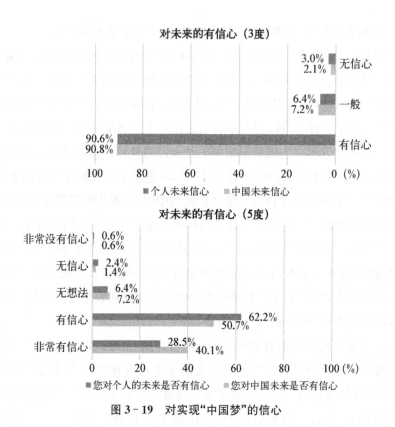

图 3 - 19   对实现"中国梦"的信心

(57%)方面;对政治(46.2%)和军事(29.9%)的关注程度略低。他们对个人未来发展的关注体现在:职业发展(80.1%)、家庭生活(60.2%)、文化教育(58.6%)、财富积累(53.5%)、健康医疗(49.8%),五个方面的关注度均在五成以及以上。无论是在国家,还是个人层面,均有九成以上的访谈者对他们所关注的发展领域的发展有信心(见图 3 - 20)。这说明大学生不仅对中国国家的经济、民生和文化等领域的发展都充满信心,而且对自己个人的职业发展、家庭生活等方面都充满信心。

尽管九成以上的大学生对"中国梦"的实现充满了信心,但近年来,"阶层固化"现象成为全社会关注的焦点议题,如"官二代""富二代""星二代"等词汇在社会上广泛流传。"二代"现象在理论上被称为"阶层固化",[①]它是"社会阶层分化严重导致的社会阶层间流动减少,父母的阶层地位决定了子女的阶层地位,社会

———————————

① 顾骏:阶层固化:中国社会面临的现实挑战[EB/OL].2011 - 10 - 12,http://www.aisixiang.com/data/45072.html.

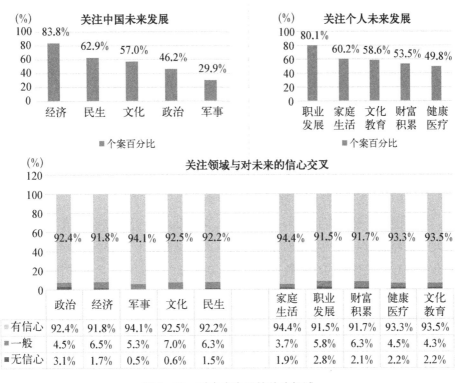

图 3 - 20　对未来发展的关注领域

阶层结构实现了接近原样的代际复制,不平等在代际被固定化的现象"。① 当社会流动性减弱时,收入差距将会扩大,社会阶层固化的现象就会出现。一旦出现社会阶层固化现象,"社会底层人群将感知到缺乏向上层流动的机会,就可能丧失'努力让下一代过上好生活'的动机,工作效率和储蓄率将会因此而下降,这将对一国经济的长期可持续发展产生严重负面影响"。② 而拉美和东南亚等国家先后落入"中等收入陷阱"的根本原因就是阶层固化。③

　　目前全社会上对中国可能出现阶层固化现象的主要论据体现在两方面。一是城乡差距大。二是 1999 年后高校普遍扩招和学费上涨让一些收入偏低的家

① 徐祥运,刘杰.社会学概论(第三版)[M].大连:东北财经大学出版社,2011. 刘宏伟,刘元芳.高等教育助推阶层固化的社会资本分析[J].高教探索,2013(4):124-127. 马春艳.社会的阶层固化及其对策[J].品牌(下半月),2012(4):10-11. 杨继绳,张弘.正在固化的社会阶层[J].社会科学论坛,2011(12):128-136.
② 李力行,周广肃.代际传递、社会流动性及其变化趋势——来自收入、职业、教育、政治身份的多角度分析[J].浙江社会科学,2014(5):11-22+156.
③ 蔡洪斌.中国经济转型与社会流动[J].比较.2011.2.

庭望而却步。如果阶层固化的现象确实存在,那么家庭收入、学生生源地、就读高校类型(211 或非 211 高校;985 或非 985 高校)将是影响在校大学生对中国未来和个人未来信心的主要因素。

然而在我们的调查中,并没有发现大学生存在"阶层固化"现象的心理。研究发现大学生对中国和个人未来充满了信心,并不受人口统计因素的影响。他们不论贫富、出身以及所受的教育水平,都对中国和个人未来充满了信心,群体心理没有发现明显的阶层固化忧虑。我们将对中国未来信心(3 度),和对个人未来信心(3 度)与家庭月收入、学生生源地、就读高校类型(211 或非 211 高校;985 或非 985 高校)进行交叉分析。

对中国未来是否有信心与家庭月收入交叉联立分析卡方检验值 $p=0.800$。它大于临界值($p=0.05$),说明家庭月收入的高低并没有显著影响大学生对中国未来的信心。在各种高中低收入人群中,均有约 90%的大学生对中国未来充满信心,如家庭月收入在 3 999 元以下的大学生人群中 89.3%对中国未来有信心;家庭月收入在 4 000～7 999 元的大学生人群中 90.4%对中国未来有信心;家庭月收入在 8 000～11 999 元的大学生人群中 92.6%对中国未来有信心;家庭月收入在 12 000～19 999 元的大学生人群中 89.3%对中国未来有信心;家庭月收入在 20 000 元及以上的大学生人群中 92.1%对中国未来有信心。

对个人未来是否有信心与家庭月收入交叉联立分析卡方检验值 $p=0.096$。尽管家庭月收入导致大学生对个人未来信心程度有一定差异,但在 95%的置信区间($p<0.05$)并不显著,这说明家庭月收入的高低并没有显著影响大学生对个人未来的信心。家庭月收入在 3 999 元以下的大学生人群中 88.5%对个人未来有信心;家庭月收入在 4 000—7 999 元的大学生人群中 86.1%对个人未来有信心;家庭月收入在 8 000—11 999 元的大学生人群中 94.6%对个人未来有信心;家庭月收入在 12 000—19 999 元的大学生人群中 96.4%对个人未来有信心;家庭月收入在 20 000 元及以上的大学生人群中 90.8%对个人未来有信心。

学生来源地几乎没有对中国未来信心($p=0.970$)、个人未来信心($p=0.941$)产生显著影响。无论是城市生源学生,还是农村生源学生,不管是对中国未来,还是对个人未来,均有约 91%的学生"有信心",7%左右的学生感觉"一般",而 3%左右的学生"无信心"。这和总体样本的比例几乎完全一致。

同样,是否为 985 高校也几乎没有对中国未来信心($p=0.831$)、个人未来信心($p=0.977$)产生显著影响。无论是 985 高校学生,还是非 985 高校学生,不管是对中国未来,还是对个人未来,均有约 91％的学生"有信心",7％左右的学生感觉"一般",而 3％左右的学生"无信心"。这和总体样本的比例几乎完全一致。

对中国未来是否有信心与 211 高校交叉联立分析卡方检验值 $p=0.922$。无论是 211 高校学生,还是非 211 高校学生,他们对中国未来的信心程度和总体样本的比例几乎完全一致。对个人未来信心与 211 高校交叉联立分析卡方检验值 $p=0.179$。211 高校与否导致大学生对个人未来信心程度有一定差异,但在 95％的置信区间($p<0.05$)并不显著,这说明 211 高校类型没有显著影响大学生对个人未来的信心(见图 3 - 21)。

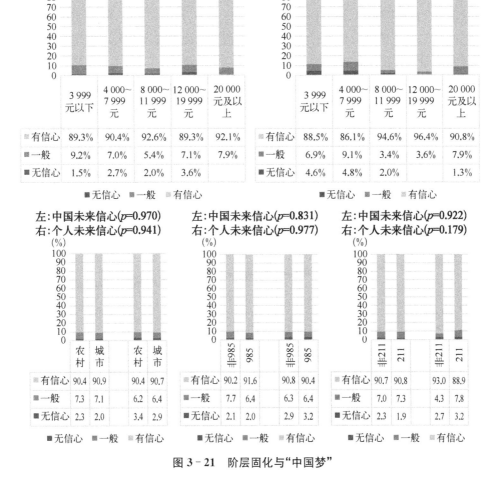

图 3 - 21　阶层固化与"中国梦"

（二）对民主和法治更为关切

2013年12月，中共中央办公厅《关于培育和践行社会主义核心价值观的意见》指出："党的十八大提出，倡导富强、民主、文明、和谐，倡导自由、平等、公正、法治，倡导爱国、敬业、诚信、友善，积极培育和践行社会主义核心价值观。这与中国特色社会主义发展要求相契合，与中华优秀传统文化和人类文明优秀成果相承接，是我们党凝聚全党全社会价值共识作出的重要论断。富强、民主、文明、和谐是国家层面的价值目标，自由、平等、公正、法治是社会层面的价值取向，爱国、敬业、诚信、友善是公民个人层面的价值准则，这24个字是社会主义核心价值观的基本内容，为培育和践行社会主义核心价值观提供了基本遵循。"[1]

对于这24字社会主义核心价值观，当代大学生认为的优先选项的分别是：民主（64.4%）、法治（57.2%）、文明（47.7%）、富强（44.4%）、平等（42%）、公正（41.8%）、自由（39%）、诚信（35%）、和谐（33.1%）、爱国（32%）、敬业（10.7%）、友善（11%）。通过统计分析，社会主义核心价值观的优先选项有人口统计因素的差异（表3-12）。在控制其他人口统计因素的变量的情况下，主要有如下特点：

第一，在选择富强、民主、平等、敬业和友善五个选项的时候，并没有体现出人口统计因素的差异；

第二，在文明模型中，性别是影响文明优先选项的唯一显著因素，女生比男生更加倾向于把"文明"作为优先选；在和谐模型中，女同学比男同学更加倾向于把"和谐"作为优先选；非211高校学生倾向于把"和谐"作为优先选；无境外经历的同学比有境外经历的同学更加倾向于把"和谐"作为优先选；倾向政府主导新闻舆论的比倾向资本主导舆论的同学更加倾向于把"和谐"作为优先选（见表3-12）。

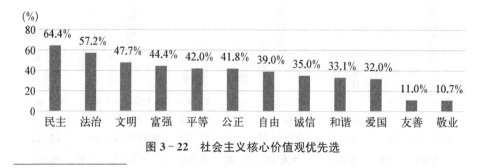

图3-22   社会主义核心价值观优先选

① 中共中央办公厅印发《关于培育和践行社会主义核心价值观的意见》[J].党建,2014(1)：9-12.

表 3 - 12 社会主义核心价值观的优先选项有人口统计因素的差异

	富强	民主	文明	和谐	自由	平等	公正	法治	爱国	敬业	诚信	友善
男	−0.06(0.17)	0.08(0.17)	−0.55(0.17)***	−0.4(0.18)*	−0.24(0.17)	−0.24(0.17)	0.11(0.17)	−0.35(0.17)*	−0.36(0.18)*	−0.17(0.27)	−0.36(0.17)*	−0.37(0.27)
学历	0.01(0.26)	0.01(0.27)	−0.07(0.26)	0.18(0.28)	0.25(0.26)	−0.12(0.26)	0.56(0.26)*	0.32(0.26)	−0.01(0.28)	−0.54(0.44)	0.33(0.26)	0.08(0.41)
211高校	−0.32(0.18)+	0.27(0.19)	−0.21(0.18)	−0.39(0.19)*	−0.11(0.19)	−0.33(0.18)+	−0.44(0.18)*	−0.32(0.18)+	0.1(0.2)	0.19(0.29)	−0.21(0.19)	−0.18(0.28)
城市主源	0.12(0.19)	0.04(0.2)	−0.04(0.19)	0.39(0.21)+	−0.05(0.2)	−0.16(0.19)	0.28(0.2)	0.04(0.2)	−0.46(0.21)*	−0.02(0.31)	−0.11(0.2)	−0.07(0.3)
年龄	0.02(0.05)	0.02(0.05)	−0.01(0.05)	−0.04(0.05)	−0.03(0.05)	0.03(0.05)	−0.04(0.05)	−0.03(0.05)	−0.09(0.06)	0.03(0.08)	0(0.05)	−0.05(0.08)
境外经历	−0.13(0.21)	−0.25(0.22)	0.2(0.21)	−0.57(0.24)*	0.12(0.21)	0.05(0.21)	−0.28(0.22)	−0.43(0.21)*	−0.47(0.24)+	−0.18(0.34)	−0.05(0.22)	−0.41(0.36)
家庭月收入	−0.02(0.07)	−0.05(0.07)	0.02(0.07)	−0.03(0.08)	−0.14(0.07)*	−0.06(0.07)	−0.13(0.07)+	0.07(0.07)	0.02(0.08)	0.01(0.11)	0.02(0.07)	−0.01(0.11)
使用翻墙软件	0.05(0.17)	0.18(0.18)	−0.25(0.17)	−0.2(0.18)	0.44(0.18)*	0(0.17)	0.09(0.17)	0.18(0.17)	−0.12(0.19)	0.24(0.28)	0.14(0.18)	−0.1(0.27)
资本主导	−0.31(0.17)+	0.16(0.18)	0.18(0.17)	−0.45(0.18)*	0.35(0.17)*	0.06(0.17)	0.12(0.17)	−0.14(0.17)	−0.61(0.19)**	−0.13(0.28)	0.34(0.17)*	0.13(0.27)
常量	−0.41(0.86)	0.08(0.9)	0.73(0.86)	0.32(0.96)	0.1(0.88)	−0.19(0.86)	−0.4(0.87)	0.28(0.86)	2.11(1.03)*	−1.55(1.41)	−1.27(0.89)	−0.66(1.49)
−2对数似然	840.774	795.764	834.974	752.195	811.018	831.728	822.260	829.514	740.355	411.985	786.015	422.314
考克斯-斯奈尔R方	0.013	0.012	0.033	0.050	0.028	0.014	0.026	0.023	0.052	0.006	0.022	0.010
内戈尔科R方	0.017	0.017	0.044	0.070	0.037	0.019	0.035	0.031	0.073	0.012	0.031	0.020

注：+ < 0.1；* $p < 0.05$；** $p < 0.01$；*** $p < 0.001$。

　　第三,在自由模型中,家庭月收入低的同学、使用翻墙软件和倾向资本主导新闻舆论的同学更强调"自由";在公正模型中,研究生在读、和非 211 高校学生比较强调"公正"。在法治模型中,女同学和无境外经历的同学比较强调"法治";在爱国模型中,女同学、农村生源同学和倾向政府主导新闻舆论的同学,比较强调"爱国";在诚信模型中,女同学比男同学更强调"诚信"。

　　总体而言,① 在选择富强、民主、平等、敬业和友善五个选项的时候,并没有体现出人口统计因素的差异;② 女生比男生更加倾向于把"文明""和谐""法治""爱国""诚信"作为优先选;③ 非 211 院校学生更强调"和谐"和"公正";④ 无境外经历的同学更强调"和谐"和"法治";⑤ 家庭月收入低和使用翻墙软件的同学更强调"自由";⑥ 倾向政府主导新闻舆论的同学把"和谐""爱国"作为优先选,倾向资本主导新闻舆论的同学更强调"自由"。

(三) 思想政治教育

　　接受调查的大学生群体所理解的政治理论概念主要是中国特色社会主义(61.3%),约占 6 成左右。其他概念分别是:马列主义和毛泽东思想(53.2%)、社会主义核心价值观(42.8%)、伟大复兴"中国梦"(42.2%)、反腐败(34.5%)、习近平总书记系列重要讲话精神(14%)、党中央治国理政新理念新思想新战略(2.3%)、两个一百年奋斗目标(12%)、四个全面战略布局(5.4%)、党的建设伟大工程(3.8%)。他们了解这些概念的渠道主要是课堂教学(70.7%),随后是宣传标语、口号(35.4%)、网络新媒体宣传报道(33.1%)、公益广告(15.4%)、影视作品(9.2%)、微信朋友圈(8.5%)、课外活动(5.2%)(见图 3 - 23)。

　　他们认为当前大学思想政治课应该做如下改进:紧密联系当前热点难点问题(58.2%)、教材内容要与时俱进、生动活泼(55.5%)、邀请大家、知名学者上课(39.0%)、加强案例教学、实践教学(37.8%)、注重互动、强化研讨(29.4%)、适当增加视频素材(27.2%)、充分运用网络及多媒体等手段(26.9%)、实行小班化教学(10.8%)(见图 3 - 23)。

　　从上面的调查结果我们可以发现,大学生耳熟能详的政治理论概念主要是中国特色社会主义、马列主义和毛泽东思想等教科书上讲述的内容,但对党的十八大以后的一些治国理念等内容却了解甚少。其中 6 成左右的学生认为需要紧密联系当前热点、难点问题,五成五的学生认为教材内容要与时俱进、生动活泼。这说明当前大学思想政治课不能"紧密联系当前热点难点问题""教材内容

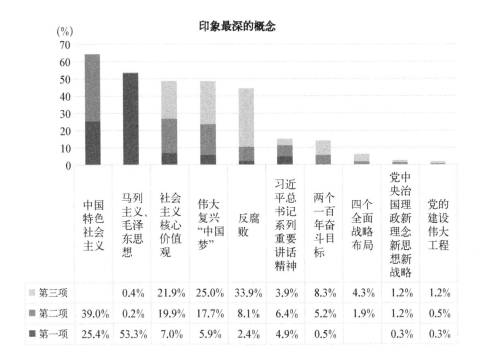

	中国特色社会主义	马列主义、毛泽东思想	社会主义核心价值观	伟大复兴"中国梦"	反腐败	习近平总书记系列重要讲话精神	两个一百年奋斗目标	四个全面战略布局	党中央治国理政新理念新思想新战略	党的建设伟大工程
第三项		0.4%	21.9%	25.0%	33.9%	3.9%	8.3%	4.3%	1.2%	1.2%
第二项	39.0%	0.2%	19.9%	17.7%	8.1%	6.4%	5.2%	1.9%	1.2%	0.5%
第一项	25.4%	53.3%	7.0%	5.9%	2.4%	4.9%	0.5%		0.3%	0.3%

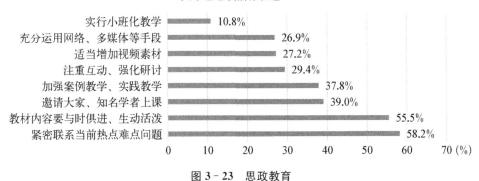

图 3 - 23 思政教育

要与时俱进、生动活泼"是主要的问题,存在与现实脱节的状况,这一弊端在习近平总书记系列重要讲话精神(14%)、两个一百年奋斗目标(12%)、四个全面战略布局(5.4%)、党中央治国理政新理念新思想新战略(2.3%)等政治理论概念的低认知率方面有所体现(见图 3-23)。

第三节 中国"新青年"的群体特征的原因分析

一、青年文化价值观的塑造

(一) 全球化铸就了大学生的"中西文化交融观"

20 世纪 90 年代以来,中国进入社会发展稳定、物质资源比较富裕的市场经济时代,国家的综合实力日渐提升,并发展成为仅次于美国的全球第二大经济体;中国处于网络和移动互联网日益普及、新事物层出不穷的多元化世界;在教育民主意识日益增强、言论高度自由的和谐化社会,传统主流媒体自上而下的信息传播模式,被扁平化的、自下而上的社交媒体所颠覆,人人都可以通过社交媒体发言等。在这样的社会背景下,大多数 90 后不仅是我国有史以来物质资源比较富裕的一代,而且也是我国有史以来的"信息化一代",他们成长在全球化、市场化、信息化高速发展的环境下,成为"网络一代"。在信息化高度发达的时代背景下,他们的生长环境早已不复过去中国对世界的相对封闭,他们无时无刻不在受到全球化的影响,这就造就了他们的"中西文化交融观"。一方面,当今世界多样性的文明通过各种媒介的传播为年轻一代提供了非常广阔的选择空间。尤其是互联网、移动互联网使得他们"从小接受着国内外各种信息和理念的碰撞,思想意识、价值标准、生活方式呈现多元化"。[①] 网络"地球村"开阔了他们的视野;另一方面,出境游正在成为普通中产阶层常态化的生活方式,80 后和 90 后人群渐渐成为出境游的主体。

(二)"多元取向和实用主义"塑造了大学生的文化消费观

改革开放初期,我国各行各业基本处于百废俱兴的阶段,中国的电影和电视

---

① 高雅.基于"90 后"时代特征的企业员工职业生涯管理改良[J].人力资源管理,2016(6):106-107.

产业也毫不例外。首先,中国电影经历了 20 世纪 80 年代的辉煌后,由于电影盗版和电视(普及率和质量的提高)的双重打击而陷入低谷,自 2003 年电影产业化改革后持续发展。[①] 中国电视剧则随着 1982 年全国电视网络的建立进入持续的发展期,但由于节目资源有限,需要大量引进电视剧,中国港台地区剧(20 世纪 80 年代)、日本电视剧(中日关系正常化后的 20 世纪八九十年代)、韩国电视剧(1992 年中韩建交以后),以及美国电视剧(21 世纪以来)等先后在中国大陆流行。[②] 这一现象持续到 2011 年才有所缓解(2011 年广电总局于下达"限外令")。[③]

近年来,互联网资本大举进入中国影视市场,通过补贴、低票价等各种策略来培育中国观众的消费习惯,并促进了中国影视市场的繁荣。尤其是 2015 年,国产电影这一年开始集体爆发,它们的制作水准和制作质量大幅上升,它们的口碑和票房也终于产生了正向关联,[④]比如《捉妖记》以 24.39 亿元的票房打破了《速度与激情 7》的 24.25 亿元的票房纪录,获得 2015 年票房冠军,《港囧》排名第三,《复仇者联盟 2:奥创纪元》排名第四,《侏罗纪世界》排名第五,《夏洛特烦恼》排名第六,前六甲中中美各有三部。[⑤] 因此 2015 年也被业界称为中国电影"工业化"元年(见图 3 - 24)。[⑥]

在互联网时代,中国大陆影视产业凭借巨大的市场、资金和人才数量等各方面的优势已经初步形成一个产业"黑洞",在吸收全世界能量的同时,也会慢慢地吞噬掉周边的文化产业,比如和大陆有相同文化传统的中国香港、中国台湾已经融入大陆影视产业。和中国文化相近的韩国和日本也将会慢慢地被整合进来,如近年来中国资本大举进入韩国影视产业,2016 年阿里巴巴 1.95 亿元入股韩国造星工厂 SM 娱乐(持有 4%的股份),[⑦]华谊腾讯投资韩国 HB 公司(持有

---

① 黄冬虹.中国电影产业发展现状研究[J].传媒,2014(17):14 - 16.

② 董文杰.中国电视剧的对外传播[D].山东大学,2011.

③《广播电视广告播出管理办法》的补充规定[J].中华人民共和国国务院公报,2012(14):74 - 75. 陈娇利.电影:"两禁令"保护影视文化生态[J].神州,2015(1):14. 总局对卫视综合频道黄金时段电视剧播出方式进行调整[EB/OL]. http://dsj.sarft.gov.cn/article.shanty?id=0145692aa6c70c314028819a455060a8. 总局重申网上境外影视剧管理的有关规定[EB/OL]. 2014 - 9 - 5,http://www.sarft.gov.cn/art/2014/9/5/art_113_4803.html.

④ 回望 2015|中国电影"工业化元年"收成几何[EB/OL]. 2015 - 12 - 30,https://www.sohu.com/a/51362339_116162.

⑤ 凤凰娱乐.2015 年中国电影票房排行榜 Top50 影片名单[EB/OL]. 2016 - 1 - 6,http://www.askci.com/news/data/2016/01/06/133239u6e.shtml.

⑥ 回望 2015|中国电影"工业化元年"收成几何[EB/OL]. 2015 - 12 - 30,http://mt.sohu.com/20151230/n433019566.shtml.

⑦ 阿里巴巴入股韩国造星工厂 SM 娱乐持有 4%股份[EB/OL]. 2016 - 2 - 16,http://www.china.com.cn/cppcc/2016 - 02/12/content_37773790.htm.

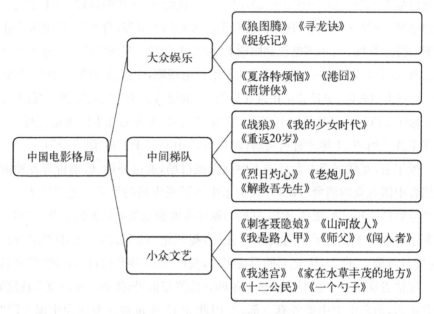

图 3 - 24　2015 年中国电影格局

30％的股份）等。①

目前，在世界范围内，美国凭借其影视工业化体系和充盈的国内市场，允许好莱坞为电影产品提供理想和较大的预算，并形成巨大的优势，这让其他国家和地区的生产商难以匹敌。欧洲国家则执着于文艺小片，大制作要么无法高规格地独立完成，要么跨国合作或由好莱坞接盘。尽管日本和韩国也有比较成熟的影视工业体系，但他们都遇到和欧洲国家类似的"天花板"问题。② 格局无法再扩大。唯独中国有机会发展成为继美国之后的电影工业大国。表 3 - 13 列举的是 2015—2019 年中国票房排名前 10 的电影，可以看出：① 2016 年以来票房冠军均是中国电影，而不再是美国电影；② 前 10 票房的电影中，中国的电影越来越多，到 2019 年有 8 部中国电影，仅有两部美国电影（《复仇者联盟 4：终局之战》《速度与激情：特别行动》）。③

① 华谊腾讯投资韩国 HB 成《星你》制作公司大股东[EB/OL]. 2016 - 3 - 24，http://tech.ifeng.com/a/20160324/41584768_0.shtml.

② 回望 2015|中国电影"工业化元年"收成几何[EB/OL]. 2015 - 12 - 30，https://www.sohu.com/a/51362339_116162.

③ 电影票房[EB/OL]. http://58921.com/alltime.

表 3 - 13　2015—2019 年中国大陆票房排名前 10 的电影

年份 排名	2015	2016	2017	2018	2019	2020
1	速度与激情 7	美人鱼	战狼 2	红海行动	哪吒之魔童降世	变身特工
2	捉妖记	疯狂动物城	速度与激情 8	唐人街探案 2	流浪地球	美丽人生
3	寻龙诀	魔兽	羞羞的铁拳	我不是药神	复仇者联盟 4：终局之战	紫罗兰永恒花园外传：永远与自动手记人偶
4	港囧	美国队长 3：英雄内战	前任 3：再见前任	西虹市首富	我和我的祖国	鲨海逃生
5	复仇者联盟 2：奥创纪元	西游记之孙悟空三打白骨精	功夫瑜伽	复仇者联盟 3：无限战争	中国机长	熊出没·狂野大陆
6	夏洛特烦恼	长城	西游伏妖篇	捉妖记 2	疯狂的外星人	为家而战
7	侏罗纪世界	湄公河行动	变形金刚 5：最后的骑士	海王	飞驰人生	灭绝
8	煎饼侠	澳门风云 3	芳华	毒液：致命守护者	烈火英雄	理查德·朱维尔的哀歌
9	澳门风云 2	盗墓笔记	摔跤吧！爸爸	侏罗纪世界 2	少年的你	致敬英雄
10	西游记之大圣归来	功夫熊猫 3	寻梦环游记	头号玩家	速度与激情：特别行动	士兵顺溜：兵王争锋

但与美国好莱坞电影电视的工业化生产相比,中国电影业内人士几乎一致认为中国电影还处在手工作坊的初级阶段。[1] 比如导演乌尔善讲:"现在中国电影不能算是工业,只能算是手工业,有个别的人,个别能力比较强的人组合在一起,他们形成了一定规模的创作。但是但凡形成工业,一定是可复制的,可以量化的,可以不以任何个人的能量来决定电影最终质量的。但是在中国完全不是这样的,拿掉个别元素,链条就坍塌了。个别高级的工匠起到了决定性的作用,而不是工业流程和整个系统起到的作用。这就是工业和手工业的区别,我自己认为中国电影还处在手工业阶段,某些导演、某些制片人、某些监制、某些演员起到了核心作用。而不是整个流程、整个体系起到了决定性作用,所以称不上工业。"[2]这也是"天价片酬"问题严重的主要原因,许多电影还必须依靠明星的号召力来取得不菲的票房收入。

在这种情况下,中国影视和英美影视、日韩影视相比具有错位竞争优势。中国影视节目贴近中国当下生活,但由于文化差异、手工作坊式的生产方式,以及创作方面的多种限制,只能在中华文化圈内流行,无法在世界范围内广泛推广;日韩影视则侧重"造星",并以流水线方式打造系列符合东方文化的"明星";英美影视则更加有文化竞争力,他们以编剧、故事情节和叙事方式见长,以工业化的生产方式制作,因此可以大批量地复制生产和推广。

当代90后大学生具备相对宽阔的视野,在选择各种影视产品的时候并没有某种执著的信念。中国影视、英美影视、日韩影视能提供三种类型的差异化产品,促进了大学生对文化产业消费呈现出显著的多元取向和实用主义文化消费观。44.9%的大学生看美国影视节目,40.2%的看中国影视节目。他们观看美剧更多是为了满足其工具性需求(如"提高外语水平")、精神性需求(如"休闲娱乐"和"节目故事情节生动"等方面)。从"认同其中价值观"方面而言,中国影视节目(21.3%)和美国影视节目(23%)之间,并没有悬殊的差异。事实上,只要作品有足够优秀和有足够观赏性,他们都照拿不误,他们会看韩国的《来自星星的你》《釜山行》,会看美国的《纸牌屋》和《变形金刚》,同时也会看中国的《琅琊榜》和《捉妖记》等。

---

[1] 资本已经杀进好莱坞的中国电影,工业化程度仍然只是个嫩娃[EB/OL]. 2015 - 4 - 18, https://www.huxiu.com/article/113086/1.html.

[2] 回望2015 | 中国电影"工业化元年"收成几何[EB/OL]. 2015 - 12 - 30, http://mt.sohu.com/20151230/n433019566.shtml.

（三）"国学热"促成当代大学生愿意了解中国传统文化

尽管当代大学生在全球化的环境下成长，而我国持续升温的"国学热"也伴随着他们的成长。在全球化的大背景下，国际和国内的诸多因素促进了"国学热"的出现和兴起。从国内背景看：一是自 20 世纪 90 年代以来，我国经济的强劲发展、国家综合国力提高，以知识分子为代表的国民民族自信心增强，随之而来的是"实现中华民族伟大复兴"的呼声越来越高。[①] 二是苏联解体、东欧剧变，冷战结束后，亨廷顿的"文明冲突论"、福山的"终极价值论"和"历史终结论"以及"9·11"事件之后，美国肆无忌惮地开始在全球推行文化"霸权主义"和"单边主义"等，[②]尤其是 1999 年轰炸中国驻南斯拉夫大使馆，2001 年美国 EP-3 侦察机与中国歼-8II 战斗机发生碰撞、中国战斗机坠毁、飞行员王伟牺牲……这些事件刺激了中国民族主义的兴起。

从国际背景看：一是西方的有识之士开始对西方"现代性"进行反思（比如人与自然的关系）。诺贝尔物理学获奖者汉内斯·阿尔文曾提出："人类要想在 21 世纪生存下去，就必须回到 2 000 年前，从孔子那里寻找智慧。"[③]这鼓舞了中国人对自己文化的自信。二是曾经被马克斯·韦伯认为"中国传统文化是现代化障碍"的理论在受到了挑战，[④]儒家文化圈内的日本、韩国、新加坡及中国香港、台湾地区的经济发展超越了世界上任何国家和地区，并被西方学者称为"东亚模式"，而中国的经济发展为"东亚模式"提供了新的证据。[⑤] 三是如何发展和完善"软实力"，实现中国"和平发展"或"和平崛起"，应运而生的是中国在全球建设孔子学院。[⑥]

在这种情况下，"国学热"在国内开始形成热潮。主要表现有：一是国内学者积极倡导。如季羡林、杨振宁等 72 位著名学者于 2004 年 9 月 5 日公开发表了《甲申文化宣言》，倡议"与海内外华人一起为弘扬中华文化而不懈努力"。[⑦] 二是媒体积极呼吁。如中央电视台于 2001 年 7 月 9 日开播汇集名家名

---

① 王彦坤.国学热的持续升温与值得思考的几个问题[J].暨南学报(哲学社会科学版),2009,31(1): 138-145+156.
② 方光华.国学与文化自觉[J].浙江社会科学,2012(12): 108-113+163.
③ 董学清.专家谈孔子奖称孔子思想具有重要现实意义[EB/OL]. 2005-10-13. http://www.dzwww.com/2012/kzjyj/bjzl/201210/t20121031_7595645.htm.
④ 李中华.国学、国学热与文化认同[J].北京行政学院学报,2007(3): 96-101.
⑤ 王彩波.也谈东亚模式与儒家传统文化[J].社会科学战线,1998(1): 82-87.
⑥ 李中华.对"国学热"的透视与反思[J].理论视野,2007(1): 26-29.
⑦ 王彦坤.国学热的持续升温与值得思考的几个问题[J].暨南学报(哲学社会科学版),2009,31(1): 138-145+156.

师的讲座式栏目"百家讲坛"(包括易中天、于丹、阎崇年等)。[1] 三是高校设院办班。如北京大学国学研究院(1992)、南京大学中国国学院(2003)、中国人民大学国学研究院(2005)、厦门大学国学研究院(2006),以及清华大学、复旦大学、武汉大学和浙江大学的各种学习班、研修班。四是民间呼应。私塾的涌现与儿童读经潮,大学生着汉服、行古礼蔚然成风。五是官方倾向支持。对于时行的"国学热",官方从总体上说是支持的。[2]

"国学热"促成当代大学生愿意了解中国传统文化。尤其是传统的中国文化艺术节目,比如杂技(15.9%)、传统戏曲(11.7%)、民乐(10.3%)等,有一成以上的大学生与之有接触。他们会通过多种渠道了解中华传统文化,比如读书(87.7%)、讲座或观剧(49.9%)、微信公众号(40.5%)、亲友口传(23.4%)、现场观摩(13.9%)、网络大 V(7.8%)。

但由于传播渠道的限制,中国传统文化艺术的受众开始呈现两极分化的趋势。如相声逐渐成为大众文化消费品,由于它能够两度及时地和大众传媒结合(第一次是广播和电视,第二次是网络),从而被广大青年群体所接受(61.4%)。而"传统戏曲"等由于存在地域差异,文化区隔明显,成为小众文化消费品。我国的"传统戏曲"据不完全统计有 360 多种,其中中国五大戏曲剧种依次为京剧、豫剧、越剧、黄梅戏、评剧。其他比较流行的还有昆曲、湘剧、粤剧、秦腔、川剧、评剧、晋剧、汉剧、潮剧、闽剧、祁剧、河北梆子、安庆黄梅戏、湖南花鼓戏、坠子戏、淮剧、沪剧、河南越调、河南坠子等 50 多个剧种。[3] 它们由于不能够和现代传媒技术结合,其传播渠道受阻。因此需要借助互联网技术进行推广。美国《连线》杂志主编克里斯·安德森在 2004 年 10 月提出长尾理论(the long tail effect)用来描述诸如亚马逊和 Netflix 之类网站的商业和经济模式(见图 3-25)。他认为,"如果把足够多的非热门产品组合到一起,实际上就可以形成一个堪与热门市场相匹敌的大市场"。[4] 因此,可以通过组建汇集中华优秀传统文化艺术产品的网络平台和移动 APP,利用前沿的产品推送技术,为目标客户推送相关产品。

---

① 方光华.国学与文化自觉[J].浙江社会科学,2012(12):108-113+163.
② 王彦坤.国学热的持续升温与值得思考的几个问题[J].暨南学报(哲学社会科学版),2009,31(1):138-145+156.
③ 杨燕.电视戏曲文化名家纵横谈[M].北京:中国传媒大学出版社,2009.
④ 杨红,杨柏.长尾理论视角下的重庆旅游业网络营销分析[J].江苏商论,2010(12):106-108.

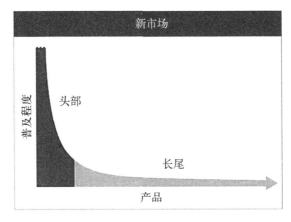

图 3 - 25　长尾理论图示

二、青年媒体使用观的形成

（一）公信力让大学生相信主流媒体

根据新华社 2004 年"舆论引导有效性和影响力研究"课题组关于判断主流媒体的六条标准，目前中国的主流媒体主要有：① 以《人民日报》、新华社、中央电视台、中央人民广播电台、《求是》杂志、《光明日报》《经济日报》为代表的中央级新闻媒体；② 以各省（自治区、直辖市）党报、电台和电视台的新闻综合频道为代表的区域性媒体；③ 以各大中城市党报、电台和电视台的新闻综合频道为代表的城市媒体；④ 以新华网、人民网等为代表的国家重点扶持的大型新闻网站。[①]

我们的调查显示，对于"发生重大事件您求证的渠道"，近七成大学生求助于国内主流媒体（如新华社等）（72.9%），近四成求助于政府官方发布会（39%），其他学生选择为多种渠道，多方查证（34.5%）、国际主流媒体（如《纽约时报》等）（29.6%）、朋友圈（如微信、QQ 群等）（27.6%）、网络媒体自媒体或网络大 V 等（如微博）（18.8%）。大学生选择求证的渠道主要因素在于权威性（74.7%）、专业性（43.4%）、及时性（40.4%）和深度报道（23.7%）。尽管网络媒体自媒体或网络大 V 无比活跃，但由于权威性和准确性不足，而无法获得公信力，因此在遇到重大公共事件的时候，不能得到大学生的信任。

① 流媒体如何增强舆论引导有效性和影响力之一：主流媒体判断标准和基本评价[J].中国记者.2004 (1)：20 - 21.

（二）强大的"信息集成服务"让外资、民营企业主导移动新闻客户端

第一，个性化资讯模式飞跃发展。资讯聚合时代，网民阅读新闻的习惯已经从之前的网页端逐步转向了手机 APP，尤其青睐个性化推荐。比如以今日头条、一点资讯为代表新的内容分发渠道，技术流的崛起基本已经颠覆了传统新闻的分发和生产方式，他们通过抓取和自媒体主动生产的方式，让新闻数量和新闻内容范围得以极大的延伸，其延伸的广度和深度均是传统新闻模式所无法企及的。就如同互联网取代纸媒一样，崭新的内容分发渠道正在改变门户网站历经十余年所塑造出的格局。个性化资讯模式的主要特点：一是以流量中转为目的的内容生产方式，二是以技术为驱动的个性化推荐模式，三是拓宽了新闻客户端的目标人群，四是变现模式清晰带来的资本助力，五是内容创造与分发的分离。自 2016 年开始，新闻类的 APP 竞争愈发激烈。整体而言，今日头条、腾讯新闻、一点资讯三大新闻 APP，优势十分明显。其中，今日头条、一点资讯都带有比较强烈的个性化推荐标签，这证明个性化阅读已经是大势所趋（表 3 - 14）。[①]

表 3 - 14   新闻/综合资讯 APP 排名

排名	2014 年度[②]	2015 年度[③]	2016 年7月[④]	2016 年度[⑤]	2017 年度[⑥]	2018 年度[⑦]	2019 年度[⑧]	2020 年7月[⑨]
1	腾讯新闻	腾讯新闻	腾讯新闻	腾讯新闻	今日头条	今日头条	今日头条	今日头条
2	搜狐新闻	搜狐新闻	网易新闻	网易新闻	腾讯新闻	腾讯新闻	腾讯新闻	腾讯新闻
3	网易新闻	今日头条	今日头条	今日头条	网易新闻	网易新闻	看点快报	看点快报

① 毛琳.新闻客户端，别被个性化资讯带沟里了［EB/OL］. 2016 - 10 - 14，www. huxiu. com/article/166983.html. 新闻客户端，别被个性化资讯带沟里了［EB/OL］. 2017 - 11 - 3，https://www.woshipm.com/evaluating/836315.html.
② 李洋洋.2014 中国 APP 分类排行榜［J］.互联网周刊，2014(24)：51 - 53.
③ 问未.2015 中国 APP 分类排行榜［J］.互联网周刊，2015(15)：42 - 47.
④ 2016 中国 APP 分类排行榜［J］.互联网周刊，2016(13)：46 - 48＋50 - 52＋54 - 56.
⑤ 文斐.2016 年度中国 APP 分类排行榜［J］.互联网周刊，2017(1)：60 - 68.
⑥ 纵横.2017 中国 APP 分类排行榜［J］.互联网周刊，2017(14)：30 - 38.
⑦ 小小.2018 年度 APP 分类排行榜［J］.互联网周刊，2019(1)：51 - 52.
⑧ 2019 年度 APP 分类排行［J］.互联网周刊，2020(2)：30 - 41.
⑨ 纵横、雅君、夏蝉、红山、望舒.2020 年度 App 分类排行［J］.互联网周刊，2021(3)：24 - 35＋22 - 23. 寻真、此微、伊亦.2021 年度 APP 分类排行［J］.互联网周刊，2022(3)：26 - 36＋24 - 25. eNet&Ciweek/纵横. 2020 上半年度 APP 分类排行榜［EB/OL］. 2020 - 7 - 30，http://www.enet.com.cn/article/2020/0730/A202007301177821.html.

续　表

排名	2014 年度	2015 年度	2016 年7月	2016 年度	2017 年度	2018 年度	2019 年度	2020 年7月
4	ZAKER	网易新闻	搜狐新闻	搜狐新闻	搜狐新闻	凤凰新闻	网易新闻	网易新闻
5	新浪新闻	百度新闻	一点资讯	一点资讯	一点资讯	天天快报	趣头条	趣头条
6	今日头条	凤凰新闻	凤凰新闻	凤凰新闻	凤凰新闻	一点资讯	Flipboard 中国	Flipboard 中国
7	凤凰新闻	新浪新闻	新浪新闻	天天快报	天天快报	新浪新闻	ZAKER 新闻	ZAKER 新闻
8	百度新闻	ZAKER	畅读	新浪新闻	Flipboard 中国	搜狐新闻	UC 头条	UC 头条
9	畅读	畅读	ZAKER	Flipboard 中国	新浪新闻	趣头条	百度新闻	百度新闻
10	知乎日报	一点资讯	百度新闻	畅读	ZAKER 新闻	Flipboard 中国	澎湃新闻	澎湃新闻

第二，传统新闻客户端凭借现有的"终端优势"（比如腾讯、新浪）加速"信息集成"整合。传统新闻客户端无论是基于对个性化推荐模式未来趋势的洞察，还是出于不得不转型的迫切愿望，他们都在慢慢地朝着这个方向努力演进，增加个性化推荐，引入和培育第三方自媒体。① 比如，腾讯借助其自身庞大的流量优势推出了"芒种计划"，搭建了企鹅媒体平台，推出个性化资讯平台天天快报；②网易的自媒体平台则完成从订阅到"网易号"的华丽转身，并宣布"自媒体亿元奖励计划"分发至网易新闻客户端；③搜狐则推出搜狐新闻自媒体平台等。因此，自2014 年《互联网周刊》推出《中国 APP 分类排行榜》以来，新闻 APP 的竞争主要集中在腾讯新闻、网易新闻、今日头条、搜狐新闻、一点资讯、凤凰新闻、新浪新闻之间。

---

① 毛琳.新闻客户端，别被个性化资讯带沟里了[EB/OL]. 2016－10－14. http://www.huxiu.com/article/166983.html.
② 腾讯启动"芒种计划"2 亿元补贴内容创作[EB/OL]. 2016－3－1，http://www.wenming.cn/wxys/wenxue/201603/t20160302_3182915.shtml.
③ 网易自媒体奖励计划（全文）[EB/OL]. 2016－9－7，https://dy.163.com/v2/article/T1438163433635/BL3KAHL2051487S2.html.

　　第三，传统主流媒体新闻 APP 技术更新落后。尽管传统主流媒体也都纷纷聚焦移动互联网，并推出大量基于用户体验的新闻 APP，但这些应用存在以下问题：一是它们过于秉承传统理念，强调"原创诉求"和"内容为王"，对移动媒体环境下的信息营销和受众体验都不太重视。然而，在网络时代，受众的信息需求呈现出碎片化和个性化特点。这种阅读习惯使受众更多、更及时地"了解新闻信息，而不是将信息的深度、广度放在第一位"。① 二是对用户习惯不友好，对用户体验(UI/UX)的关注缺失。从时间上看，移动用户的阅读高峰大多集中在晚上，但此时绝大多数传统主流媒体的工作人员已经下班，所以新闻 APP 不再有内容更新。一项媒体应用调查数据显示，传统主流媒体新闻 APP 在"晚上九点"和"零点"进行更新的比例分别为 42.6％和 33.5％，而网络媒体新闻 APP 的更新比例分别为 64.2％和 52.9％。② 因此，传统主流媒体新闻 APP 的信息更新速度远未实现"即时"传播。此外，网络媒体新闻 APP 在对用户体验(UI/UX)、个性化推荐方面有比较成熟的技术，在传统主流媒体新闻 APP 的推广和普及还有待进一步提高。③

　　由于以上原因，传统主流媒体的新闻 APP 无论在内容上还是使用界面上，和资本、民企主导新闻 APP 相比都处于劣势。它们的覆盖率远远落后于传统新闻客户端(腾讯等)和新兴新闻客户端(今日头条等)就不足为奇。中央政府主导中央媒体的四个新闻类 APP 在大学生群体中的使用比例都不高，如央视新闻(10.4％)、《人民日报》(11.9％)、新华社(4.7％)、中国新闻网(1.5％)。央视新闻和《人民日报》仅有一成左右的使用者，而新华社和中国新闻网则不足 5％。地方政府主导的七个地方主流媒体新闻类 APP 面临同样的状况，如澎湃新闻(11.1％)、南方周末(8.3％)、东方头条(2％)、界面(1.5％)、上海观察(0.8％)、时刻新闻(0.5％)和唔哩(0.2％)。只有澎湃新闻超过一成，其中五个新闻类 APP 使用率低于 2％。

　　(三)"知识分享"类社交媒体吸引大学生

　　以知识分享类(如知乎)(70.2％)、弹幕(如 B 站)(49.4％)为代表的新型网

① 孙韵.试论传统媒体发展 APP 的现状、问题和对策[J].出版广角,2014(7)：56-57.
② 孙韵.试论传统媒体发展 APP 的现状、问题和对策[J].出版广角,2014(7)：56-57.
③ 张德君,徐园,张宇宜.传统媒体 App 应用的问题与方向[J].中国记者,2012(9)：114-115.

络新文化形式不断涌现,并改变了人们通常所熟悉的社群信息传播路径,①传统主流媒体的、机构化的、自上而下的信息传播路径正在被大幅度地修正,并形成代表着社交媒体时代的、自下而上的信息扩散新路径。如 2016 年的"魏则西事件"引起社会的广泛关注。紧接着数十天之后,"雷洋之死"再次引起全国范围的广泛关注。这两则事件的信息缘起,以及其扩散路径,基本都是"知乎"→微信公众号/微博→微信朋友圈→门户网站→传统媒体及其网络平台→社会舆论。② 不仅仅是知识分享类,包括弹幕网站在内的新型网络社群,均呈现同样的信息传播特点。在当前新型网络社群的影响越来越深的背景下,网民的心理特征变化已经成为整个互联网安全的重要组成部分,它包括从众心理的弱化、探求真相心理的强化、宣泄心理的弱化的特点。③ 与此同时,这也是"知识分享"类社交媒体吸引大学生的重要理由。

三、青年思想政治观的塑造

(一)"大国国民心态"铸就"中国梦"

以 2001 年中国加入世界贸易组织(WTO)为分水岭,中国改革开放的前 20 年主要依靠体制改革的驱动,后 10 年主要靠对外开放驱动。首先,后 10 多年是中国推进全球化,成为"世界工厂"的关键 10 年,中国的经济实力借此大幅攀升。2010 年,中国经济总量超过日本成为仅次于美国的世界第二大经济体。其次,后 10 多年也是中国的国际影响力不断提升,在世界舞台上变得越来越举足轻重的时期。④ 最后,2001 年成功申办北京奥运会,以及成功举办 2008 北京奥运会和 2010 年上海世博会极大地促进我国民族文化自觉、自信,提升民族精神和凝聚力。⑤

在这个阶段成长起来的 90 后,已经不像前几代人经历过艰难,他们在开放环境下长大、对中西方有全面的认识。他们开放自信,同时也是"弱国阴影"最淡薄的一代。比如,80 后、70 后还有"忍辱负重"和"国耻民辱"的情结,从 1999 抗

① 陈晨.基于"知乎"平台的新型网络社群的舆论心理[J].新闻研究导刊,2016,7(18):364.
② 邓亭尚.网络舆论中的网民心理与网络舆论引导[D].云南大学,2011.任孟山.从魏则西、雷洋事件看社交媒体时代舆论新生态[J].传媒,2016(10):37～38.
③ 陈晨.基于"知乎"平台的新型网络社群的舆论心理[J].新闻研究导刊,2016,7(18):364.
④ 毛浩.大国国民心态能在 90 后一代开始养成[EB/OL].2010-7-7,http://news.sina.com.cn/expo2010/news/roll/2010-07-07/071020626178.shtml.
⑤ 李莹、林功、成陈霓.大型事件对国家形象建构的影响——基于对北京奥运会和上海世博会的问卷调查[J].新闻与传播研究,2014,21(8):5-14+126.

议中国驻南斯拉夫大使馆被炸的满腔怒火,到 2001 年抗议中美南海撞机事件中的义愤填膺,再到 2005 年因日本要求"入常"全国抗日游行和 2012 年由于日本宣布钓鱼岛"国有化"全国各地反日游行的群雄激愤,他们都还无法摆脱"弱国阴影"的心理。但 90 后却截然不同,2013 年 11 月 23 日,中国国防部宣布划设东海防空识别区,包含钓鱼岛附近相关空域;①2014 年 5 月 13 日,中国和越南在我国西沙海域围绕"海洋石油-981"号钻井平台展开对峙;2012 年越南的河内及胡志明市等地发生了群众游行反华事件,并愈演愈烈升级为"暴力抢砸"事件;②2016 年 7 月 12 日,面对南海仲裁案结果中国政府表示不接受;等等。③ 这些事件所彰显出的中国力量削减了所谓"国耻民辱"的历史伤痕,也使得 90 后不再承受和他们前辈一样的"弱国阴影"。

随着网络的兴盛,最近几年出乎意料地在中国青年中间复苏和发展出了爱国主义、民族主义的情绪与意识,一些西方观察者或持类似视角的人原本认为 90 后年轻人一定会按他们那套理念来行事,但他们突然发现中国的 90 后和他们的想象很不相同,如 2016 年 1 月,因中国台湾艺人黄安等人质疑周子瑜支持"台独"而导致的一系列舆论风波,引发了"帝吧"出征 Facebook 反台独活动,约 2 000 万大陆 90 后网民向世界人民展现了他们的认知层次和真实想法;④2016 年 6 月,兰蔻、李施德林与何韵诗("港独"艺人)合作引发舆论抵制;2016 年 7 月,赵薇导演新片男主角戴立忍涉"台独"立场,遭受大陆网民的抵制等事件。在网络上,广大青年在国家主权和领土完整的立场尤其坚定,对"台湾、香港和南海是中国的一部分,是我国领土神圣不可分割的一部分"的观念有高度认同。

事实上,90 后已经开始形成"大国国民心态",他们是更加能够"平视"西方的一代人。他们中很多人都有国际经验,互联网又带给他们宽泛的知识面和对全世界的认识,中国处于世界第二大经济体也让他们更加理智地认识世界,他们

---

① 中华人民共和国政府关于划设东海防空识别区的声明[EB/OL]. 2013-11-23,http://news. xinhuanet.com/mil/2013-11/23/c_125750439.htm.

② 越南反华游行见汉字就砸(组图)[EB/OL]. 2014-5-15,http://news.163.com/14/0515/04/ 9S8RAQ1700014Q4P.html. 许斌.新世纪越南政治体制改革研究[D].聊城大学,2017.

③ 王毅.中国政府不接受南海仲裁案完全是依法行事[EB/OL]. 2016-3-8,http://news.xinhuanet. com/politics/2016lh/2016-03/08/c_128782685.htm.

④ 何文静.自媒体时代如何合理运用网民的力量——以"帝吧出征 Facebook"为例[J].读天下,2016(16): 226. 王霖.社交媒体环境下群体情绪的新型表达方式探究——以"帝吧出征 Facebook"事件为例[J].视听,2016(8): 198-199.

对西方不再盲目崇拜。① "阿拉伯之春"的巨大挫败、我国台湾地区学生的反服贸运动、香港"非法占中"事件,以及欧洲的难民危机,让他们对照搬西方模式产生怀疑。国家主权和领土完整的问题是互联网上最能表达青年爱国情怀的话题,并总能引起互联网上的激烈反应。比如"犯我强汉(中华)者虽远必诛"这样的信条能在 90 后中产生强烈的共鸣,2015 年的《战狼》和 2016 年的《湄公河行动》均激起了广大青年的爱国主义热情。《湄公河行动》的粉丝人群中 90 后、95 后占比达到 43％和 20％,80 后、85 后占比分别为 10％和 18％。②

　　九成以上的大学生对"中国梦"的实现充满了信心。但近年来,"阶层固化"现象也成为全社会关注的焦点议题。诸多国内外的研究发现,中国的高等教育已经成为阶层固化的助推器,中国重点大学的农村学生比例自 20 世纪 90 年代起不断滑落,如:北京大学的农村学生所占比例从过去的三成直降到 2010 年的一成;2010 级清华大学的农村学生占比也仅仅 17％左右。③ 不过,我们在调查中没有发现大学生群体中存在"阶层固化"情绪。他们不论贫富、出身以及所受的教育水平,都对中国和个人未来充满了信心,群体心理没有发现明显的阶层固化忧虑。之所以如此,主要由于两个方面的原因:一是被调查城市的高等教育门类齐全、规模大,作为一个高等教育有较长发展历史和较好基础的城市,已经形成了较为完善的教育体系,处于全国领先水平。他们就读的高校在全国范围内均属于高水平大学。二是被调查的城市是我国经济发展最为迅速的城市。以上两方面让大学生对未来的经济发展和就业充满期待与乐观主义精神。

(二) 自主意识让大学生追求民主和法治

　　90 后大学生相较其长辈们的生长环境有极大改善,比如社会相对稳定、言论比较自由、生活相对富裕等,与此同时,也是经济高速增长、网络信息高速发展、新鲜事物层出不穷的多元化世界。尤其是在全球化的大背景下,相当一部分 90 后大学生从小就开始接触网络,他们拥有强烈的好奇心、丰富和广博的知识

---

① 张颐武.90 后,为何西方看走了眼[EB/OL]. 2016 - 8 - 9, http://opinion. huanqiu. com/1152/2016 - 08/9281898.html.

② 人民日报海外版.《湄公河行动》点燃网支爱国情[EB/OL]. 2016 - 10 - 14, http://www.wenming.cn/ wxys/zixun/201610/t20161014_3817983_1..shtml.

③ 赵慧玲.从创新能力反思当今教育[J].出国与就业(就业版),2012(6): 139.

面,思想开放、思维活跃,易于接受新事物,表现出极强的学习能力、模仿能力、思辨能力。他们视野开阔,喜欢创新,主动求变,反对因循守旧,故步自封。[①]

然而,经济高速增长的同时也有社会转型带来的各种问题,如腐败问题、贫富分化问题、利益分配冲突等,与此同时,我国民主和法治建设滞后的弊端也日益显著。在这种情况下,90 后大学生处于一个思想价值观空前撕裂的时代。基于此,他们的"自主意识"让他们追求民主和法治。社会主义核心价值观倡导富强、民主、文明、和谐,倡导自由、平等、公正、法治,倡导爱国、敬业、诚信、友善,其中最能引起 90 后共鸣的是民主和法治,这源于中国的民主和法治建设远远落后于经济发展。大学生中关心政治的群体有以下四个特点:一是男性居多数(相对女性)。二是不仅关心政治话题,对所有热点公共事件话题都保持高关注度。三是他们对信息辨别有自己的理性判断,通常会使用多种信源,比如国内和国际主流媒体,或通过多种手段来求证。四是网络行为参与度较低,这和一般大学生的上网行为并无显著差异。

(三)"填鸭式教育"使得大学生对现行的思想政治教育有着普遍的抵触心理

互联网已经成为当今世界上最大的图书馆(比如谷歌图书)和信息数据处理中心,它为大学生提供了一个无国界、无距离的百科全书式的世界。他们可以通过互联网畅游知识的海洋,掌握最新、最全面的信息和数据,探索世界和宇宙的奥秘;他们还可以在网上直接展开交流和讨论,共享资料,协调研究。这极大地激发了大学生的求知欲,提升了他们的开拓精神和创新能力,最后为他们形成科学的"三观"(世界观、价值观、人生观)创造了条件。然而,互联网本身的开放性、即时性和隐蔽性也给新时期的大学生思想政治教育工作带来新的挑战。大学生对外来事物有强烈的好奇心和求知欲,他们可以通过网络了解各国的影视、时尚、语言、文化、风俗和习惯等。然而他们未踏入社会,思想观念不成熟,社会经验不足,人生阅历浅,难以准确甄别外来文化的"精华"和"糟粕"。这对他们的思想观念造成冲击,导致本国文化和外来文化的相互倾轧、思想摇摆不定,极易对自我价值产生怀疑。大学生各种思想和观念冲突更加直接和激烈。尤其是在以美国为首的西方国家和发达国家的冲击下(包括强硬的政治手段、发达的经济实力和先进的网络信息技术等),大学生极易受到他们的文化侵袭,潜移默化中

---

① 张海华,孟莹莹."微型党课"在"90 后"大学生思想政治教育中的价值[J].高校辅导员,2011(2):47-48+52.

接受他们的文化传统、价值观念及生活方式,从而产生了"精美""精日""精韩"等"精外"分子。[①]

在这种情况下,传统思想政治教育方式与互联网时代完全不符。[②] 首先,传统教育采用单纯的灌输式和说服式的教育方式。在授课过程中,教育者(老师)占据主动地位,他们以自己的教学目标为中心向受教育者(学生)传授知识。在这种教学模式下,受教育者只能被动地、毫无选择地接受教育者的输出,并呈现出一种典型的点对面的知识传播形式,这种教学关系非常不利于受教育者自身的发展。在整个学习过程中,受教育者(学生)只是填鸭式地学习各个知识要点,而其目的只是为了通过考试或者取得比较好的成绩。因此,思想政治教育的目的不再是对学生进行思想政治教育工作,比如人生体验、发展畅想等,而仅仅是一项冷冰冰的数字成绩考核,徒具其名而无其实。其次,高校思想政治教育学科化严重。教育部高等教育司规定的思政课课程包括《毛泽东思想与中国特色社会主义理论体系》《马克思主义哲学原理》《思想道德修养与法律基础》《形势与政策》《中国近代史纲要》《科学社会主义》《中国文化概论》共七门课程。由于课程种类繁多,且在篇幅安排上注重经典概念、忽视补充时代新内容,因此现行的思想政治教育无法取得比较好的效果。

第四节　当代青年大学生的画像

当代青年大学生的画像可以表述为: 有大国意识,对国家和个人的发展充满了乐观主义情绪,追求民主和法治;具备全球化视野,乐于接受新鲜事物;对重大公共事件理性判断,不迷信,不盲从。

一、有大国意识,对国家和个人的发展充满了乐观主义情绪

当代大学生对国家和个人的未来充满信心,90.8%的大学生对中国的未来充满了信心,90.7%的大学生对个人的未来充满了信心。这种信心不受他们的

---

① 魏晨.网络环境下高校思想政治教育问题研究[J].湖南大众传媒职业技术学院学报,2016,16(1):73-76.

② 张海华,孟莹莹."微型党课"在"90后"大学生思想政治教育中的价值[J].高校辅导员,2011(2):47-48+52.

家庭出身、户籍、经济状况、教育水平和性别的影响,完全看不到这一群体的"阶层固化"忧虑心理。

他们关注政治,这一方面反映出他们对政治(46.2%)议题的关注度,另一方面反映出有 38.4% 的学生最为关注的新闻主题是时事政治类。不过他们所了解的主要思想政治理论概念都是经典内容,如中国特色社会主义(61.3%)、马列主义和毛泽东思想(53.2%)、社会主义核心价值观(42.8%)等。且获取渠道主要是通过课堂教学(70.7%)。

二、具备全球化视野,乐于接受新鲜事物

在信息化高度发达的时代背景下,80 后和 90 后的生长环境早已不复过去中国对世界的相对封闭,他们无时无刻不在受到全球化的影响。

一方面,当今世界多样性的文明通过各种媒介的传播为年轻一代提供了非常广阔的选择空间。尤其是互联网使得他们从小接受着国内外各种信息和理念的碰撞,思想意识、价值标准、生活方式呈现多元化,网络"地球村"开阔了他们的视野;另一方面,出境游正在成为普通中产阶层常态化的生活方式,80 后和 90 后人群渐渐成出境游的主体。如我们调查发现 24.6% 的受调查者有境外(含港澳台)旅游、学习和生活的经历,75.4% 的没有类似的经历;他们中 48.6% 使用过翻墙软件(经常使用 13.6%,偶尔使用 35%)。

此外,大学生对外来文化的需求也呈现出显著的多元化趋势。从影视节目而言,他们看美剧、韩剧、日剧、英剧、中国大陆和港台剧、东南亚影视节目等。因为大学生具备相对宽阔的视野,他们的崇洋意识比较淡薄。他们更多是从休闲娱乐的层面来观看各种影视节目。

因此,他们的文化价值观少了一些羁绊。这体现在 80.7% 的大学生认为未来中国文化发展的趋势是中西文化交融,13.2% 的认为中国文化将占主导地位,而认为西方文化占主导地位的近 4.9%。他们并没有认为西方文化比中国文化更加优越,其中认为中国文化的未来应当由西方文化主导的不足 5%,认为应当由中国文化主导的人数是其 2.5 倍(13.2%)。他们从当下的时代风貌出发给出了他们的判断,八成学生认为中西文化交融是未来中国文化发展的趋势。

他们喜欢流行音乐会(39.8%)、音乐剧(23.8%)、交响乐(16.7%)和歌剧(11.3%),但也对中国传统文化节目有关注,如相声(61.4%)、杂技(15.9%)、传统戏曲(11.7%)、民乐(10.3%)。这整体上反应出他们对中国文化的文化自信,

以及对中国传统文化和中国传统文化艺术持开放和拥抱的态度。中国传统文化和中国传统文化艺术的传播渠道陈旧，也制约了其在当代大学生的深入传播。

三、对重大公共事件理性判断，不迷信、不盲从

互联网是信息时代最具标志性的旗帜，并浸透到政治、经济、文化生活的方方面面，改变着人们的生活模式和思维理念，影响着国家的社会民主化进程。尤其是各种社交媒体的勃兴，使民众从新闻的看客直接成为了新闻的参与者。在网络议程设置上，主流媒体未能一统天下，诸多的网络大 V 乃至网络水军都在影响着媒介议程。资本不仅操纵着新闻渠道，它还通过引导议程，传播谣言获取商业利益。

对于"发生重大事件您求证的渠道"，近七成大学生求助于国内主流媒体（如新华社等）。

一方面大学生喜欢看各类八卦娱乐新闻；另一方面他们又对舆论可能会被资本主导表示忧虑。作为未来国家的主要后备军，超过一半的大学生还是希望政府能够主导舆论，并在发生重大事件时求助于国内主流媒体的权威信息。即使他们有境外经历、使用翻墙软件或看国际媒体也不影响他们对党和政府的信赖。

第五节　当前高校意识形态教育的分析

20 世纪 90 年代以后出生的青少年目前已经成为当代大学生的主要来源，他们是我国有史以来最为"得天独厚"的一代。一方面，他们的父辈享受了改革开放带来的最大红利，实现从贫困到小康再到富裕的三级跳跃。同时中国市场经济飞速发展，极大地丰富了他们物质生活产品；另一方面，作为"新媒体一代"，他们的社交网络日趋扁平化，他们对权威已经不再迷信和盲从。[①] 互联网和移动互联网等新媒体的广泛运用带来了信息传播的巨大变革，社会进入了"信息高度发达"或者"信息爆炸"时代，舆论环境日益错综复杂。当代青年无时无刻不在受到全球化，尤其是西方文化思想的巨大影响。在这种情况下，大学生的意识形

---

① 郑元景.新媒体环境下高校思想政治教育实效性探析[J].思想理论教育导刊.2011(11)：107 - 109.

态教育就显得尤其重要,并受到国家领导人的高度重视和关注。如 2016 年 12 月 7 日至 8 日,全国高校思想政治工作会议在北京召开,习近平总书记出席会议并发表重要讲话,中共中央政治局常委、中央书记处书记刘云山作总结讲话,中共中央政治局常委王岐山、张高丽出席会议。①

新媒体使用对意识形态教育有哪些影响? 本研究将借助对当代大学生的调查来进行深入研究。

一、意识形态

意识形态(ideology)的概念由法国哲学家德斯蒂·特拉西(Destuttde Tracy)于 18 世纪末在其著作《意识形态原理》中提出,由马克思和恩格斯的研究而发展成为现代意识形态理论并广为人知。② 按照马克思主义哲学思想,"经济基础决定上层建筑",③"随着经济基础的变更,全部庞大的上层建筑也或慢或快地发生变革",④在考察这些变革时"必须时刻把下面两者区别开来:一种是生产的经济条件方面所发生的物质的、可以用自然科学的精确性指明的变革,一种是人们借以意识到这个冲突并力求把它克服的那些法律的、政治的、宗教的、艺术的或哲学的,简言之,即意识形态的形式"。⑤ 按照马克思主义的意识形态理论,意识形态是一个总体性的概念,它是各种社会意识形态,包括哲学、政治、文化、法律等构成的有机整体;它是"在一定历史条件下,占统治地位的阶级或集团为维护和发展其统治而建构的价值观念体系和行为规范体系",⑥而"统治阶级思想在每一个时代都是占统治地位的思想"。⑦ 意识形态具备多种功能,如引领功能(引领社会的价值观念)、凝聚功能(凝聚整个意识形态及全社会的价值观念体系)、稳定功能(它一旦形成就具有很强的稳定性)和转化功能(能够转化为巨大的物质力量)和自建构功能(在外界环境和各种价值观念的作用下,推陈出新,不断地发展、完善和超越自身等)。⑧

---

① 习近平.把思想政治工作贯穿教育教学全过程[EB/OL].新华社.2016 - 12 - 8, http://news.xinhuanet.com/politics/2016 - 12/08/c_1120082577.htm.
② 俞吾金.意识形态:哲学之谜的解答[J].求是学刊,1993(1):3 - 7.
③ 赵家祥.经济基础决定上层建筑原理的形成过程及系统论证[J].北京行政学院学报,2011(1):57 - 62.
④ 马克思,恩格斯.马克思恩格斯选集(第 3 卷).北京:人民出版社,1995.
⑤ 马克思,恩格斯.马克思恩格斯选集(第 2 卷).北京:人民出版社,1995.
⑥ 李颖川.论坚持马克思主义的当代路径[J].湖北经济学院学报(人文社会科学版),2012,9(5):5 - 6+11.
⑦ 马克思,恩格斯.马克思恩格斯选集(第 1 卷).北京:人民出版社,1995.
⑧ 陈秉公.马克思主义意识形态理论与社会主义核心价值体系建构[J].马克思主义研究,2008(3):19 - 24.

意识形态具有阶级性和国家性,所以每一国家的统治者都积极构建其主流意识形态。主流意识形态是一种社会制度和政权赖以存在的思想基础,它"规定了一个国家、民族及其社会成员所应承担的义务与政治行为规则,以此作为广大民众政治共识的基础"。① 其不仅需要依靠统治权来维系主导地位,也需要通过民众的积极认同才能实现运转和维持。意识形态分"非主流"和"主流"意识形态。认同是指"个体对自己所属身份或群体的一种带有肯定性的心理判断和情感归属",是"民众经过理性的思考与判断,自愿地向公共权力表达出来的基本心理倾向"。② 意识形态认同就是指人们对某种意识形态自觉自愿的接受和遵从,意识形态认同,即价值认同。主流意识形态认同的建构需要在国家政权主动支持下完成。因此意识形态问题,归根结底是党和国家的形象问题,是党和国家能否得到国内民众和国际社会的广泛认同问题。

作为我国培养社会主义事业建设者和接班人的主要阵地的高等院校,一直处于意识形态领域矛盾和斗争的最前沿。然而,在全球化、市场化、信息化态势下我国高校的马克思主义意识形态教育面临巨大挑战。③ 首先,20 世纪 90 年代以来的标志性事件为"共产主义世界的崩溃"(包括东欧剧变、苏联解体和冷战结束),当代意识形态冲突集中在西方意识形态话语体系范围内展开,如弗朗西斯·福山提出的"历史终结论"(即西方的自由民主制度为人类意识形态发展的终点和人类最后一种统治形式)和亨廷顿提出的"文明冲突论"(冷战后的世界冲突的基本根源不再是意识形态,而是文化方面的差异)。从全世界范围来看,"当代西方的意识形态扩张、渗透,更多地是以'全球话语'和'普世价值'的方式实施的"。④ 其次,在全球化浪潮中,多元文化的相互激荡,互联网和移动互联网快速发展,使得高等院校成为社会信息的集散地和信息化的前沿阵地,⑤各种理论、思潮、主义、观念相继涌入并相互激荡,与此同时西方发达国家利用其话语霸权

① 萧功秦.改革开放以来意识形态创新的历史考察[J].天津社会科学,2006(4): 45-49. 吴文勤.现代化进程中的意识形态合法性困境及其化解[J].理论视野,2011(7): 58-60+72. DOI:10.19632/j.cnki.11-3953/a.2011.07.015. 张广辉.意识形态合法性面临的困境及其超越[J].哈尔滨市委党校学报,2009(2): 44-47.

② 孔德永.当代我国主流意识形态认同建构的有效途径[J].马克思主义研究,2012(6): 91-99.

③ 鲍江权.强化意识形态教育占领意识形态阵地[J].广西高教研究,2002,01: 18-21.

④ 侯惠勤.意识形态的变革与话语权——再论马克思主义在当代的话语权[J].马克思主义研究,2006(1): 45-51. 王逸飞.中国社会主义意识形态对法治发展的主导[J].时代法学,2011,9(3): 80-85.

⑤ 李春会.思想政治教育视域下的马克思主义大众化传播[J].南昌大学学报(人文社会科学版),2011,42(5): 13-17. 李奎刚.大学生思想政治教育推进马克思主义大众化的探讨[J].淮海工学院学报(人文社会科学版),2012,10(9): 20-22.

进行文化侵袭。在中外文化、意识形态的碰撞过程中,一些迥异于马克思主义意识形态的思想观念、价值体系不可避免地会被一些大学生所接受和推崇。①

在这种情况下,高校如何开展马克思主义意识形态教育是中国学术界重点研究的课题。有部分学者认为可以通过借鉴世界现代化的历史经验,来开展意识形态教育。结合世界现代化的历史经验,有学者将意识形态的变迁概括为三个阶段:一是宗教意识形态,即宗教与国家权力结合而成为统治意识形态,如基督教、佛教、儒家等。这属于传统文化范畴,中国历史上的意识形态具有"包容性"——儒学正统思想包容其他思想或容许其存在和发展,而西方则是"排他性"的基督文明;二是世俗学说性意识形态,即某政党的政策纲领成为统治意识形态。这属于政治合法性的范畴,包括政治理论和政策;三是国家意识形态,即现代性成熟后的现代社会意识形态,具备"中立性"和"总体性"两个原则,是代表全国人民的,而非一小部分人。② 在现代化过程中,上述三个阶段会进行"意识形态整合",混合进国家层面的意识形态(包括宗教和学说性意识形态)会逐渐从国家层面剥离,以信仰、意见和学术观点的方式存在。国家意识形态(如国家,自由和公平等口号系统)突显出来,成为统治意识形态。关于儒学是不是宗教的讨论已经持续近百年,但就历史事实而言,传统儒学从来就不是宗教,③而新儒家也不同意把一元宗教的"外在超越"移植过来,而是"充分重视儒学在凡俗世界中体现神圣的特点,充分发挥儒学中许多未被认识的珍贵资源,以求在与现代世界沟通中寻求儒学以及传统文化的出路,他们的价值判断和价值指向是中国传统文化的现代转换和复兴,对中华民族功莫大焉,这是值得肯定的。"④对于中国而言,文化意识形态比宗教意识形态更加准确,同理,世俗学说性意识形态用通俗的话讲是政治合法性的问题。因此,本研究将意识形态的变迁的三个阶段概括为:文化意识形态、政治意识形态和国家意识形态。

二、新媒体对意识形态教育的影响

中国互联网信息中心(CNNIC)的第 48 次《中国互联网络发展状况统计报

① 吴琦,袁三标.从话语权视角看高校马克思主义意识形态教育[J].思想政治教育研究,2008(1):31-33. 李春会.思想政治教育视域下的马克思主义大众化传播[J].南昌大学学报(人文社会科学版),2011,42(5):13-17.

② 吴琦,袁三标.从话语权视角看高校马克思主义意识形态教育[J].思想政治教育研究,2008(1):31-33.

③ 姚中秋.儒家非宗教论[J].同济大学学报(社会科学版),2013,24(4):72-82.

④ 郭齐勇.当代新儒家对儒学宗教性问题的反思[J].中国哲学史,1999(1):40-53+61. 韩星.香港孔教学院:现代民间儒教的基地[J].国学论衡,2007(0):126-153.

告》显示,截至 2021 年 6 月手机上网主导地位强化,网民中使用手机上网的人群已经占到 99.6％,网民的上网设备进一步向移动端集中。新媒体是相对于报刊、广播、电视等传统媒体而言的,依托数字、互联网络和移动通信技术,是基于电子技术支撑下勃兴的媒体形态。伴随着计算机、智能手机,和互联网和移动互联网技术的普及,我国基本已经进入了新媒体时代。新媒体的诞生和迅速发展已经对我国的各行各业产生了巨大影响,尤其是在高等院校,新媒体已经成为学生获取知识和信息的重要途径。与传统媒体相比,新媒体的传播与发展速度更快,其使用成本更低、容量更大、互动性更强、检索更便捷。网络以"前所未有的形式促进了海量异质信息的传播,打破了家庭、学校、政党等政治社会化机构的信息一致,对青年群体的政治态度产生了较大影响"。[1] 在国内,由于政治透明度相对较低,海量的网络异质信息对政治系统权威构成了直接挑战,在全球化的大背景下,网络深刻地影响和改变着大学生的世界观、人生观和价值观。总的来说,新媒体传播的"无屏障性""虚拟性"和传播内容的多元化等给高校主流意识形态建设带来了巨大的挑战和冲击。[2]

首先,丰富的新媒体渠道增加了高校主流意识形态教育的难度。过去,大学生的价值观教育主要来源于教育者的讲授,以及报纸、广播和电视等传统媒体。在前互联网时代,主流媒体扮演着"守门人"的角色,它能在信息传播中将那些对其公信力有损的信息进行筛选、拦截。[3] 但互联网改变了这一格局,当代大学生的信息渠道前所未有的广阔。传统媒体的公信力下降、新型网络社群网民在心理特征方面出现重大变化等因素都严重挑战和冲击着高校主流意识形态建设。

其次,多元化的"新媒体文化消费内容"严重削弱了高校主流意识形态的话语权。在当今世界,多样性的文明通过各种媒介的传播为年轻一代提供了非常广阔的选择空间。尤其是互联网,使得他们从小接受着国内外各种信息和理念,思想意识、价值标准、生活方式呈现多元化。尤其是世界范围内的影视节目带来的对话语权的冲击更为显著。在互联网时代,影视剧是当代大学生的重要媒介消费产品。2015 年的一项"当代中国青少年电视剧消费状况"调查结果显示,

---

① 卢家银,段莉.互联网对中国青年政治态度的影响研究[J].中国青年研究,2015(3):56 - 62.
② 张一,罗理章.新媒体境遇下我国高校主流意识形态教育的困境与出路[J].学术探索,2012(12):157 - 159.
③ 强月新,刘莲莲.对主流媒体传播力公信力影响力关系的思考[J].新闻战线,2015(5):46 - 47. 江明科.主流媒体在互联网时代的公信力[J].青年记者,2011(9):34.

80％的受调查大学生在过去一周之内观看过影视剧,观看时间超过 3 小时/天的重度消费占 20％,在 3 小时之内/天的轻度和适度消费分别为 24％和 36％。由于高校宿舍没有电视机,互联网成为大学生首选的信息和娱乐通道,几乎所有的大学生都是通过网络渠道来观看影视节目。55％的被调查者称收看境外影视剧的时间多于大陆影视剧,25％认为收看大陆影视剧多于收看境外影视剧的时间。70％的认为境外剧的吸引力大于大陆剧,最受欢迎境外剧目依次是美剧、英剧、韩剧、日剧、港剧、台剧等。[1]

互联网是信息时代最具标志性的旗帜,并浸透政治、经济、文化生活的方方面面,改变着人们的生活模式和思维理念,影响着国家的社会民主化进程。尤其是各种社交媒体的勃兴,使民众从新闻的看客直接成为了新闻的参与者。同时,中国处于教育民主意识日益提高、言论高度自由的和谐化社会,传统主流媒体自上而下的信息传播模式,被扁平化的、和自下而上的社交媒体所颠覆,人人都可以通过社交媒体发言等。因此在新媒体环境下,新闻消费内容,和文化消费内容也都会严重挑战和冲击着高校主流意识形态建设。

三、研究设计

本研究基于意识形态变迁的"三阶段"和"意识形态整合"理论,旨在解释新媒体如何对意识形态教育产生影响。

高校的意识形态教育是重中之重,受到党中央和国家的高度关注。从文化意识形态层面,《十三五规划》明确表示"构建中华优秀传统文化传承体系,实现传统文化创造性转化和创新性发展。广泛开展优秀传统文化普及活动并纳入国民教育"。[2] 从政治意识形态层面,2016 年 12 月 7 日到 8 日,习近平总书记在全国高校思想政治工作会议中强调:"我们的高校是党领导下的高校,是中国特色社会主义高校。办好我们的高校,必须坚持以马克思主义为指导,全面贯彻党的教育方针。要坚持不懈传播马克思主义科学理论,抓好马克思主义理论教育,为学生一生成长奠定科学的思想基础。"[3] 在从国家意识形态层面,习近平

---

① 张磊.互联网环境下的电视剧消费——对于大学生群体的初步调查[J].青年记者,2015(4): 55-56.

② 十三五规划纲要(全文)[EB/OL]. 2016-3-18,http://sh.xinhuanet.com/2016-03/18/c_135200400.htm.

③ 习近平在全国高校思想政治工作会议上强调 把思想政治工作贯穿教育教学全过程 开创我国高等教育事业发展新局面[EB/OL]. 2016-12-8,https://news.12371.cn/2016/12/08/ARTI1481194922295483.shtml.

总书记强调"实现中华民族伟大复兴,就是中华民族近代以来最伟大的梦想"。[①] 此后,习近平总书记在多种场合面向广大青年反复强调"中国梦"和"青年梦"。[②]

　　基于此,本研究设计了一组问题来反映意识形态教育的效果。针对文化意识形态,我们设计了"您认为未来中国文化发展的趋势是"这一问题,选项有:① 中国文化将占主导;② 中西文化交融;③ 西方文化将占主导。针对政治意识形态,我们询问"您对以下哪些概念印象最深"。选项涵盖两个范畴:政治合法性问题,如① 马列主义、毛泽东思想;② 中国特色社会主义;③ 习近平总书记系列重要讲话精神;④ 社会主义核心价值观;⑤ 党中央治国理政新理念新思想新战略;⑥ 伟大复兴"中国梦";⑦ 两个一百年奋斗目标;⑧ 四个全面战略布局;⑨ 党的建设伟大工程;⑩ 反腐败。针对国家意识形态,围绕"中国梦"来展开,我们设计了一组问题:"您对中国未来是否有信心""您对个人的未来是否有信心",以及从非常有信心,到非常没有信心的5度李克特量表。

　　当代大学生是"新媒体一代",新媒体的使用拓宽了大学生认识世界的视野。本研究的第一组解释变量为"新媒体消费习惯"。第一个变量是:资本主导APP使用,该变量包括外资主导的网络巨头类和以民营资本和风险投资为主的市场化公司类。第二个变量为国资主导APP使用,主要是国资背景传统媒体类。问题提出为"最常使用的新闻类APP有哪些?(多选限选三项)",选项包括11项资本主导新闻类APP,和11项国资主导新闻类APP。两个因变量为受访者使用两类APP的个数(0到3),我们预期资本主导APP和国资主导APP会对意识形态教育产生影响。另外三个变量是二分变量,分别是否使用"翻墙软件",是否使用过知识分享类软件(如知乎)等。我们预期新媒体使用会给当代大学生的意识形态教育产生影响。

　　本研究的第二组解释变量为"新媒体消费内容"。第一个变量为"新闻消费",问题的陈述方式是"您日常生活中通过上网、阅读、交流等方式最关注哪方面的信息",重新编码为时事政治类和非时事政治类两个选项。第二个变量为

---

① 实现中华民族伟大复兴是中华民族近代以来最伟大的梦想[EB/OL]. 2015 - 7 - 17. http://cpc. people.com.cn/xuexi/n/2015/0717/c397563-27322292.html. 贾建芳."中国梦"的学理解读[J].中国国情国力.2013(12): 30 - 32.

② 本报评论员.中国梦归根到底是人民的梦[N].人民日报.2013 - 3 - 27(1). 中央党校教授辛鸣.中国梦归根到底是人民的梦[N].人民日报.2013 - 6 - 26(7). 习近平.习近平给北京大学学生回信勉励当代青年 勇做走在时代前面的奋进者开拓者奉献者[J].中国大学生就业.2013(9): 1.

"文化消费",由于文化的内容和范畴比较宽宏,我们反复研究后决定选取当前市场化程度最高的影视节目(包括电视、电影)来观察大学生对中西方文化的消费情况,借此作为中西方文化的代理变量来进行深入分析。问题的陈述方式是"以下哪类影视节目(包括电视、电影),您花费的时间最多(单选题),选项包括:中国大陆节目、中国港台地区影视节目、英美影视节目、日韩影视节目。该变量是名义变量,为了回归分析,我们将其重新编码为四个二元变量,分别为中国大陆影视节目、中国港台地区影视节目、英美影视节目、日韩影视节目。我们预期观看中国港台地区影视节目、英美影视节目、日韩国影视节目会对意识形态教育带来重大影响。

第三组解释变量为人口统计变量。作为控制变量,我们把性别、年龄、学历、城市生源与否、家庭月收入、是否是共产党员、是否有境外(含港澳台)旅游、学习和生活的经历等纳入。由于我们面向的本科大学生集中在 1995 年到 1998 年出生,而硕士和博士研究生集中在 92 年前出生,因此年龄和学历有高度的相关性,为此我们剔除了年龄而保留了学历。

四、研究发现

(一)统计分析

当代大学生对"中国梦"的实现充满信心,对个人"青春梦"也充满期待,90.8%的大学生对中国的未来充满了信心。在对"中国梦"的实现上,他们重点关注经济(83.8%)、民生(62.9%)和文化(57%)方面;对政治(46.2%)和军事(29.9%)的关注程度略低。[①] 90.7%的大学生(28.5%的非常有信心,62.2%的有信心)对个人的未来充满了信心;在对个体"青春梦"的实现上,他们主要关注职业发展(80.1%)、家庭生活(60.2%)、文化教育(58.6%)、财富积累(53.5%)、健康医疗(49.8%)等方面;在对中国文化发展趋势的认同上,80.7%的大学生认为未来中国文化发展的趋势是中西文化融合,13.2%的大学生认为中国文化将占主导地位,而认为西方文化占主导地位的大学生占近 4.9%。

当代大学生所熟悉的概念多是传统的马克思主义知识概念。最熟悉的依次为"中国特色社会主义"(61.3%)、"马列主义和毛泽东思想"(53.2%)。在政治合法性范畴,36.2%的大学生对这两个概念都有比较深刻的影响,41.5%的大学

---

① 本文中的多数问题设置为(多选限选三项),因此问题的"累计百分比"超过了 100%.

生对其中之一影响比较深刻,22.3%的大学生对这两个概念印象都不深刻。而对当代马克思主义的概念则相对比较陌生,知晓度分别为:"习近平总书记系列重要讲话精神"(14%)、"党中央治国理政新理念新思想新战略"(2.3%)、"两个一百年奋斗目标"(12%)、"四个全面战略布局"(5.4%)、"党的建设伟大工程"(3.8%)。在政策层面,11.9%的大学生对其中三个政策印象深刻,38.2%的大学生对其中两个政策印象深刻,44.7%的大学生对其中一个政策印象深刻,5.2%的大学生对所有政策印象都不深刻。45.9%的大学生在英美影视节目上花费最多时间,35.1%的大学生在中国大陆影视节目上花费最多时间,其次是日韩影视节目(13.2%),中国港台地区影视节目(5.1%)。38.4%的学生关注时事政治类新闻,其他的学生关注社会、生活和八卦新闻,69.1%的使用过知识分享软件等(见图3-26)。

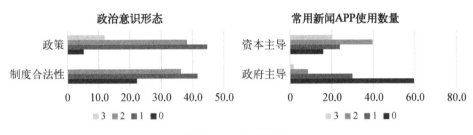

图3-26 变量统计

(二) 回归分析

回归结果如表3-15所示。第一个模型(文化意识形态)解释了新媒体对文化意识形态的影响。该变量是定类变量,故采用多元逻辑回归(MLR,multinomial logistics regression),其参考组是"中西文化融合"。结果表明,和认为中国文化未来的趋势是"中西文化融合"的大学生相比,新媒体文化消费、新媒体使用习惯和人口统计资料三组变量对是否认为"中国文化主导"没有显著影响;同样,三组变量对是否认为"西方文化主导"也没有显著影响。这说明,当代大学生对未来中国文化发展的趋势的认识有非常强的一致性,并不受新媒体和人口统计变量的影响。

"中西文化融合"在大学生中以一种近乎"共识性"的"文化意识形态"存在,这主要源于两方面的原因:一方面是历史原因。鸦片战争后,当时的思想家如魏源主张"师夷之长技以制夷",冯桂芬主张"以中国伦常名教为原本,辅以诸国

表 3 - 15　多元回归结果

	文化意识形态（MLR）		政治意识形态（OLS）		国家意识形态（OLS）	
	中国文化主导	西方文化主导	政治基础	现行政策	中国梦	青春梦
（常量）	4.153(1.427)**	2.689(1.631)*	0.42(0.229)*	1.888(0.231)***	4.443(0.216)***	4.127(0.211)***
新媒体文化消费						
中国港台地区影视节目	-0.712(0.844)	-0.1(0.912)	-0.171(0.145)	0.056(0.147)	-0.5(0.137)***	-0.329(0.134)**
英美影视节目	-0.208(0.454)	-0.715(0.511)	-0.102(0.069)	0.033(0.07)	-0.149(0.065)**	-0.123(0.063)*
日韩影视节目	-0.288(0.597)	-1.216(0.759)	0.039(0.098)	0.011(0.099)	-0.088(0.093)	-0.269(0.091)**
时事政治类	-0.052(0.429)	0.423(0.486)	0.001(0.067)	0.046(0.068)	-0.012(0.064)	0.028(0.062)
新媒体使用渠道						
政府主导新闻 APP 数	-0.161(0.274)	0.114(0.305)	0.039(0.045)	0.081(0.045)*	0.118(0.042)**	0.051(0.041)
资本主导新闻 APP 数	0.051(0.212)	-0.167(0.244)	0.063(0.034)*	0.005(0.034)	0.081(0.032)**	0.072(0.031)**
翻墙软件	-0.067(0.406)	-0.181(0.466)	-0.027(0.064)	0.061(0.065)	-0.094(0.06)	0.026(0.059)
知识分享软件	0.535(0.395)	0.005(0.451)	0.049(0.066)	0.01(0.067)	-0.005(0.062)	0.023(0.061)

续　表

	文化意识形态(MLR)		政治意识形态(OLS)		国家意识形态(OLS)	
	中国文化主导	西方文化主导	政治基础	现行政策	中国梦	青春梦
人口统计资料						
性别(2=女)	-0.39(0.42)	-0.539(0.48)	0.054(0.066)	-0.021(0.067)	-0.04(0.062)	-0.138(0.061)**
学历	-0.327(0.403)	-0.16(0.463)	0.23(0.066)***	-0.129(0.066)*	-0.099(0.062)	-0.052(0.06)
生源地(1=城市)	-0.023(0.464)	-0.194(0.524)	0.091(0.071)	-0.167(0.072)**	0.04(0.067)	0.068(0.066)
共产党员	0.18(0.448)	0.237(0.504)	-0.066(0.069)	0.129(0.07)*	0.139(0.066)**	0.098(0.064)
家庭月收入	0.13(0.165)	0.194(0.188)	0.012(0.025)	-0.011(0.026)	0.041(0.024)*	0.053(0.023)**
境外经历	-0.457(0.453)	-0.482(0.532)	-0.058(0.076)	0.027(0.077)	-0.102(0.072)	0.009(0.07)
模型参数						
F	36.491		(14.610) =1.792***	(14.610) =1.452***	(14.610) =2.942***	(14.610) =2.578***
R Square			0.039	0.032	0.063	0.055
样本数	625		625	625	625	625

注：$*\ p < 0.05$；$**\ p < 0.01$；$***\ p < 0.001$。

富强之术",五四新文化运动以来,几乎所有的西学门类,以及各种各样的思潮、学说、观念都先后传入到了中国。① 近百年来,这种"中学为体,西学为用"的文化主张为"中西文化融合"理念深入人心提供了土壤;另一方面,在全球化、市场化、信息化高速发展的环境下,中国处于网络和移动互联网日益普及,新事物层出不穷的多元化世界;当今世界多样性的文明通过各种媒介的传播为年轻一代提供了非常广阔的选择空间。尤其是互联网使得他们从小接受着国内外各种信息和理念的碰撞,思想意识、价值标准、生活方式呈现多元化;中国处于教育民主意识日益提高、言论高度自由的和谐化社会;当代大学生的生长环境早已不复过去中国对世界的相对封闭,他们无时无刻不在受到全球化的影响,这就造就了他们的"中西文化融合"观。

第二组模型(政治意识形态)解释了新媒体对政治意识形态的影响。该组变量是两个定距变量,故采用最小二乘法(OLS)回归模型。我们发现,在政治基础模型中,新媒体文化消费并没有对政治基础产生影响;资本主导的新闻 APP 使用数量和政治基础正相关,这意味着使用越多的资本主导新闻 APP 的大学生会对中国特色社会主义和马列主义、毛泽东思想的概念产生越深刻的印象;学历是另一个影响政治基础的变量,研究生比本科生对上述两个概念更加深刻,其中的奥秘在于《马克思主义基本原理概论》和《毛泽东思想和中国特色社会主义理论体系概论》是研究生入学的考试科目,② 他们必然对上述两个概念有深刻的印象。在现行政策模型中,新媒体文化消费对现行政策也没有产生显著影响;使用政府主导新闻 APP 数量越多,对现行政策了解得越多,这符合我们的预期,由于政府主导新闻 APP 多是传统媒体,因此对时事政治的报道非常及时;人口统计变量对现行政策有比较大的影响;学历与现行政策呈负相关,本科生比研究生对现行政策关注比较密切;农村生源大学生比城市生源大学生更加关注现行政策,现行政策的实施和落实与升学(高考)、就业有密切的关系,因此本科生和农村生源大学生会对此更加关注;共产党员比非党员更加关注现行政策,这源于学生党支部的组织和管理等。

第三组模型(国家意识形态)解释了新媒体对国家意识形态的影响。该组变量是两个定距变量,故也采用最小二乘法(OLS)回归模型,以中国大陆影视节目

---

① 郑大华.论民国时期西学东渐的特点[J].中州学刊,2002(5):118-123.
② 沈定军.中国特色社会主义理论下的高校大学生思想政治教育工作分析[J].黑龙江教师发展学院学报,2020,39(3):88-90.

为参考组。在"中国梦"模型中,花费最多时间在"中国港台地区影视"节目的大学生,对"中国梦"的信心程度要显著低于花费最多时间在"中国大陆影视节目"的大学生,同样花费大量时间在"英美影视节目"上的大学生对中国梦实现的信心程度也较低;经常使用的新闻 APP 数量越多(无论是政府主导 APP,还是资本主导 APP),大学生对"中国梦"的信心越强;在人口统计变量中,共产党员和家庭月收入高的大学生则对"中国梦"的信心程度越高。在"青春梦"模型中,花费最多的时间在中国港台地区影视、英美影视和日韩影视节目的大学生对"青春梦"的实现信心程度显著低于花费最多时间在观看"中国大陆影视节目"的同学;资本主导新闻 APP 使用数越多对"青春梦"越有信心;人口统计变量中,男性比女性同学对"青春梦"有信心,家庭收入高的大学生比家庭收入低的大学生对"青春梦"更有信心。

五、讨论

当代大学生生长在社会稳定、言论自由、生活相对富裕的时代,同时也是网络信息高速发展、新鲜事物层出不穷的多元化世界。在这种情况下,新媒体的使用对高校的意识形态教育工作带来了巨大的挑战。

首先,新媒体文化消费因素对意识形态的三个层面有不同的影响,新媒体文化消费对文化意识形态和政治意识形态没有显著影响,但它的部分变量对国家意识形态有显著影响。大部分学生的文化消费动机是出于工具型需求,首先是休闲娱乐,其次是语言文化学习,"认同其中价值观"并不是首要目的。同理他们的新闻消费观念也基本类似,大学生最为关注的主题是时事政治类,这种新媒体文化消费习惯,并不会涉及文化意识形态和政治意识形态的内核,所以并不会对此有显著影响。但以欧美国家为首的西方国家和亚洲发达地区进行文化侵袭的时候,极其容易对国家意识形态产生显著影响。尤其是部分大学生长期观看境外影视剧,会被境外的"优越的生活条件"所吸引,并产生"崇洋媚外"的情绪,因此极易对我国的"中国梦"和"青春梦"产生悲观情绪。

其次,新媒体使用渠道没有显著影响文化意识形态,但部分变量对政治意识形态和国家意识形态产生显著影响。新闻 APP 使用数量对政治意识形态有显著影响,政府主导新闻 APP 使用数量越多对现行的政策了解的会越多,资本主导新闻 APP 使用数量越多会对政治基础的概念理解越深刻;新媒体使用渠道显著影响国家意识形态,政府主导新闻 APP 使用数量和资本主导新闻 APP 使用数量越多,大学生对"中国梦"越有信心。资本主导新闻 APP 使用数量越多,大学生对"青春梦"越有信心;新闻 APP 使用数量反映大学生的信息渠道多样性,新闻 APP 使用得越多,说明信息渠道越多,这从另一层面反映当地大学生的视野开阔,反之说明信息闭塞。信息宽范能产生"兼听则明"的效果,会让大学生更加理性地看待问题。出乎我们预期之外的是,知识分享软件的使用、翻墙软件的使用并没有对意识形态教育(文化、政治和国家)产生任何显著影响,与之相对的是境外经历也没有任何显著影响。这进一步说明,在新媒体时代和全球化的语境下,尽管中国有"网络防火墙"的存在,但这层"墙"已经无法对当代大学生的思想和认知产生显著的区隔,无论是否会"翻墙",或者是否有境外经历,或者是否会用知识分享软件,都对当代大学生的(文化、政治和国家)意识形态没有造成显著影响。

　　在信息时代,信息爆炸给整个社会带来巨大的影响和冲击。通过新媒体对文化意识形态,政治意识形态和国家意识形态的回归分析研究,我们初步得出结论:我们目前的意识形态进化已经完成了文化意识形态阶段,处于政治意识形态阶段即将完成、国家意识形态马上成型的阶段。这期间,国家意识形态正在完成对文化意识形态和政治意识形态的全面整合,并即将成熟。中华文明与生俱来的主要特点是:"具有开放性和包容性,能够在开放中吸收异质文明、在包容中消化异质文明、在多元融会中更新自身。"[1]因此中国传统社会意识形态发展的特点为大一统包容式的,在"独尊儒学"的情况下也包容或兼容其他思想(尤其是佛教)。但毋庸置疑的是,近 400 年以来,文明间关系是由其他社会对西方文明的从属所构成的,基督文明消灭了中美洲文明,征服了印度文明、伊斯兰文明和非洲文明,中华文明岌岌可危并置于从属于西方的影响之下。[2] 在这种历史背景下进化而来的"中西文化融合"文化意识形态已经无法满足当代中国国家意识形态发展的需要。与此同时,冷战结束以后,尽管党中央对马克思主义研究一直在加大人、财、力等各方面的投入,但目前的研究往往是学院式的,主要内容脱离实际,实践价值欠缺。[3]

　　目前是我国国家意识形态即将成熟的前期阶段,新媒体使用的影响也集中

① 韩星.中华文明的主要特点[N].人民日报,2016-9-12.
② 萨缪尔·亨廷顿.文明的冲突与世界秩序的重建[M].北京:新华出版社,2002. 多元文明如何良性互动[N].解放日报,2013-8-24(007).
③ 郑永年.再塑意识形态[M].上海:东方出版社,2016.

在这一阶段。这是由于我国国家意识形态还没有完全成熟,相关理论也不完全健全,国家意识形态对文化意识形态和政治意识形态的整合还没有完成,因此非常容易受到外来文化因素的影响。如我们发现,相比观看中国大陆影视节目,花费更多时间观看中国港台地区影视、英美影视节目将会对"中国梦"带来显著的负面影响;观看中国港台地区影视、英美和日韩影视节目会给"青春梦"带来显著的负面影响。相比欧美经济发达的社会,中国目前还是发展中国家,毫无疑问,人民的生活水平仍低于欧美发达社会,因此长期观看中国港台地区影视、英美和日韩影视节目非常容易对"中国梦"和"青春梦"产生消极情绪。

因此构建成熟的国家意识形态,同时进一步完善政治意识形态和文化意识形态是当务之急。在这种情况下,我们建议:

第一,加速构建国家意识形态,进一步在大学生中培养大国国民心态。大国国民需要拥有健康的心态,包括自尊自爱、开放自信、理性平和和宽容务实;不健康的国民心态则是自卑自弃、封闭保守、冲动斗狠、狭隘浮躁等。由于民族兴衰、国运沉浮,鸦片战争的战败国经历和近百年来边缘化的灰色记忆,造就了大多数中国人集体无意识的"弱国心态"。① 这种心态造成两种极端的文化倾向,第一种是文化自卑,表现为过度自卑,唯西方文化马首是瞻等;第二种是文化自负,表现为盲目自大,动辄以"地大物博和历史悠久""老子天下第一"自居的"狭隘民族主义"。② 尽管90后的"弱国阴影"已经比较薄弱,而且绝大部分90后大学生爱国心较强,充满自信。但在西方文化的无形渗透下,也有部分学生崇尚西方的生活方式,对中国文化自信力不够、自信心不足。比如在调查中,约有5%的学生认为西方文化将主导中国文化未来的发展方向,同时也有部分学生在对待自身文化态度上产生自满自足和妄自尊大的"天朝"意识和"中央之国"情结。2013年8月19日,习近平总书记在全国宣传思想工作会议上强调"中华民族创造了源远流长的中华文化,中华民族也一定能够创造出中华文化新的辉煌。独特的文化传统,独特的历史命运,独特的基本国情,注定了我们必然要走适合自己特点的发展道路。对我国传统文化,对国外的东西,要坚持古为今用、洋为中用,去

---

① 曹林.奥运锻造大国国民[J].作文成功之路(初中版),2008(4):50.
② 云杉.关于文化自觉(下)[J].党政论坛(干部文摘),2011(3):1. 云杉.关于文化自觉(上)[J].党政论坛(干部文摘),2011(2):1. 云杉.文化自觉 文化自信 文化自强——对繁荣发展中国特色社会主义文化的思考(下)[J].红旗文稿,2010(17):4-9+1. 云杉.文化自觉 文化自信 文化自强——对繁荣发展中国特色社会主义文化的思考(中)[J].红旗文稿,2010(16):4-8. 云杉.文化自觉 文化自信 文化自强——对繁荣发展中国特色社会主义文化的思考(上)[J].红旗文稿,2010(15):4-8.

粗取精、去伪存真,经过科学的扬弃后使之为我所用"。① 在经济全球化以及文化普遍交往和碰撞的时代,我们既要克服"文化自卑"的心态也要克服"文化自负"的心态,只有坚定地确立"文化自信"的信心,才能持有开放的姿态对待文化多元化的浪潮,从容地面对西方文化带来的冲击和挑战,并在全球化浪潮中不断扩大中华文化在全球范围内的传播和影响。②

第二,升华政治意识形态。高校思政教育在理论深度上要根植于中国特色哲学社会科学体系,在教学广度上要利用中国特色哲学社会科学体系理论来解释国内和国际的政治、经济和文化等现象。高校思政教育不应局限于马克思主义学院独立学科梯队的研究,而应纳入更宽广的学术视野,引入其他学科的理论创新,关注当代中国的社会实践,建设具有普适性的中国特色哲学社会科学体系,不仅为国内问题(现代国家治理体系、中国模式、经济结构转型等)提供理论分析的框架,而且也需要为复杂多变的国际局势(移民影响下的欧洲剧变、美国的保守主义崛起、中东的地缘冲突)提供解释依据,从而成为西方相关理论体系的有力竞争者。在教学层面上,高校思政教育需要不断地提升其广度,不应将自己局限在学科建设层面上。高校思想政治教育应该回归到:① 对当代大学生的人格、品德、专业性知识等多方面的综合性、系统性和全面性培养;② 在马克思主义、毛泽东思想和邓小平理论等意识形态的深度教育基础上,提升到哲学层面,及具有普适意义的中国特色哲学社会科学体系广度教育上;③ 以此为基础,培养他们树立文化自信,能够娴熟地应用相关理论来分析国内和国际的政治局势、经济现象、文化现象等。

第三,纠偏文化意识形态。在高校内建立传统文化的养成平台,"构建中华优秀传统文化传承体系,实现传统文化创造性转化和创新性发展",树立中国传统文化主导中国未来文化发展的文化自信心,并实现中华民族伟大复兴。③ 比如在高校构建传统文化的养成平台,可以整合高校的研究资源,如囊括高校的艺术、文化和语言的学院和研究单位,组织师资力量进行"中华优秀传统文化传承体系,实现传统文化创造性转化和创新性发展"等研究;整合社会或民间艺术团

---

① 习近平论中国传统文化——十八大以来重要论述选编[EB/OL]. 2014 - 2 - 28, http://news. xinhuanet.com/politics/2014 - 02/28/c_126206419.htm.
② 杜振吉.文化自卑、文化自负与文化自信[J].道德与文明,2011(4): 18 - 23.
③ 十三五规划纲要(全文)[EB/OL]. 2016 - 3 - 18, http://sh.xinhuanet.com/2016 - 03/18/c_ 135200400.htm. 刘仓.习近平论中华优秀传统文化的当代价值[J].高校马克思主义理论研究,2015,1(1): 78 - 86.

体(如黄梅剧团),吸引社会或民间艺术团体进校园。通过剧场、讲座等多种形式在高校中推广传统文化。同时,按照当代青年的文化需求,对传统文化艺术进行现代化改造,实现传统文化创造性转化和创新性发展;整合学生社团组织资源(如相声、戏曲协会等),让其成为优秀传统文化的大学普及基地,通过和学生社团组织合作,面向在校大学生(包括国内学生和留学生)"开展优秀传统文化普及活动并纳入国民教育"。整合上述三个资源,推陈出新,开发面向青年的优秀传统文化产品,并筛选出优秀产品在国际和国内利用网络平台传播和推广。

第四章
京沪青年文化观研究

　　党的十八大以来，以习近平同志为核心的党中央高度重视青年发展和科学理论对青年理想信念教育的引领作用。2017年2月，中共中央、国务院印发《关于加强和改进新形势下高校思想政治工作的意见》指出："把理想信念教育放在首位，切实抓好马克思列宁主义、毛泽东思想学习教育，广泛开展中国特色社会主义理论体系学习教育，深入学习习近平总书记系列重要讲话精神，引导师生深刻领会党中央治国理政新理念新思路新战略，坚定中国特色社会主义道路自信、理论自信、制度自信、文化自信。"①4月，中共中央和国务院印发《中长期青年发展规划(2016—2025年)》指出："青年是国家的未来、民族的希望。青年兴则民族兴，青年强则国家强。促进青年更好成长、更快发展，是国家的基础性、战略性工程。"②10月18日，习近平总书记在中国共产党第十九次全国代表大会上作报告《决胜全面建成小康社会夺取新时代中国特色社会主义伟大胜利》中指出"中国特色社会主义进入了新时代"，并勉励新时代广大青年："青年兴则国家兴，青年强则国家强。青年一代有理想、有本领、有担当，国家就有前途，民族就有希望。中国梦是历史的、现实的，也是未来的；是我们这一代的，更是青年一代的。中华民族伟大复兴的中国梦终将在一代代青年的接力奋斗中变为现实。全党要关心和爱护青年，为他们实现人生出彩搭建舞台。广大青年要坚定理想信念，志

---

① 中共中央 国务院印发《关于加强和改进新形势下高校思想政治工作的意见》[EB/OL]. 2017-2-27，http://www.xinhuanet.com/politics/2017-02/27/c_1120538762.htm.
② 中共中央 国务院印发《中长期青年发展规划(2016—2025年)》[EB/OL]. 2017-4-13，http://www.gov.cn/zhengce/2017-04/13/content_5185555.htm#allContent.

存高远，脚踏实地，勇做时代的弄潮儿，在实现中国梦的生动实践中放飞青春梦想，在为人民利益的不懈奋斗中书写人生华章！"①

　　新时代面临"百年未有之大变局"。② 2017 年 12 月 28 日，习近平主席在接见驻外使节工作会议与会使节时的重要讲话中首次指出"放眼世界，我们面对的是百年未有之大变局。"③2018 年 6 月 22 日至 23 日召开的中央外事工作会议上，习近平总书记再次指出"当前，我国处于近代以来最好的发展时期，世界处于百年未有之大变局，两者同步交织、相互激荡。"④随着时任美国总统唐纳德·特朗普（Donald Trump）一手挑起对华贸易战，我国所面临的国际环境已经发生了深刻的变化。2018 年 3 月 22 日美国总统特朗普签署总统备忘录，依据"301 调查"结果，对从中国进口的商品大规模征收关税，并限制中国企业对美投资并购，此后先后三轮对中国约 3 600 亿美元商品加征高额关税。⑤ 中美贸易战的本质是美国为达到其围堵和扼制中国的崛起的目的，在挑起贸易战的同时，已在政治、经济、军事和文化上对中国进行了全面施压、围堵和遏制。⑥ "中国特色社会主义不断取得的重大成就，意味着近代以来久经磨难的中华民族实现了从站起来、富起来到强起来的历史性飞跃。"⑦"习近平新时代中国特色社会主义思想"是"强起来"的行动指南。⑧ 青年是中华民族伟大复兴的关键之所在，国家的需要与时代的诉求都在呼唤青年的担当，引领社会风气之先。基于此，本研究旨在从传统价值观、国家认同和世界观三方面管窥新时代中国青年文化观。

---

① 习近平：决胜全面建成小康社会 夺取新时代中国特色社会主义伟大胜利——在中国共产党第十九次全国代表大会上的报告[EB/OL]. 2017 - 10 - 27，http://www.gov.cn/zhuanti/2017 - 10/27/content_5234876.htm.

② 百年未有之大变局，总书记这些重要论述振聋发聩. 2021 - 8 - 27. http://www.qstheory.cn/zhuanqu/2021 - 08/27/c_1127801606.htm.

③ 放眼世界，我们面对的是百年未有之大变局. http://zqb.cyol.com/html/2017 - 12/29/nw.D110000zgqnb_20171229_1 - 01.htm.

④ 坚持以新时代中国特色社会主义外交思想为指导 努力开创中国特色大国外交新局面[J].紫光阁，2018 (7)：8 - 9. 坚持以新时代中国特色社会主义外交思想为指导 努力开创中国特色大国外交新局面[J].党史纵横.2018(7)：1.

⑤ 人民日报钟声：奉劝美方悬崖勒马！[EB/OL]. 2018 - 3 - 24，https://baijiahao.baidu.com/s? id=15957704324488828132&-wfr=spider&for=pc. 中国这 4 个问题，美国敢回答吗？当着全球的面，王毅火力全开[EB/OL]. 2022 - 9 - 30，https://www.163.com/dy/article/HIHCK42E0534NAOU.html.

⑥ 陈继勇.中美贸易战的背景、原因、本质及中国对策[J].武汉大学学报（哲学社会科学版），2018，71(5)：72 - 81.

⑦ 近平在省部级主要领导干部"学习习近平总书记重要讲话精神，迎接党的十九大"专题研讨班开班式上发表重要讲话[EB/OL]. 2017 - 7 - 27，http://www.gov.cn/xinwen/2017 - 07/27/content_5213859.htm.

⑧ 陈远章."强起来"的战略思考[J].前线.2017(12)：159 - 160. 潘维.中国新时代与百年未有之大变局[J].经济导刊.2020(11)：46 - 47.

第一节　京沪青年文化观测量量表

一、京沪青年文化观测量量表

京沪青年文化观测量量表主要源自国际学术界比较成熟的问题,与此同时研究团队也独立研发部分问题作为补充。量表为三级量表,如表4-1所示。

第一,传统价值观包括"社会信任"和"传统价值观"两部分。前者包括4个问题,它们源自或者改编自全球风向标(Global Barometer Surveys)的全球调查问卷。[①] 后者包括8个问题,来自"亚洲风向标"。[②]

第二,国家认同包括"对中国评价"和"国家认同"。前者包括6个问题,源自或改编自研究团队2009年9月启动的"中国国家形象全球调查大型实证科学研究"问卷。[③] 而后者包括4个问题,源自中国社会状况综合调查。[④]

第三,世界观方面包括"对外国好感度评价""对美国评价"和"对中美脱钩的评价"三部分。前两组问题均源自或改编自"中国国家形象全球调查大型实证科学研究",[⑤]最后一组问题为研究团队独立开发。

表4-1　京沪青年文化观测量量表

一级量表	二级量表	三　级　量　表
1. 传统价值观	1.1　社会信任	B3a. 媒体
		B3b. 高等院校
		B3c. 公立医院
		B3d. NGO

① Global Barometer Surveys [EB/OL]. https://www.globalbarometer.net/.
② Core Questionnaire [EB/OL]. http://www.asianbarometer.org/data/core-questionnaire.
③ 刘康.美国人如何看中国——《美国人眼中的中国实证调研》之一[J].对外传播,2011(8):43-44.
④ 李炜.近十年来中国公众社会公平评价的特征分析[J].山东大学学报(哲学社会科学版),2016(6):3-14.蒋叶莎,罗教讲.政治资本与政府信任——基于2013年中国社会状况综合调查的实证分析[J].广州大学学报(社会科学版),2016,15(10):77-83.
⑤ 刘康.党派、媒体、教育对塑造中国形象的作用——《美国人眼中的中国实证调研》之二[J].对外传播,2011(9):40-41.

一级量表	二级量表	三　级　量　表
1. 传统价值观	1.2 传统价值观	B4a. 我们国家就像一台大机器,个人只是其中的小齿轮,没有独立的身份和地位
		B4b. 一般来说,个人利益要让位于集体利益
		B4c. 个人利益应当为了国家利益而牺牲
		B4d. 为了家庭的利益,个人应该把自己的利益放在第二位
		B4e. 即使父母的要求不合理,子女仍应按照父母的要求去做
		B4f. 当婆婆和儿媳妇有矛盾时,即使是婆婆一方错,丈夫还是应该劝说妻子顺从婆婆
		B4g. 学生不应该挑战老师的权威
		B4h. 如果产生了冲突或矛盾,我们应该让长者来主持正义
2. 国家认同	2.1 对中国评价	A1a. 您如何评价中国当前的经济状况
		A1b. 您如何评价中国未来的经济状况
		B1a. 中国经济具有国际竞争力
		B1b. 中国有丰富的文化遗产
		B1c. 中国有吸引人的流行文化
		B1d. 中国有强劲的科技创新能力
	2.2 国家认同	B2a. 当别人批评中国人的时候,我觉得像在批评自己
		B2b. 我经常为国家取得的成就而感到自豪
		B2c. 如果有下辈子,我还是愿意做中国人
		B2d. 不管中国发生什么事情,即使有机会离开,我也会留在中国
3. 世界观	3.1 对外国好感度评价	C1a. 美国
		C1b. 英国
		C1c. 法国
		C1d. 俄罗斯
		C1e. 日本

一级量表	二级量表	三 级 量 表
3. 世界观	3.2 对美国评价	C3a. 美国经济具有国际竞争力
		C3b. 美国有丰富的文化遗产
		C3c. 美国有吸引人的流行文化
		C1d. 美国有满足其公众需求的政治制度
		C3e. 美国有强大的军事实力
		C3f. 美国有强劲的科技创新能力
		C3g. 美国奉行和平外交政策
		C3h. 美国在世界政治中具有影响力
	3.3 对中美脱钩的评价	C4a. 中美经济脱钩
		C4b. 中美文化排斥
		C4c. 中美科技隔绝

二、调查情况

上海交通大学于 2020 年 5 月 8 日—5 月 21 日委托问卷星针对北京、上海青年(18—30 岁)开展"中国青年国家认同和价值观调查研究",回收有效样本 1 049 份(北京 526 份,上海 523 份),其中男生 47.7%,女性 52.3%;汉族 95%,少数民族 5%;农村出生 30.6%,城市出生 69.4%;有 32.8%有境外经历,67.2%没有境外经历。专科生 15.4%,本科生 71.5%,研究生 13.1%;家庭月收入在 4 999 元以下 9.5%、5 000—9 999 元 27.5%、10 000—14 999 元 24.1%、15 000—19 999 元 18.9%、20 000—24 999 元 11.7%、25 000 元及以上 8.3%。此外,他们日常关注的信息内容依次是"时事政治类"(34.4%)、"生活服务类"(24.7%)、"娱乐八卦类"(22.3%)和"文化艺术类"(16.5%)。

京沪大学生的媒体使用以社交媒体为主。面对"您每天在下列媒体上花费多少时间?"的问题,85.5%的大学生会花费"1 小时以上"在"社交媒体(如微博、知乎、哔哩哔哩、抖音等)"(13.9%的大学生花费"不到 1 小时",仅 0.6%"从不")。紧随其后的依次是:"传统主流媒体(包括央视、各地方党报和其网站等)"

(7.9％"从不",61.5％"不到 1 小时",30.6％"1 小时以上")；"资讯平台(如今日头条等)"(20.9％"从不",47.2％"不到 1 小时",31.9％"1 小时以上")；"网络媒体(包括门户网站,如新浪、网易；专业网站,如财新网、澎湃新闻等)"(14.8％"从不",50.9％"不到 1 小时",34.3％"1 小时以上")；"境外媒体(如 BBC、CNN、Twitter、Facebook 等)"(51.6％"从不",36.6％"不到 1 小时",11.8％"1 小时以上")(见图 4－1)。

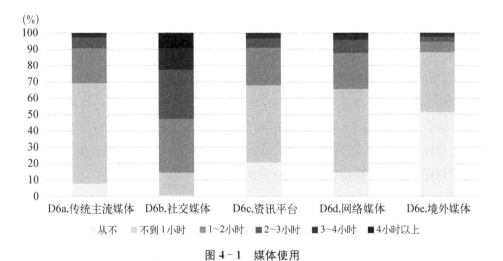

图 4－1 媒体使用

他们最常使用的社交类媒体软件依次为微信(95.5％)、微博(63.7％)、QQ(62.8％)、短视频(如抖音、快手)(58.4％)、知乎(51％)、直播平台(19.5％)、豆瓣(17.8％)、脸书和推特(8.2％)等(见图 4－2)。

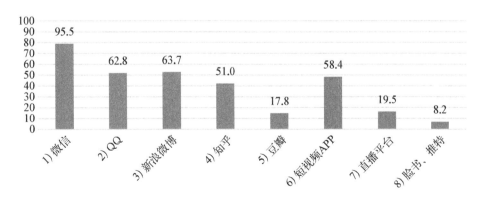

图 4－2 社交类媒体软件使用

第二节　京沪大学生的传统价值观

一、京沪大学生的社会信任

我们通过四个问题来测量京沪大学生的社会信任,包括媒体信任、高等院校信任、公立医院信任和非营利组织(NGO)信任,问题设置为:"针对以下机构,请问您对他们的信任程度"。调查结果显示京沪大学生对媒体的信任度较低。他们对媒体的信任程度仅为25.4%(非常信任4.0%,比较信任21.4%),而48.2%保持"中立",26.4%表示"不信任"。对于高等院校,他们的信任程度达到了74.6%(非常信任16.8%,比较信任57.9%),对公立医院的信任程度为80.8%(非常信任24.2%,比较信任56.6%)。对NGO的信任度也比较低,仅为33.6%(非常信任4.3%,比较信任29.3%)(见图4-3)。

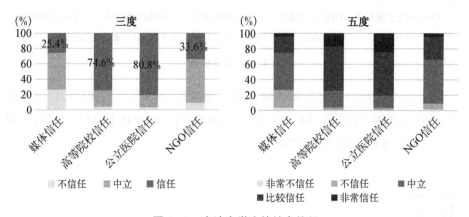

图4-3　京沪大学生的社会信任

为了进一步了解京沪大学生对"社会信任"认知不同的影响因素,我们以上述四个变量为因变量,以媒体使用、媒体接触等为自变量,以人口统计因素为控制变量进行回归分析(见表4-2)。

第一,在模型"媒体信任"中。就媒介接触变量而言,经常阅读"生活服务类"和"媒体信任"正相关;经常使用"传统主流媒体""资讯平台""网络媒体"与"媒体信任"呈现显著的正相关关系,但经常使用"社交媒体"则与"媒体信任"负相关;

表 4 - 2　社会信任回归分析

	媒体信任	高等院校信任	公立医院信任	NGO 信任
（常量）	2.04(0.48)***	3.93(0.43)***	3.62(0.43)***	3.14(0.42)***
时事政治类	0.1(0.07)	0.05(0.07)	0.07(0.07)	0.03(0.07)
生活服务类	0.2(0.08)**	0.17(0.07)*	0.07(0.07)	0.08(0.07)
娱乐八卦类	0.13(0.08)	0.1(0.07)	0.02(0.07)	0.12(0.07)
传统主流媒体	0.15(0.03)***	0.1(0.03)**	0.04(0.03)	0.04(0.03)
社交媒体	−0.07(0.02)**	0(0.02)	0.03(0.02)	0(0.02)
资讯平台	0.14(0.03)***	0.01(0.03)	−0.04(0.03)	−0.03(0.03)
网络媒体	0.07(0.03)*	0.04(0.03)	0.08(0.03)**	0.07(0.03)**
境外媒体	0.03(0.03)	−0.09(0.03)**	−0.04(0.03)	0.13(0.03)***
境外经历	−0.1(0.06)+	−0.05(0.05)	−0.09(0.05)+	0.07(0.05)
年龄	0.01(0.02)	−0.03(0.02)	−0.01(0.02)	−0.02(0.02)
男性	0.07(0.05)	0.12(0.05)*	−0.01(0.05)	0.01(0.05)
学历	−0.01(0.07)	0.13(0.07)*	0.06(0.07)	0.03(0.07)
城市出生	−0.05(0.06)	−0.07(0.05)	0.05(0.05)	−0.04(0.05)
家庭收入（月）	0.03(0.02)	0.05(0.02)**	0.05(0.02)**	−0.01(0.02)
R	0.345	0.201	0.158	0.234
N（样本数）	1 048	1 048	1 048	1 048

注：$+ p < 0.1$；$* p < 0.05$；$** p < 0.01$；$*** p < 0.001$。

有"境外经历"的大学生的"媒体信任"显著低于没有"境外经历"的大学生。人口统计变量则与"媒体信任"无显著相关关系。

第二，在模型"高等院校信任"中。就媒介接触变量而言，经常阅读"时事政治类"与"高等院校信任"正相关；经常使用"传统主流媒体"与"高等院校信任"有正相关关系,但"境外经历"与"高等院校信任"有显著负相关关系。就人口统计变量而言,男性对"高等院校信任"显著高于女性;学历和家庭收入与"高等院校信任"显著正相关。

第三,在模型"公立医院信任"中。就媒介接触变量而言,经常使用"网络媒体"与公立医院信任"有显著正相关关系,但"境外经历"与"公立医院信任"有显著负相关关系。就人口统计变量而言,"家庭收入"与"公立医院信任"显著正相关。

第四,在模型"NGO 信任"中。就媒介接触变量而言,经常使用"网络媒体"和"境外媒体"与"NGO 信任"有显著正相关关系。其他变量的影响不显著。

通过上述四个回归分析,我们可以发现,媒介接触对京沪大学生的"社会信任"有一定的影响。① "媒体内容"对京沪大学生的"社会信任"影响相对比较有限。以其他类型的新闻内容为基准,经常阅读"生活服务类"会显著增强大学生对"媒体""高等院校"的信任。② "媒介使用"对京沪大学生的"社会信任"影响则比较显著。经常使用"传统主流媒体"会显著增强京沪大学生对"媒体""高等院校"的信任。经常使用"资讯平台"会显著增强京沪大学生对"媒体"的信任,而经常使用"社交媒体"则会显著减少其对"媒体"的信任。经常使用"网络媒体"会显著增强京沪大学生对"公立医院""NGO"的信任。经常使用"境外媒体"会显著减少京沪大学生对"高等院校"的信任,但会显著提升对"NGO"的信任。境外经历会显著减少京沪大学生对"媒体"和"公立医院"的信任。③ 人口统计变量对"社会信任"的影响比较有限。

二、京沪大学生的中国传统价值观

我们对京沪大学生设计了一组中国传统价值观的问题,一共包括五个问题,问题采用 4 度李克特量表提问。① 频次分析显示京沪大学生对"B4d. 为了家庭的利益,个人应该把自己的利益放在第二位"的赞同率较高,有 76.9% 的京沪大学生表示赞同(非常同意的比例为 22.7%,比较同意的比例为 54.2%),而不

---

① 韩瑞霞,曹永荣,徐剑,刘康,吕杰,约翰·奥垂治.差异中的同一:中美文化价值观比较——基于一项对美国民众的大型国际调研[J].上海交通大学学报(哲学社会科学版),2011,19(6):49-55. 刘康.国家形象塑造:讲外国人听得懂的话[J].人民论坛·学术前沿,2012(7):24-33. 韩瑞霞,徐剑,曹永荣,刘康,吕杰,约翰·奥垂治.美国人对中国传统文化价值观认同度影响因素分析——基于一项对美国民众的国际调研[J].上海交通大学学报(哲学社会科学版),2013,21(1):52-58.

赞同率为 23.1%（非常不同意的比例为 2.6%，比较不同意的比例为 20.5%）（见图 4-4）。

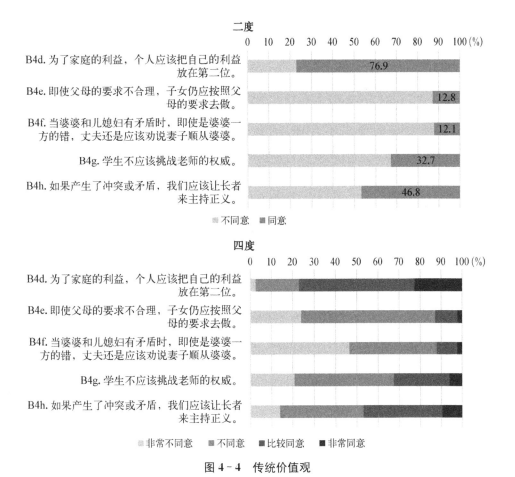

图 4-4　传统价值观

多数京沪大学生依然将家庭利益（76.9%）置于"个人利益"之上。然而，他们对"B4h. 如果产生了冲突或矛盾，我们应该让长者来主持正义"的赞同率为 46.8%（非常同意的比例为 9.5%，比较同意的比例为 37.3%），不赞同率为 53.2%（非常不同意的比例为 14%，比较不同意的比例为 39.2%）；他们对 "B4g. 学生不应该挑战老师的权威"的赞同率为 32.7%（非常同意的比例为 6%，比较同意的比例为 26.7%），不赞同率为 67.3%（非常不同意的比例为 20.9%，比较不同意的比例为 46.4%）；他们对"B4e. 即使父母的要求不合理，子女仍应按照父母的要求去做"的赞同率为 12.8%（非常同意的比例为 2.1%，比较同意的比例为 10.7％),不赞同率为 87.2％(非常不同意的比例为 23.9％,比较不同意的比例为 63.3％);他们对"B4f. 当婆婆和儿媳妇有矛盾时,即使是婆婆一方的错,丈夫还是应该劝说妻子顺从婆婆"的赞同率为 12.1％(非常同意的比例为 9.9％,比较同意的比例为 2.2％),不赞同率为 87.9％(非常不同意的比例为 46.6％,比较不同意的比例为 41.3％)(见图 4-4)。

由此可以发现,传统的、简单的遵从父母和家长的观念已经几乎被当代青年抛弃(遵从父母、遵从婆婆),仅有一成(12％左右)的京沪大学生认同"B4e. 即使父母的要求不合理,子女仍应按照父母的要求去做"。以及"B4f. 当婆婆和儿媳妇有矛盾时,即使是婆婆一方的错,丈夫还是应该劝说妻子顺从婆婆"。

为了进一步了解媒介接触等因素对京沪大学生传统价值观的影响,我们以上述五个变量为因变量,以媒体接触等为自变量,以人口统计因素等为控制变量进行回归分析(见表 4-3)。

第一,在模型"家庭利益"("B4d. 为了家庭的利益,个人应该把自己的利益放在第二位")中。就媒介接触变量而言,"媒体信任"与"家庭利益"正相关,对媒体信任度高的大学生,更加愿意为了家庭的利益而牺牲个人利益,经常使用"社交媒体"和"境外媒体"则与"家庭利益"呈现显著的负相关关系。就人口统计变量而言,男性比女性更加重视"家庭利益",男性显著比女性更加愿意为了家庭的利益,而牺牲个人利益,"学历"与"家庭利益"呈现显著负相关关系,而"家庭月收入"和"家庭利益"呈现正相关关系。

第二,在模型"遵从父母"("B4e. 即使父母的要求不合理,子女仍应按照父母的要求去做")中。就媒介接触变量而言,经常阅读"时事政治类"资讯与"遵从父母"负相关,"媒体信任"与"遵从父母"正相关,经常使用"传统主流媒体""资讯平台""境外媒体"均与"遵从父母"有正相关关系。就人口统计变量而言,男性比女性对"遵从父母"的支持率更高。

第三,在模型"遵从婆婆"("B4f. 当婆婆和儿媳妇有矛盾时,即使是婆婆一方的错,丈夫还是应该劝说妻子顺从婆婆")中。就媒介接触变量而言,经常阅读"娱乐八卦类"新闻与"遵从婆婆"呈现负相关关系,"媒体信任"与"遵从婆婆"正相关,经常使用"资讯平台""境外媒体"均与"遵从婆婆"有正相关关系。就人口统计变量而言,男性比女性对"遵从婆婆"的支持率更高,"学历"则与"遵从婆婆"呈现显著负相关关系,学历越高则"遵从婆婆"的意愿越低。

表4-3　传统价值观回归分析

	家庭利益	遵从父母	遵从婆婆	遵从老师	遵从长辈	传统价值观
（常量）	2.73(0.42)***	1.48(0.37)***	0.75(0.41)+	1.14(0.47)*	1.53(0.48)***	7.62(1.36)***
时事政治类	0.1(0.07)	-0.1(0.06)+	-0.09(0.06)	0.04(0.07)	0.03(0.07)	0(0.21)
生活服务类	0.09(0.07)	0.09(0.06)	-0.01(0.07)	0.21(0.08)**	0.13(0.08)+	0.51(0.22)
娱乐八卦类	0.07(0.07)	-0.02(0.06)	-0.13(0.07)+	0.06(0.08)	-0.04(0.08)	-0.05(0.23)
媒体信任	0.12(0.03)***	0.09(0.02)***	0.13(0.03)***	0.1(0.03)**	0.11(0.03)***	0.55(0.09)***
传统主流媒体	0.01(0.03)	0.09(0.03)***	0.04(0.03)	0.1(0.03)**	0.08(0.03)*	0.33(0.1)***
社交媒体	-0.05(0.02)**	-0.02(0.02)	-0.03(0.02)	0.01(0.02)	-0.05(0.02)*	-0.14(0.06)*
资讯平台	0.03(0.03)	0.05(0.02)+	0.07(0.03)*	0.04(0.03)	0.06(0.03)+	0.24(0.09)**
网络媒体	0.03(0.03)	0(0.02)	0.02(0.03)	0.01(0.03)	0.03(0.03)	0.09(0.08)
境外媒体	-0.06(0.03)+	0.05(0.02)*	0.09(0.03)***	-0.01(0.03)	0.03(0.03)	0.1(0.09)
境外经历	-0.01(0.05)	0(0.05)	-0.05(0.05)	-0.04(0.06)	-0.02(0.06)	-0.11(0.17)
年龄	0.01(0.02)	-0.01(0.02)	0.02(0.02)	0.04(0.02)+	0.03(0.02)	0.1(0.07)
男性	0.15(0.05)***	0.1(0.04)*	0.22(0.05)***	-0.03(0.05)	0.08(0.05)	0.52(0.15)***
学历	-0.18(0.06)**	-0.01(0.06)	-0.11(0.06)+	-0.26(0.07)***	-0.18(0.07)**	-0.75(0.21)***
城市出生	0(0.05)	-0.04(0.05)	-0.07(0.05)	-0.2(0.06)***	-0.2(0.07)**	-0.51(0.17)**
家庭收入(月)	0.03(0.02)+	-0.01(0.02)	0.01(0.02)	0(0.02)	-0.02(0.02)	0.02(0.06)
R	0.280	0.306	0.369	0.298	0.323	0.426
N(样本数)	1 048	1 048	1 048	1 048	1 048	1 048

注：+ $p < 0.1$；* $p < 0.05$；** $p < 0.01$；*** $p < 0.001$。

第四,在模型"遵从老师"("B4g. 学生不应该挑战老师的权威")中。就媒介接触变量而言,经常阅读"生活服务类"新闻与"遵从老师"有显著正相关关系,"媒体信任"与"遵从老师"显著正相关,经常使用"传统主流媒体"与"遵从老师"也有显著正相关关系。就人口统计变量而言,年龄与"遵从老师"有显著正相关关系,"城市出生""学历"则与"遵从老师"有显著负相关关系。

第五,在模型"遵从长辈"("B4h. 如果产生了冲突或矛盾,我们应该让长者来主持正义")中。就媒介接触变量而言,经常阅读"生活服务类"新闻与"遵从长辈",呈现显著正相关关系,"媒体信任"与"遵从长辈"显著正相关,经常使用"传统主流媒体"与"遵从长辈"有显著正相关关系,而经常使用"社交媒体"则与"遵从长辈"有显著负相关关系。就人口统计变量而言,"学历""城市出生"与"遵从长辈"有显著负相关关系。

将上述五个变量加总构建"传统价值观"变量。总分为 20 分,其均值为 11.2,最高值为 19,最低值为 5。整体而言,京沪大学生的传统价值观呈现正态分布(见图4-5)。

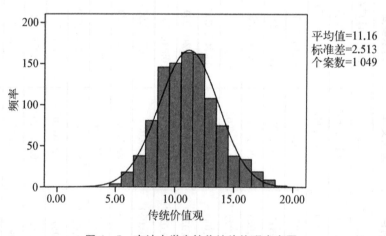

图4-5　京沪大学生的传统价值观直方图

将"传统价值观"作为因变量,其他变量保持不变,进行回归分析。就媒介接触变量而言,"媒体信任"与京沪大学生的"传统价值观"有显著正相关。经常使用"传统主流媒体""资讯平台"与"传统价值观"有显著正相关关系,而经常使用"社交媒体"则与"传统价值观"有显著负相关关系。就人口统计变量而言,男生比女生更重视"传统价值观","农村出生"比"城市出生"更重视"传统价值观",学历与"传统价值观"有显著负相关关系,低学历大学生比低学历大学生更重视"传统价值观"。

通过上述六个回归分析,我们可以发现,媒介接触对京沪大学生的传统价值观有显著影响。① "媒体信任"与京沪大学生的"传统价值观"和其五个维度均有显著的正相关关系,表现非常稳健。② "媒体内容"对京沪大学生的"传统价值观"的影响相对比较有限,以其他类型的新闻内容为基准,"时事政治类"与"遵从父母"显著正相关;"生活服务类"与"遵从老师"和"遵从长辈"显著正相关;"娱乐八卦类"与"遵从婆婆"显著负相关。③ "媒介使用"对京沪大学生的"传统价值观"影响则比较显著。"传统主流媒体"分别对"传统价值观"和其三个维度(遵从父母、遵从老师、遵从长辈)有显著的正相关关系;"社交媒体"则与传统价值观和其两个维度(家庭利益、遵从长辈)有显著的负相关关系;"资讯平台"分别与"传统价值观"和其两个维度(遵从父母、遵从长辈)有显著的正相关关系;"境外媒体"则与"家庭利益"有显著的负相关关系,但和其他两个维度(遵从父母、遵从婆婆)有显著的正相关关系。就人口统计变量而言,"年龄"与"遵从老师"有显著正相关关系;男性在"传统价值观"和其三个维度(家庭利益、遵从父母、遵从婆婆)方面显著高于女性;学历与"传统价值观"有显著负相关关系,包括"传统价值观"和四个维度(家庭利益、遵从婆婆、遵从老师、遵从长辈);城市出生大学生的"传统价值观"要显著低于农村出生的大学生,包括"传统价值观"和三个维度(遵从老师、遵从长辈);"家庭收入"和"家庭利益"有显著正相关关系。

第三节　京沪大学生的国家认同

一、京沪大学生的中国评价

2020 年 4 月 17 日,国务院新闻办公室就 2020 年一季度国民经济运行情况举行新闻发布会中表示:"在以习近平同志为核心的党中央坚强领导下,各地区各部门认真贯彻落实党中央、国务院决策部署,全国上下统筹推进疫情防控和经济社会发展各项工作,疫情防控形势持续向好,我国本土疫情传播基本阻断,复工复产加快推进,关系国计民生的基础行业和重要产品稳定增长,基本民生得到较好保障,经济社会发展大局稳定。"经过初步核算"一季度国内生产总值

206 504亿元,按可比价格计算,同比下降6.8%"。① 基于此,我们调查了京沪大学生对中国经济发展的现状和未来发展的信心。

　　调查显示,57.3%的京沪大学生认为中国当前的经济状况"好",34.5%认为"一般",仅8.2%认为"差"。谈到"中国未来的经济状况",85%认为"好",11.2%认为"一般",仅3.7%认为"差"。由此可见,京沪大学生对中国当时的经济状况有一定认识,对当时我国经济发展的困难有一定的认知,如仅5.1%认为"中国当前的经济状况"非常好,半数认为"比较好"(52.2%)。但对中国未来的经济发展前景几乎都持有比较乐观的态度,如40.5%认为"中国未来的经济状况"非常好,44.5%表示"中国未来的经济状况"比较好。

　　具体到对中国的评价,京沪大学生对中国有较高的评价。我们从四个方面调查了京沪大学生对中国的评价。96.3%的京沪大学生认为"B1b. 中国有丰富的文化遗产"(非常同意的比例为78.2%,比较同意的比例为18.1%),3.1%表示"中立",仅0.6%认为该陈述"不符合"。92.0%的京沪大学生认为"B1a. 中国经济具有国际竞争力"(非常同意的比例为36.9%,比较同意的比例为55.1%),7.1%表示"中立",而仅1.0%认为该陈述"不符合"。79.2%的京沪大学生认为"B1d. 中国有强劲的科技创新能力"(非常同意的比例为34.5%,比较同意的比例为44.7%),17.7%表示"中立",3.1%认为该陈述"不符合"。75.8%的京沪大学生认为"B1c. 中国有吸引人的流行文化"(非常同意的比例为35.1%,比较同意的比例为40.7%),18.7%表示"中立",5.5%认为该陈述"不符合"(见图4-6)。

　　为了进一步分析造成京沪大学生对中国评价的影响因素,我们以中国当前的经济状况、中国未来的经济状况、中国经济具有国际竞争力、中国有丰富的文化遗产、中国有吸引人的流行文化、中国有强劲的科技创新能力六个变量为因变量,以媒介接触等因素为自变量,以个人统计变量为控制变量进行回归分析(见表4-4)。

　　第一,在模型"中国当前的经济状况"中。"媒体信任"与京沪大学生对"中国当前的经济状况"的评价显著正相关,经常使用"传统主流媒体""社交媒体"显著与京沪大学生对中国当前经济状况的认识正相关,有"境外经历"的京沪大学生对"中国当前的经济状况"的评价显著低于没有"境外经历"的。就人口统计变量而言,"家庭收入"与"中国当前的经济状况"有显著负相关关系。

---

① 筹疫情防控和经济社会发展成效显著 3月份主要经济指标降幅明显收窄.2020-4/17, http://www.gov.cn/xinwen/2020-04/17/content_5503429.htm.

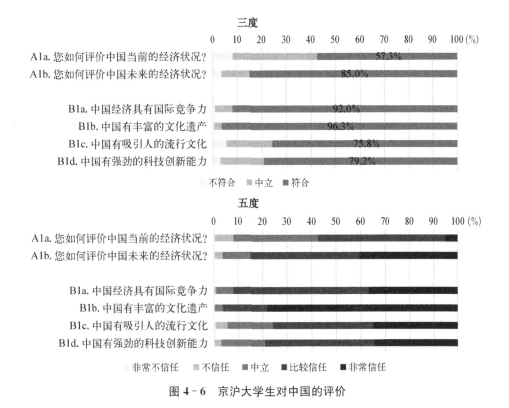

图4-6　京沪大学生对中国的评价

　　第二，在模型"中国未来的经济状况"中。"媒体信任"与京沪大学生对"中国未来的经济状况"的评价显著正相关，经常使用"社交媒体""网络媒体"显著与京沪大学生对中国未来经济状况的认识正相关，经常使用"资讯平台""境外媒体"与京沪大学生对"中国未来的经济状况"的评价显著负相关。有"境外经历"的京沪大学生对"中国未来的经济状况"的评价显著低于没有"境外经历"的。

　　第三，在模型"中国经济具有国际竞争力"中。经常阅读"时事政治类"与"中国经济具有国际竞争力"的评价呈显著正相关关系，"媒体信任"与京沪大学生对"中国经济具有国际竞争力"的评价显著正相关，经常使用"境外媒体"与京沪大学生对"中国经济具有国际竞争力"的评价呈显著负相关关系。

　　第四，在模型"中国有丰富的文化遗产"中。经常阅读"时事政治类"与"中国有丰富的文化遗产"的评价呈显著正相关关系，"媒体信任"与京沪大学生对"中国有丰富的文化遗产"的评价显著正相关，频繁使用"社交媒体"的京沪大学生对"中国有丰富的文化遗产"会更加认同，但频繁使用"资讯平台"和"境外媒体"的京沪大学生则对"中国有丰富的文化遗产"的认同更加悲观。就人口统计变量而

表4-4　对中国的评价回归分析

	中国当前的经济状况	中国未来的经济状况	中国经济具有国际竞争力	中国有丰富的文化遗产	中国有吸引人的流行文化	中国有强劲的科技创新能力
(常量)	3.35(0.42)***	4.58(0.46)***	4.26(0.38)***	4.69(0.31)***	4.13(0.5)***	3.58(0.46)***
时事政治类	-0.01(0.07)	0.03(0.07)	0.13(0.06)*	0.09(0.05)+	0.22(0.08)**	0.1(0.07)
生活服务类	-0.02(0.07)	-0.08(0.08)	0.01(0.06)	0.01(0.05)	0.09(0.08)	0.02(0.07)
娱乐八卦类	0.02(0.07)	0(0.08)	-0.04(0.06)	0.04(0.05)	0.1(0.08)	-0.02(0.08)
媒体信任	0.14(0.03)***	0.1(0.03)***	0.11(0.02)***	0.03(0.02)+	0.21(0.03)***	0.18(0.03)***
传统主流媒体	0.07(0.03)*	0.02(0.03)	0.04(0.03)	-0.01(0.02)	0.09(0.04)*	0.05(0.03)
社交媒体	0.04(0.02)*	0.04(0.02)+	0.01(0.02)	0.05(0.01)***	-0.01(0.02)	0.02(0.02)
资讯平台	-0.04(0.03)	-0.06(0.03)+	-0.02(0.02)	-0.04(0.02)*	-0.03(0.03)	-0.05(0.03)+
网络媒体	0.02(0.03)	0.07(0.03)*	0(0.02)	0.01(0.02)	0.01(0.03)	0.1(0.03)***
境外媒体	-0.03(0.03)	-0.09(0.03)**	-0.09(0.03)***	-0.13(0.02)***	-0.03(0.03)	-0.1(0.03)***
境外经历	-0.09(0.05)+	-0.14(0.06)*	-0.03(0.05)	-0.03(0.04)	-0.17(0.06)**	-0.09(0.06)
年龄	-0.02(0.02)	-0.02(0.02)	-0.01(0.02)	0(0.02)	-0.01(0.03)	0.02(0.02)
男性	0.01(0.05)	0.02(0.05)	0(0.04)	-0.03(0.03)	-0.11(0.06)*	-0.08(0.05)
学历	0.06(0.07)	-0.07(0.07)	-0.03(0.06)	-0.03(0.05)	-0.25(0.08)***	-0.23(0.07)***
城市出生	-0.01(0.05)	-0.09(0.06)	-0.01(0.05)	0.07(0.04)+	-0.13(0.06)*	-0.03(0.06)
家庭收入(月)	-0.05(0.02)**	-0.01(0.02)	0.01(0.02)	0(0.01)	0.02(0.02)	-0.02(0.02)
R	0.246	0.246	0.218	0.277	0.342	0.315
N(样本数)	1048	1048	1048	1048	1048	1048

注:+ $p < 0.1$;* $p < 0.05$;** $p < 0.01$;*** $p < 0.001$。

言,"城市出生"的京沪大学生较"农村出生"的京沪大学生更认同"中国有丰富的文化遗产"。

第五,在模型"中国有吸引人的流行文化"中。经常阅读"时事政治类"与"中国有吸引人的流行文化"的评价呈显著正相关关系,"媒体信任"也与"中国有吸引人的流行文化"的评价呈现显著正相关关系,频繁使用"传统主流媒体"对"中国有吸引人的流行文化"显著地高于低频次使用的大学生,有"境外经历"则对"中国有吸引人的流行文化"会更加悲观。就人口统计变量而言,男性对"中国有吸引人的流行文化"的评价显著低于女性,"城市出生"的京沪大学生较"农村出生"的更加不认同"中国有吸引人的流行文化",学历与"中国有吸引人的流行文化"的评价呈显著的负相关关系。

第六,在模型"中国有强劲的科技创新能力"中。"媒体信任"与"中国有强劲的科技创新能力"的评价呈现显著正相关关系,频繁使用"网络媒体"的京沪大学生对"中国有强劲的科技创新能力"的认知会更加乐观,但经常使用"资讯平台""境外媒体"则对"中国有强劲的科技创新能力"的评价更加悲观。就人口统计变量而言,学历高的京沪大学生对"中国有强劲的科技创新能力"有更加悲观的认识,学历与之呈显著负相关关系。

综合上述六个回归模型:① 媒体信任是影响京沪大学生对中国评价的重要影响因素。"媒体信任"与上述六个评价均有显著的正相关关系。② "传统主流媒体"会对"中国当前的经济状况"和"中国有吸引人的流行文化"两个方面的评价有正面影响,"社交媒体"对"中国当前的经济状况""中国未来的经济状况"和"中国有丰富的文化遗产"三方面的评价有正面影响,"网络媒体"对"中国未来的经济状况"和"中国有强劲的科技创新能力"两个方面的评价有正面影响,"资讯平台"对"中国有丰富的文化遗产"和"中国有强劲的科技创新能力"两个方面的评价有显著的负面影响。频繁曝光在"境外媒体"之下,对"中国未来的经济状况""中国经济具有国际竞争力""中国有丰富的文化遗产""中国有强劲的科技创新能力"四个方面的评价有显著的负面影响,"境外经历"对"中国当前的经济状况""中国未来的经济状况""中国有吸引人的流行文化"三方面的评价有显著的负相关关系。③ 人口统计变量的影响相对比较有限。比较典型的是"学历"与"中国有吸引人的流行文化"和"中国有强劲的科技创新能力"呈显著负相关关系,而"城市出生"与"B1b. 中国有丰富的文化遗产"和"中国有吸引人的流行文化"两方面的中国评价有显著的负相关关系。

二、京沪大学生的国家认同

习近平总书记在十九大报告中指出"文化自信是一个国家、一个民族发展中更基本、更深沉、更持久的力量"。① 国家认同感是文化自信的具体表现。② 在当今世界，全球化进程与国家利益的矛盾冲突日益凸显，民众的国家认同感与国家命运和民族未来息息相关。③ 认同（identity）或社会认同（social identity）涉及心理学、社会学等诸多学科的概念。它是个人或者群体的自我建构，④是对"某一事物与其他事物相区别的认可其中包括其自身统一性中所具有的所有内部变化和多样性。这一事物被视为保持相同或具有同一性。"⑤认同涉及"我是谁"或"我们是谁"，"我在哪里"或"我们在哪里"的反思性理解，⑥及"什么对我和我们最有意义"。⑦ 国家认同（national identity）作为一种集体认同，包含三个层面的意思：① "一国公民对自己的国家成员身份的主观认知及由此获得的归属感"，② "公民对于身份归属国家的主权、政治结构、历史传统、精神价值等的认知以及由此获得的祖国意识、国家忧患意识和国家自豪感等"，③ "国际关系建构中一个国家的合法性得到国际社会的确认。"，⑧是公民个体主观认可的、自己属于某个国家的感受，主要是指对自己所属国家的政治结构、精神价值等的主观认知以及由此形成的忧患意识和国家自豪感等主观感受。⑨

作为"自己与国家之间联系的一种意识"，国家认同是公民"个体主观认可

① 习近平.决胜全面建成小康社会 夺取新时代中国特色社会主义伟大胜利——在中国共产党第十九次全国代表大会上的报告[N].人民日报，2017－10－28(1).

② 李春玲，刘森林.国家认同的影响因素及其代际特征差异——基于 2013 年中国社会状况调查数据[J].中国社会科学，2018(4)：132－150＋207.

③ 塞缪尔·亨廷顿.谁是美国人？——美国国民特性面临的挑战[M].程克雄，译.北京：新华出版社，2010. 李春玲，刘森林.国家认同的影响因素及其代际特征差异——基于 2013 年中国社会状况调查数据[J].中国社会科学，2018(4)：132－150＋207.

④ 查尔斯·泰勒.自我的根源：现代认同的形成[M].韩震，等，译.南京：译林出版社，2001.

⑤ James M. Baldwin. Dictionary of Philosophy and Psychology, Volume1 [M]. New York：The Macmillan Company, 1998.

⑥ 周晓虹.认同理论：社会学与心理学的分析路径[J].社会科学，2008(4)：46－53＋187.

⑦ 安东尼·吉登斯.社会学[M].李康，译.北京：北京大学出版社，2003.

⑧ 柏贵喜.民族认同与中华民族认同浅论[J].西南民族大学学报(人文社会科学版)，2011，32(11)：34－39. 陈茂荣.国家认同问题研究综述[J].北方民族大学学报(哲学社会科学版)，2016(2)：77－81. 李崇富，王卓ань，何华玲，詹小美，王仕民，周光辉，刘向东，门洪华.全球化进程中的国家认同[J].中国社会科学，2013(9)：4＋205－206.

⑨ 刘森林.当代中国青年国家认同感及其影响因素[J].北京工业大学学报(社会科学版)，2017，17(2)：8－16.

的、自己属于某个国家的感受"[1]塞缪尔·亨廷顿在《我们是谁？——美国国家特性面临的挑战》一书中将国家认同细分为四个维度：民族属性、种族属性、文化属性和政治属性。[2]波尔曼将其分为公民国家身份、民族国家身份、民族自豪感和国家自豪感四个维度。[3]中国社会状况综合调查（Chinese Social Survey，CSS）通过五个问题来衡量"国家认同"。[4]

　　本研究采用其中的四个问题衡量京沪大学生的国家认同，它们分别是："当别人批评中国人的时候，我觉得像是在批评我自己""我经常为国家取得的成就而感到自豪""如果有下辈子，我还是愿意做中国人""不管中国发生什么事情，即使有机会离开，我也会留在中国"。采用5度李克特量表测量个人国家认同感强弱（5个答案选项从"非常不同意"到"非常同意"），四道题得分加总，产生一个复合变量"国家认同感"。"国家认同感"得分越高，表示国家认同感越强。通过因子分析，"国家认同"四个变量的克隆巴赫α系数为0.727，高于0.7，说明该量表很适合做因子分析。Bartlett球形度检验卡方统计值达到显著水平（sig＝0.000＜0.001），也表明量表适合做因子分析。4个变量共析出1个特征值大于1的因子，共解释总方差变异量56.1％，各条款的因子负荷值介于0.65～0.82之间，均高于0.5（见表4－5）。

　　对上述四个变量进行频次分析，京沪大学生对中国的国家认同比例非常高，他们对中国有强烈的国家认同感和民族自豪感。京沪大学生对"我经常为国家取得的成就而感到自豪"的认同率高达93.8％（非常同意的比例为66.1％，比较同意的比例为27.7％），保持中立的比例为4.9％，1.3％表示不赞同。表示"如果有下辈子，我还是愿意做中国人"的比例为89.9％（非常同意的比例为67.6％，比较同意的比例为22.3％），保持中立比例为8.0％，2.1％表示不同意。85.7％认为"当别人批评中国人的时候，我觉得像在批评自己"（非常同意的比例为41.9％，

① Huddyl，Khabitn. American patriotism，national identity and political involvement[J]. *American Journal of Political Science*，2007，51(1)：63－77. 邓新星.论中华民族共同体认同感的建构[J].西北民族大学学报(哲学社会科学版)，2016(5)：8－14. 张秀娟.媒介信任与青年国家认同[J].贵阳市委党校学报，2021(3)：58－62. 杨鹍飞.国家认同与民族认同：少数民族身份认同变迁的实证研究——基于甘肃、青海、新疆三地的调查分析[J].广西民族研究，2015(4)：20－33.

② 塞缪尔·亨廷顿.谁是美国人？——美国国民特性面临的挑战[M].程克雄，译.北京：新华出版社，2010.

③ Pollmann A. National attachment among Berlin and London head teachers：the explanatory impact of national identity，national pride and supranational attachment[J]. *Educational Studies*，2012(11)：45－53.

④ 李春玲，刘森林.国家认同的影响因素及其代际特征差异[J].社会科学文摘，2018(7)：57－59. 于铁山.自豪感与忠诚度：中国梦视野下青少年爱国主义情感研究——以数据CSS 2013为例[J].山东青年政治学院学报，2019，35(1)：39－43.

表 4 - 5　国家认同成分矩阵[a]

	成　分
	1
B2a. 当别人批评中国人的时候，我觉得像在批评自己	0.654
B2b. 我经常为国家取得的成就而感到自豪	0.737
B2c. 如果有下辈子，我还是愿意做中国人	0.819
B2d. 不管中国发生什么事情，即使有机会离开，我也会留在中国	0.775

提取方法：主成分分析法。

a. 提取了 1 个成分。

比较同意的比例为 43.8%)，有 10.5% 表示中立，3.8% 表示不赞同。82.3% 认为"不管中国发生什么事情，即使有机会离开，我也会留在中国"（非常同意的比例为 51.4%，比较同意的比例为 30.9%)，14.0% 表示中立，3.7% 表示不同意。超过八成的京沪大学生表示对国家的成就和作为一名中国人表示自豪（见图 4 - 7)。

表 4 - 6 分析了造成京沪大学生对中国认知的影响因素。

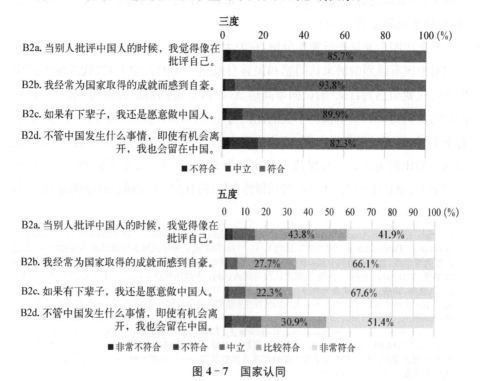

图 4 - 7　国家认同

表4-6　国家认同回归分析

	当别人批评中国人的时候，我觉得像在批评自己	为国家成就自豪	下辈子还愿是中国人	无论如何都留在中国	国家认同
（常量）	4.19(0.48)***	5.26(0.38)***	5.07(0.43)***	3.53(0.49)***	18.05(1.3)***
时事政治类	0.15(0.08)*	0.24(0.06)***	0.2(0.07)**	0.21(0.08)**	0.8(0.2)***
生活服务类	0.13(0.08)	0.08(0.06)	0.06(0.07)	0.03(0.08)	0.3(0.21)
娱乐八卦类	0.12(0.08)	0.1(0.06)	0.08(0.07)	0.05(0.08)	0.36(0.22)
媒体信任	0.1(0.03)***	0.05(0.02)*	0.07(0.03)*	0.13(0.03)***	0.35(0.08)***
传统主流媒体	0.05(0.04)	0.05(0.03)+	0.08(0.03)**	0.1(0.04)**	0.28(0.1)**
社交媒体	0.02(0.02)	0(0.02)	0.04(0.02)+	0.02(0.02)	0.08(0.06)
资讯平台	0.03(0.03)	−0.07(0.02)**	−0.01(0.03)	−0.01(0.03)	−0.05(0.09)
网络媒体	0.03(0.03)	0(0.02)	0(0.03)	0.02(0.03)	0.06(0.08)
境外媒体	−0.1(0.03)**	−0.11(0.03)***	−0.13(0.03)***	−0.15(0.03)***	−0.48(0.09)***
境外经历	−0.06(0.06)	−0.08(0.05)+	−0.11(0.05)*	−0.16(0.06)*	−0.41(0.16)*
年龄	−0.02(0.02)	−0.02(0.02)	−0.03(0.02)	0.04(0.02)	−0.03(0.07)
男性	0.01(0.05)	−0.09(0.04)*	−0.01(0.05)	0(0.05)	−0.09(0.14)
学历	−0.03(0.07)	−0.03(0.06)	−0.06(0.07)	−0.23(0.08)**	−0.35(0.2)+
城市出生	−0.06(0.06)	−0.12(0.05)**	−0.12(0.05)*	−0.14(0.06)*	−0.45(0.16)**
家庭收入（月）	0.01(0.02)	0(0.02)	−0.02(0.02)	−0.04(0.02)+	−0.05(0.05)
R	0.203	0.289	0.289	0.321	0.343
N（样本数）	1 048	1 048	1 048	1 048	1 048

注：+ $p < 0.1$；* $p < 0.05$；** $p < 0.01$；*** $p < 0.001$。

第一，在模型"当别人批评中国人的时候，我觉得像在批评自己"中。经常阅读"时事政治类"和"媒体信任"与"当别人批评中国人的时候，我觉得像在批评自己"有显著的正相关关系；但频繁使用"境外媒体"对这样认同产生显著的负面影响。

第二，在模型"为国家成就自豪"（"我经常为国家取得的成就而感到自豪"）中。经常阅读"时事政治类""媒体信任"和使用"传统主流媒体"对"为国家成就自豪"有显著正面影响，但"资讯平台""境外媒体"和"境外经历"对"为国家成就自豪"有显著的负面影响。就人口统计因素而言，男性较女性、"城市出生"较"农村出生"的大学生对"为国家成就自豪"的认同程度要显著低。

第三，在模型"下辈子还愿是中国人"（"如果有下辈子，我还是愿意做中国人"）中。经常阅读"时事政治类""媒体信任"、使用"传统主流媒体"对"下辈子还愿是中国人"有显著的正面影响，但"境外媒体"和"境外经历"对它有显著的负面影响。就人口统计因素而言，"城市出生"较"农村出生"的大学生对"下辈子还愿是中国人"的认同程度要显著低。

第四，在模型"无论如何都留在中国"（"不管中国发生什么事情，即使有机会离开，我也会留在中国"）中。经常阅读"时事政治类""媒体信任"、使用"传统主流媒体"对"无论如何都留在中国"有显著正面影响，但"境外媒体"和"境外经历"对"无论如何都留在中国"有显著的负面影响。就人口统计因素而言，"学历""城市出生"和"家庭收入"与"无论如何都留在中国"有显著的负相关关系。

将上述四个变量加总构建"国家认同"变量。总分20分，其均值为17.65，最高值为20，最低值为4，标准差为2.323，其直方图如图4-8所示。将"国家认同"作为因变量，其他变量保持不变，进行回归分析。经常阅读"时事政治类""媒体信任"、使用"传统主流媒体"对"国家认同"有显著正面影响，但"境外媒体"和"境外经历"对"国家认同"有显著的负面影响。就人口统计因素而言，"学历""城市出生"与"国家认同"有显著的负相关关系。

媒介接触对京沪大学生的"国家认同"有显著影响。经常阅读"时事政治类"显著地增强了京沪大学的国家认同感，该变量对"国家认同"和其四个维度都有显著正面影响。"媒体信任"是影响京沪大学的国家认同感的重要因素，对媒体信任度高的大学生，会有更高的国家认同感，该变量对"国家认同"和其四个维度也都有显著正面影响。经常使用"传统主流媒体"对"国家认同"和其三个维度（"为国家成就自豪""下辈子还愿是中国人"和"无论如何都留在中国"）都有显著

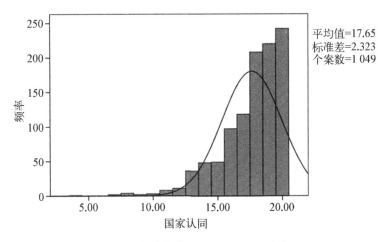

图 4‑8 京沪大学生的国家认同观直方图

正面影响。经常使用"社交媒体"对"下辈子还愿是中国人"的认同有显著正面影响。经常使用"境外媒体"则与京沪大学生的"国家认同"和其四个维度都有显著负相关关系。有"境外经历"同样对"国家认同"和其三个维度（"为国家成就自豪""下辈子还愿是中国人"和"无论如何都留在中国"）都有显著负面影响。就人口统计因素而言，城乡之别带来较大的认知差异，"城市出生"对"国家认同"和其三个维度（"为国家成就自豪""下辈子还愿是中国人"和"无论如何都留在中国"）都有显著负面影响。

第四节　京沪大学生的世界观

一、京沪大学生对西方国家好感度评价

从 0 到 100 对上述五国的"好感度"打分。中国青年对美国的好感度仅为29.1，在五国中最低，随后是日本（41.8）、英国（42.9）、法国（46.8）、俄罗斯（63.9），见图4‑9。表4‑7对五国好感度进行回归分析。

第一，在模型"美国好感度"中，经常阅读"时事政治类""娱乐八卦类"新闻与"美国好感度"显著负相关，"媒体信任""社交媒体"和"境外经历"与"美国好感度"显著正相关，而频繁使用"资讯平台"与"美国好感度"显著负相关。就人口统计变量而言，"学历"和"家庭收入"与"美国好感度"显著正相关。

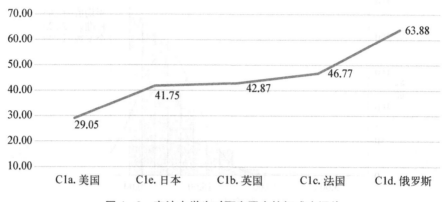

图 4 - 9　京沪大学生对西方国家的好感度评价

　　第二,在模型"英国好感度"中,经常阅读"时事政治类""生活服务类""娱乐八卦类"新闻与"英国好感度"均有显著负相关关系,"社交媒体""境外媒体"和"境外经历"与"英国好感度"评价显著正相关,频繁使用"资讯平台"则对"英国好感度"有显著的负面影响。就人口统计因素而言,"年龄"与"英国好感度"负相关,"学历"和"家庭收入"与"英国好感度"有显著正相关关系。

　　第三,在模型"法国好感度"中,经常阅读"时事政治类""生活服务类"新闻与"法国好感度"均有显著负相关关系。频繁使用"社交媒体""境外媒体",以及有"境外经历"对"法国好感度"有显著正面影响。频繁使用"资讯平台""网络媒体"则对"法国好感度"有显著的负面影响。就人口统计因素而言,"学历"和"家庭收入"与"法国好感度"有显著的正相关关系,年龄与"法国好感度"有显著负相关关系。

　　第四,在模型"俄罗斯好感度"中,"媒体信任"与"俄罗斯好感度"显著正相关,频繁使用"资讯平台""境外媒体"对"俄罗斯好感度"有显著负面影响。就人口统计因素而言,"男性""高家庭收入"与对"俄罗斯好感度"有显著正相关关系,女性和低家庭收入、年龄则与"俄罗斯好感度"有显著负相关关系。

　　第五,在模型"日本好感度"中,经常阅读"时事政治类"和"娱乐八卦类"新闻与"日本好感度"有显著负相关关系,经常使用"社交媒体",有"境外经历"对"日本好感度"有显著正面影响。就人口统计因素而言,"年龄"与"日本好感度"显著负相关,"学历""城市出生"和"家庭收入"则与"日本好感度"有显著正相关关系。

　　综合上述五个回归模型,① "媒体内容"对上述五国的好感度有显著影响。经常阅读"时事政治类"新闻对美国、英国、法国和日本四国的好感度有显著负面影响,经常阅读"生活服务类"新闻对英国和法国两国的好感度有显著负面影响,

表4-7　五国好感度回归分析

	美国好感度	英国好感度	法国好感度	俄罗斯好感度	日本好感度
（常量）	29.12(12.74)*	68.06(12.92)***	68.64(13.08)***	86.4(13.07)***	54.92(15.26)***
时事政治类	-6.73(1.98)**	-10.51(2.01)***	-8.7(2.03)***	-0.26(2.03)	-4.32(2.37)+
生活服务类	-2.04(2.09)	-4.26(2.12)*	-3.58(2.14)+	-3.42(2.14)	-4.01(2.5)
娱乐八卦类	-6.98(2.16)***	-5.34(2.19)*	-2.1(2.21)	-0.41(2.21)	-6.42(2.58)*
媒体信任	1.41(0.82)+	0.88(0.83)	0.57(0.84)	1.6(0.84)+	0.61(0.98)
传统主流媒体	0.05(0.93)	-0.61(0.94)	0.54(0.96)	0.58(0.96)	-0.49(1.12)
社交媒体	1.07(0.61)+	2.06(0.61)***	1.09(0.62)+	0.44(0.62)	2.22(0.73)**
资讯平台	-1.94(0.84)*	-2.51(0.85)**	-2.16(0.86)*	-1.5(0.86)+	-1.25(1.01)
网络媒体	-0.98(0.8)	-1.07(0.81)	-1.61(0.82)*	-0.39(0.82)	-1.38(0.96)
境外媒体	2.1(0.86)*	3.06(0.87)***	2.23(0.89)*	-1.74(0.88)*	0.16(1.03)
境外经历	3.43(1.57)*	5.4(1.59)**	3.78(1.61)*	-0.05(1.61)	4.45(1.88)*
年龄	-0.77(0.64)	-1.85(0.65)**	-1.48(0.66)*	-1.54(0.66)*	-1.49(0.77)+
男性	0.81(1.41)	0.4(1.43)	-1(1.44)	3.55(1.44)*	-2.18(1.69)
学历	4.85(1.98)*	5.29(2)**	5.35(2.03)**	3.08(2.03)	6.32(2.36)**
城市出生	2.21(1.57)	1.7(1.59)	-0.69(1.61)	1.29(1.61)	5.88(1.88)**
家庭收入(月)	1.27(0.53)*	1.03(0.54)+	0.96(0.54)+	1.36(0.54)*	1.42(0.63)*
R	0.268	0.316	0.260	0.192	0.268
N(样本数)	1048	1048	1048	1048	1048

注：+ $p<0.1$；* $p<0.05$；** $p<0.01$；*** $p<0.001$。

经常阅读"娱乐八卦类"新闻对美国、英国和日本三国的好感度有显著负面影响。② "媒体信任"对美国和俄罗斯两国的好感度有显著正面影响。③ "媒介使用"对上述五国的好感度也有显著影响。频繁使用"社交媒体"对美国、英国、法国和日本四国的好感度有显著正面影响。频繁使用"资讯平台"对美国、英国、法国和俄罗斯四国的好感度有显著负面影响。而频繁使用"网络媒体"对法国好感度有显著负面影响。频繁使用"境外媒体"对美国、英国、法国三国的好感度有显著正面影响,但对俄罗斯的好感度有显著负面影响。有境外经历则与美国、英国、法国和日本四国的好感度有显著正相关关系。④ 人口统计变量对上述五国的好感度也有显著影响。"年龄"对英国、法国、俄罗斯和日本四国的好感度有显著负面影响,学历与美国、英国、法国和日本四国的好感度有显著正相关关系,家庭收入与上述五国的好感度都有显著正相关关系。男性较女性对俄罗斯的好感度更高,"城市出生"比"农村出生"对日本的好感度更高(见表 4-7)。

二、京沪大学生对美国的评价

我们通过文化、价值观、外交政策三个层面测试"软实力",问题为"请您就以下关于美国(中国)的陈述进行评价"。

第一,美国政治"软实力"备受削弱。一是在价值观层面,陈述为"美国有满足其公众需求的政治制度"。仅 26.5%的京沪大学生认为该陈述"符合",44.3%表示"中立",29.7%认为"不符合"。亨廷顿提出"三次民主化浪潮"(先后 100 多个国家建立民主制度),并认为"时间属于民主一边"。① 冷战结束后,弗朗西斯·福山提出"历史终结论",并认为"历史的发展只有一条路,即西方的市场经济和民主政治"。② 因此约瑟夫·奈的"软权力"理论强调"美国软权力的一个源泉是其价值观念,在某种程度上美国被认为是自由、人权和民主的灯塔,而其他国家则纷纷效仿;软权力的另一个资源是文化输出、电影、电视节目、艺术和学术著作,因特网上的材料"。③ 然而,近年来,美国的"民主灯塔"开始变得黯然失色,仅少数人认为"美国有满足其公众需求的政治制度"。2020 年 4 月,美国

① 萨缪尔·亨廷顿.文明的冲突与世界秩序的重建[M].北京:新华出版社,2002.

② 弗朗西斯·福山.历史的终结与最后的人[M].桂林:广西师范大学出版社,2014.

③ Joseph Nye. The Power We Must Not Squander. New York Times,2000-1-3. 约瑟夫·奈,王缉思,赵明昊.中国软实力的兴起及其对美国的影响[J].世界经济与政治,2009(6):6-12+3. 张小明.约瑟夫·奈的"软权力"思想分析[J].美国研究,2005(1):20-36+3-4. 周翎,游越.文化外交与国家形象的塑造[J].云南行政学院学报,2012,14(2):140-143.

Axios 网站的报道称希望中国的政治制度在未来 20 年变得"像"美国的比例为 28%,远低于 2019 年的 53%;回答"不"的比例为 29%,高于去年的 18%。二是在文化层面,陈述涉及中美两国"有丰富的文化遗产"和"有吸引人的流行文化"(共四个问题)。96.3% 的京沪大学生认为"中国有丰富的文化遗产",仅 17.1% 认为"美国有丰富的文化遗产";75.8% 认为"中国有吸引人的流行文化",而 62.0% 认为"美国有吸引人的流行文化"。整体而言,中国文化的吸引力强于美国。众所周知,美国的文化遗产远逊于中国,但中国的流行文化强于美国是历史新现象,这得益于近年来国内中国电影对好莱坞电影压倒性的票房优势,包括《战狼》《红海行动》《流浪地球》和《哪吒之魔童降世》等现象级影片。三是在外交层面,陈述为"美国奉行和平外交政策"。仅 6.5% 认为该陈述"符合",20.8%"中立",72.7%"不符合"(见图 4 - 10)。

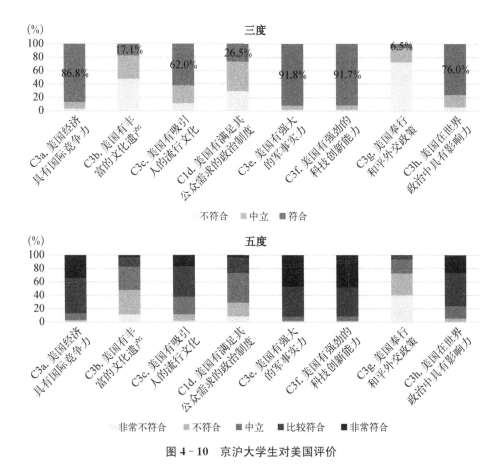

图 4 - 10　京沪大学生对美国评价

第二,京沪大学生认为美国的"硬实力"依然强劲(军事和国际影响力)。"硬实力"是指支配性实力,包括如军事和经济等力量。美国的"外交政策"不再是通过文化观念的吸引力或国际舞台上的政治导向力来实现,而是"非和平"地通过消耗自身的硬实力来实现本国利益,包括军事、政治和经济胁迫等(如贸易战、叙利亚战争等)。91.8%京沪大学生认为"美国有强大的军事实力"(6.2%中立,2%不赞成),76.0%认为"美国在世界政治中具有影响力"(18.6%中立,5.4%不赞成),仅6.5%认为"美国奉行和平外交政策"(20.8%中立,72.7%不赞成)(见图4-10)。美国拥有现今世界上综合实力最为强大的军队,并与40多个国家和地区订有多边和双边军事条约,拥有海外基地与设施共700余个。因此,美国依靠其硬实力在对外关系中一直奉行霸权主义政策,如发动空袭"斩首"伊朗高级将领,发动对华和对其他国家的贸易战,以及发动叙利亚、伊拉克和阿富汗战争等。

第三,中国的经济和文化实力强于美国,但在科技创新方面逊于美国。一是92.0%的京沪大学生认为"中国经济具有国际竞争力",而86.8%认为"美国经济具有国际竞争力"。京沪大学生认为中美经济均有较强的国际竞争力,两国的差距仅为5.2%。自2018年3月中美贸易战以来,美国一直采用咄咄逼人的姿态不停地对中国进行极限施压,妄图"殖民化"中国经济。但中国一直顶住了美国贸易战施加的压力,并签署了中美第一阶段贸易协定。二是96.3%的京沪大学生认为"中国有丰富的文化遗产",仅17.1%的京沪大学生认为"美国有丰富的文化遗产",75.8%的京沪大学生认为"中国有吸引人的流行文化",而62.0%认为"美国有吸引人的流行文化"。美国建国仅仅200多年,但中国有五千年的悠久历史,拥有丰富的文化遗产,这一点毋庸置疑。不过京沪大学生认为中国的流行文化强于美国的流行文化。以电影为例,二战后美国电影就确立了无可置疑的统治地位,并在20世纪90年代坚守北美票房的基础上在海外稳步扩展。中国于1994年首次引进好莱坞电影后,到2014年一共有12部电影获得中国内地票房冠军,其统治力不言而喻。但2015年以来,好莱坞电影风光不再,票房冠军持续被本土现象级影片所摘取(如《战狼》《红海行动》和《流浪地球》等),中国文化逐渐开始超越美国文化。三是79.2%的京沪大学生认为"中国有强劲的科技创新能力",而91.7%认为"美国有强劲的科技创新能力"。京沪大学生认为中国的科技创新能力还远逊色于美国。不过,近年来中国科技发展日新月异,不仅有"新四大发明"(高铁、扫码支付、共享单车和网购)等,而且"5G"等技术全球领先

（如华为等）。但是在"集成电路""人工智能""生物科技""航空航天"等领域依然落后。

表4-8是对美国评价进行的回归分析，深入讨论影响京沪大学生对美国评价的重要因素。因变量为八个对美国的评价，自变量包括对美国好感度；媒介内容、媒介接触、媒体信任，以及人口统计变量等。

第一，在模型"美国经济具有国际竞争力"中，"美国好感度"、频繁使用"社交媒体"与"美国经济具有国际竞争力"的评价有显著正相关关系，频繁使用"资讯平台"和"境外媒体"则与"美国经济具有国际竞争力"的评价呈现显著负相关关系。就人口统计变量而言，"男性""学历"和"家庭收入"与"美国经济具有国际竞争力"的评价显著正相关关系，"年龄"则与之呈现显著负相关关系。

第二，在模型"美国有丰富的文化遗产"中，"美国好感度"、媒体信任，经常阅读"娱乐八卦类"新闻、频繁使用"传统主流媒体"与"美国有丰富的文化遗产"的评价有显著正相关关系。

第三，在模型"美国有吸引人的流行文化"中，"美国好感度"、频繁使用"社交媒体"与"美国有吸引人的流行文化"的评价显著正相关。就人口统计变量而言，"学历"和"家庭收入"与"美国有吸引人的流行文化"的评价显著正相关，"年龄"则与之评价显著负相关。

第四，在模型"美国有满足其公众需求的政治制度"中，"美国好感度"、频繁使用"境外媒体"、有"境外经历"与"美国有满足其公众需求的政治制度"的评价有显著正相关关系，而频繁使用"传统主流媒体"则与"美国有满足其公众需求的政治制度"的评价显著负相关关系。就人口统计变量而言，"男性""家庭收入"与"美国有满足其公众需求的政治制度"的评价有显著正相关关系，"城市出生"则比"农村出生"对此的评价显著要低。

第五，在模型"美国有强大的军事实力"中，"美国好感度"、经常阅读"时事政治类"新闻、频繁使用"社交媒体"与"美国有强大的军事实力"的评价正相关，而经常阅读"娱乐八卦类"、频繁使用"传统主流媒体""资讯平台""境外媒体"则与"美国有强大的军事实力"的评价显著负相关。就人口统计变量而言，"男性""学历"和"家庭收入"与"美国有强大的军事实力"的评价呈现显著正相关关系。

第六，在模型"美国有强劲的科技创新能力"中，"美国好感度"、经常阅读"时事政治类"新闻、频繁使用"社交媒体"与"美国有强劲的科技创新能力"的评价有

表 4-8 对美国评价的回归分析

	美国经济具有国际竞争力	美国有丰富的文化遗产	美国有吸引人的流行文化	美国有满足其公众需求的政治制度	美国有强大的军事实力	美国有强劲的科技创新能力	美国奉行和平外交政策	美国在世界政治中具有影响力
（常量）	4.55(0.44)***	2.01(0.54)***	4.63(0.52)***	2.29(0.53)***	4.61(0.39)***	4.56(0.4)***	0.22(0.5)	4.18(0.47)***
美国好感度	0.01(0)***	0.01(0)***	0.01(0)***	0.01(0)***	0(0)***	0.01(0)***	0.01(0)***	0.01(0)***
时事政治类	0.1(0.07)	0.08(0.08)	-0.09(0.08)	0.1(0.08)	0.11(0.06)+	0.19(0.06)**	-0.01(0.08)	0.15(0.07)*
生活服务类	0.06(0.07)	0.11(0.09)	-0.02(0.08)	0.08(0.09)	0.02(0.06)	0.07(0.06)	0.32(0.08)***	0.06(0.08)
娱乐八卦类	0.09(0.07)	0.16(0.09)+	0.02(0.09)	0.13(0.09)	-0.14(0.07)*	0(0.07)	0.26(0.09)**	-0.02(0.08)
媒体信任	-0.03(0.03)	0.13(0.04)***	-0.04(0.03)	-0.01(0.03)	-0.04(0.03)	-0.07(0.03)*	0.06(0.03)+	-0.05(0.03)
传统主流媒体	-0.02(0.03)+	0.1(0.04)*	0.01(0.04)	-0.08(0.04)*	-0.05(0.03)+	-0.07(0.03)*	0.14(0.04)***	-0.03(0.03)
社交媒体	0.04(0.02)+	0.03(0.03)	0.08(0.02)***	0(0.03)	0.05(0.02)*	0.03(0.02)+	-0.01(0.02)	0.01(0.02)
资讯平台	-0.07(0.03)*	0.04(0.04)	-0.04(0.03)	0.04(0.04)	-0.06(0.03)*	-0.06(0.03)*	0.03(0.03)	-0.11(0.03)***
网络媒体	-0.01(0.03)	-0.01(0.03)	-0.01(0.03)	-0.01(0.03)	-0.01(0.02)	0(0.02)	0.05(0.03)	0.02(0.03)
境外媒体	-0.06(0.03)*	0.02(0.04)	-0.01(0.04)	0.08(0.04)*	-0.05(0.03)+	-0.06(0.03)*	0.14(0.03)***	-0.05(0.03)
境外经历	0.05(0.05)	-0.02(0.07)	0.1(0.06)	0.12(0.07)+	0.03(0.05)	0(0.05)	0.11(0.06)+	0(0.06)
年龄	-0.04(0.02)+	-0.03(0.03)	-0.09(0.03)***	-0.01(0.03)	-0.03(0.02)	-0.01(0.02)	0.04(0.03)	-0.03(0.02)
男性	0.09(0.05)+	-0.08(0.06)	-0.01(0.06)	0.12(0.06)*	0.27(0.04)***	0.15(0.04)***	-0.21(0.06)***	0.15(0.05)**
学历	0.15(0.07)*	0.04(0.08)	0.27(0.08)***	0.05(0.08)	0.11(0.06)+	-0.01(0.06)	-0.19(0.08)*	0.16(0.07)*
城市出生	0.02(0.05)	-0.09(0.07)	0(0.06)	-0.13(0.07)+	0.02(0.05)	0.03(0.05)	-0.03(0.06)	0.09(0.06)
家庭收入（月）	0.06(0.02)***	0.03(0.02)	0.09(0.02)***	0.08(0.02)***	0.05(0.02)**	0.04(0.02)*	0(0.02)	0.07(0.02)***
R	0.310	0.318	0.379	0.385	0.360	0.331	0.475	0.346
N（样本数）	1 048	1 048	1 048	1 048	1 048	1 048	1 048	1 048

注：+ $p < 0.1$；* $p < 0.05$；** $p < 0.01$；*** $p < 0.001$。

显著正相关关系。此外,"媒体信任"、频繁使用"传统主流媒体""资讯平台""境外媒体"则与"美国有强劲的科技创新能力"的评价呈显著负相关关系。就人口统计变量而言,"男性"和"家庭收入"与"美国有强劲的科技创新能力"的评价显著正相关。

第七,在模型"美国奉行和平外交政策"中,"美国好感度",经常阅读"生活服务类""娱乐八卦类"新闻、媒体信任、频繁使用"传统主流媒体""境外媒体",以及有"境外经历"与"美国奉行和平外交政策"的评价呈现显著正相关关系。就人口统计变量而言,"男性""学历"与"美国奉行和平外交政策"的评价显著负相关。

第八,在模型"美国在世界政治中具有影响力"中,"美国好感度"、经常阅读"时事政治类"新闻与"美国在世界政治中具有影响力"的评价显著正相关,频繁使用"资讯平台"与"美国在世界政治中具有影响力"的评价显著负相关。就人口统计变量而言,"男性""学历"和"家庭收入"与"美国在世界政治中具有影响力"的评价显著负相关。

综合而言:① "美国好感度"与京沪青年对美国评价的八个维度都呈显著正相关关系。② "媒体内容"对美国的评价的影响相对有限。经常阅读"时事政治类"新闻与"美国有强大的军事实力""美国有强劲的科技创新能力""美国在世界政治中具有影响力"三个维度的评价显著正相关,经常阅读"生活服务类"新闻与"美国奉行和平外交政策"的评价显著正相关,经常阅读"娱乐八卦类"新闻与"美国有丰富的文化遗产""美国有强大的军事实力""美国奉行和平外交政策"三个维度的评价显著正相关。③ "媒体信任"与"美国有丰富的文化遗产""美国奉行和平外交政策"两个维度的美国评价显著正相关,但与"美国有强劲的科技创新能力"的评价显著负相关。④ "媒介使用"与京沪青年对美国评价的影响也比较显著。经常使用"传统主流媒体"与"美国有丰富的文化遗产""美国奉行和平外交政策"两个维度的评价显著正相关,但与"美国有满足其公众需求的政治制度""美国有强大的军事实力""美国有强劲的科技创新能力"三个维度的评价显著负相关,经常使用"社交媒体"则与"美国经济具有国际竞争力""美国有吸引人的流行文化""美国有强大的军事实力""美国有强劲的科技创新能力"四个维度的评价显著正相关,经常使用"资讯平台"则与"美国经济具有国际竞争力""美国有强大的军事实力""美国有强劲的科技创新能力""美国在世界政治中具有影响力"四个维度的评价有显著负相关关系,经常使用"境外媒体"与"美国有满足其公众需求的政治制度""美国奉行和平外交政策"两个维度的评价显著正相关,但与"美国经济具有国际竞争力""美国有强大的军事实力""美国有强劲的科技创新能力"三个维度的评价显著负相关。⑤ 有"境外经历"与"美国有满足其公众需求的政治制度""美国奉行和平外交政策"两个维度的评价显著正相关。⑥ 人口统计变量对美国评价也有显著影响。"年龄"与"美国经济具有国际竞争力""美国有吸引人的流行文化"有显著的负相关关系。男性比女性在五个维度上更加倾向于认同"美国经济具有国际竞争力""美国有满足其公众需求的政治制度""美国有强大的军事实力""美国有强劲的科技创新能力""美国在世界政治中具有影响力",但男性比女性更不认同"美国奉行和平外交政策"。"学历"与"美国经济具有国际竞争力""美国有吸引人的流行文化""美国有强大的军事实力""美国在世界政治中具有影响力"四个维度的评价显著正相关,但与"美国奉行和平外交政策"的评价显著负相关。"城市出生"比"农村出生"更加不认同"美国有满足其公众需求的政治制度"。"家庭收入"则与"美国经济具有国际竞争力""美国有吸引人的流行文化""美国有满足其公众需求的政治制度""美国有强大的军事实力""美国有强劲的科技创新能力""美国在世界政治中具有影响力"六个维度的评价呈显著正相关关系。

三、京沪大学生对中美脱钩的评价

自 2020 年以来,中美脱钩的舆论甚嚣尘上。调查中问询"C4.近年来,美国政府经常恶意攻击中国,就未来而言,请您对以下陈述进行评价?"这一问题,多数不认为"中美科技隔绝",但在"中美经济脱钩"和"中美文化排斥"方面没有共识。近年来,美国政府经常恶意攻击中国,就未来而言:54.9％的大学生不认为"中美科技隔绝"(26.4％中立,18.7％赞同),31.0％认为"中美经济脱钩"(35.0％中立,34.0％不赞同),37.6％认为"中美文化排斥"(30.4％中立,32.0％不赞同)(见图 9-11)。

第一,在模型"中美经济脱钩"中,"美国好感度"与"中美经济脱钩"的评价负相关,对美国越有好感越不认同中美经济会脱钩,经常阅读"时事政治类"与"中美经济脱钩"评价有显著负相关关系,经常使用"传统主流媒体"的京沪大学生则更加倾向于认为"中美经济脱钩"。就人口统计变量而言,"学历"与"中美经济脱钩"评价有显著负相关关系,高学历的大学生更不倾向于认为中美经济会脱钩。

第二,在模型"中美文化排斥"中,男性比女性更加认为"中美文化排斥",其他变量均无显著影响。

第三,在模型"中美科技隔绝"中,"美国好感度"与"中美科技隔绝"的评价显

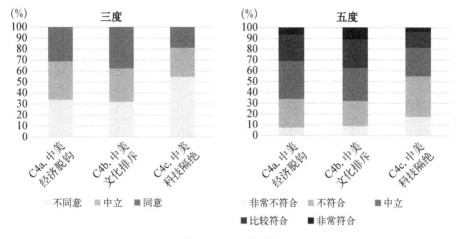

图 4-11　中美脱钩

著负相关。此外"媒体信任"、频繁使用"资讯平台"和"境外媒体"与"中美科技隔绝"的评价显著正相关。就人口统计变量而言,男性比女性更加倾向于认同"中美科技隔绝","家庭收入"与"中美科技隔绝"的评价显著正相关,而"学历"则与"中美科技隔绝"的评价显著负相关。

综合而言:① "美国好感度"与"中美经济脱钩"和"中美科技隔绝"的评价有显著负相关关系。② "媒体内容"对中美脱钩认知的影响有限,仅"时事政治类"与"中美经济脱钩"评价有显著负相关关系。③ "媒体信任"与"中美经济脱钩"和"中美科技隔绝"的评价有显著正相关关系。④ 经常使用"传统主流媒体"的京沪大学生则更加倾向于认为"中美经济脱钩"。频繁使用"资讯平台"和"境外媒体" 与"中美科技隔绝"的评价显著正相关。⑤ 人口统计变量的影响也比较有限。男性比女性更加倾向认为"中美文化排斥""中美科技隔绝","学历"则与"中美经济脱钩"和"中美科技隔绝"的评价有显著负相关关系,"家庭收入"与"中美科技隔绝"的评价显著正相关(见表 4-9)。

表 4-9　中美关系走向回归分析

	中美经济脱钩	中美文化排斥	中美科技隔绝
(常量)	3.344(0.59)***	2.458(0.664)***	1.539(0.609)*
美国好感度	−0.005(0.002)**	−0.003(0.002)	−0.003(0.002)+

续　表

	中美经济脱钩	中美文化排斥	中美科技隔绝
时事政治类	−0.299(0.092)***	−0.137(0.103)	−0.043(0.095)
生活服务类	0.047(0.096)	0.055(0.108)	0.127(0.1)
娱乐八卦类	−0.032(0.1)	0.057(0.113)	0.099(0.103)
媒体信任	0.068(0.038)+	0.018(0.043)	0.153(0.039)***
传统主流媒体	0.151(0.043)***	0.039(0.048)	0.04(0.044)
社交媒体	0.021(0.028)	0.04(0.032)	−0.028(0.029)
资讯平台	0.064(0.039)	0.034(0.044)	0.09(0.04)*
网络媒体	−0.022(0.037)	0.032(0.041)	−0.05(0.038)
境外媒体	0.001(0.04)	0.013(0.045)	0.103(0.041)*
境外经历	−0.035(0.073)	0.108(0.082)	0.035(0.075)
年龄	−0.031(0.03)	0.009(0.033)	0.026(0.031)
男性	0.088(0.065)	0.306(0.073)***	0.135(0.067)*
学历	−0.152(0.092)+	−0.115(0.103)	−0.315(0.095)***
城市出生	0.067(0.073)	−0.015(0.082)	0.087(0.075)
家庭收入(月)	0.021(0.024)	0.039(0.028)	0.061(0.025)*
R	0.286	0.195	0.290
N(样本数)	1 048	1 048	1 048

注：$+p < 0.1$；$*p < 0.05$；$**p < 0.01$；$***p < 0.001$。

第五节　小　结

本章研究了京沪大学生的文化价值观，尤其是对中国以及其他五国世界强国(美国、英国、法国、俄罗斯和日本)的评估。研究发现：

第一，京沪大学生充分看好中国经济的国际竞争力，但科技创新能力是中国经济发展的短板。问题为"请您就以下关于中国/美国的陈述进行评价"。一是在经济层面，陈述包括"中国/美国经济具有国际竞争力"。92.0%的京沪大学生认为"中国经济具有国际竞争力"，而86.8%认为"美国经济具有国际竞争力"。整体而言，京沪大学生认为中美经济都有较强的国际竞争力，但中国较美国高5.2%。二是在科技创新层面，陈述为"中国/美国有强劲的科技创新能力"。然而79.2%的京沪大学生认为"中国有强劲的科技创新能力"，而91.7%认为"美国有强劲的科技创新能力"。科技创新是国家经济可持续发展的驱动器，绝大多数京沪大学生（近八成）看好中国的"科技创新能力"，但相较美国要逊色许多（相差12.5%）。

第二，京沪大学生充分看好中国经济的未来，有强烈的国家认同和身份认同。一是"您如何评价中国当前/未来的经济状况"。57.3%中国青年认为中国当前的经济状况"较好"（34.5%"一般"，8.2%"较差"），但85.0%认为中国未来的经济状况"较好"（11.2%"一般"，3.7%"差"）。近年来，京沪大学生认为中国目前的经济状况受到影响，但他们充分看好中国经济的未来。二是"请根据下列描述和您实际情况相符的程度，对下列陈述进行评价"。93.8%的京沪大学生认为"我经常为国家取得的成就而感到自豪"，89.9%认为"如果有下辈子，我还是愿意做中国人"，85.7%认为"当别人批评中国人的时候，我觉得像在批评自己"，82.3%认为"不管中国发生什么事情，即使有机会离开，我也会留在中国"。京沪大学生有着强烈的"国家认同"和"身份认同"。2019年5月《纽约时报》了发表《许多中国人曾把美国视为"天堂"，现在呢?》一文，表达了新老中国人对美国态度，老一代中国人"即尊重又害怕"美国，而中国年轻人"即不尊重又不害怕"美国。

第三，充分看好个人未来。"您如何评价您家庭过去/现在/未来的经济状况"。一是仅有19.8%认为"家庭过去"的经济状况"较好"（48.4%认为"一般"，31.7%认为"较差"）；但32.5%认为"家庭当前"的经济状况"较好"（52.5%认为"一般"，15.0%认为"较差"）；然而69.4%认为"家庭未来"的经济状况将会"较好"（26.1%"一般"，4.5%"较差"）。中国青年的家庭经济状况从过去，到现在，再到未来都是一直向好的过程，这表明他们充分看好个人未来。二是对未来乐观源于其对中国经济发展的信心。通过相关分析，我们发现对中国经济发展的信心与"中国经济未来"和"家庭未来"的评价有显著的正相关关系。为此，我们建议：

　　第一，引导舆论，理性面对中美关系，积极增强中国软实力。一是中国青年对中美关系的走向基本保持理性。"近年来，美国政府经常恶意攻击中国，就未来而言，请您对以下陈述进行评价"：① "中美科技隔绝"（18.7％同意，26.4％中立，54.9％不同意）；② "中美经济脱钩"（31.0％同意，35.0％中立，34.0％不同意）；③ "中美文化排斥"（37.6％同意，30.4％中立，32.0％不同意）。中美之间的竞争加合作、冲突加协调、脱钩加挂钩的复杂局面将会继续下去。鉴于美国目前遭遇反种族歧视抗议示威活动扩散等多重压力，我需引导国内舆论，理性面对复杂环境下的中美关系，避免国内过激的言论引发"反美"和"民粹"，以及防止中美民间对抗情绪升级。二是积极增强中国软实力。中美之间的竞争是全方位的竞争，是涵盖政治制度、经济发展、文化传统、社会治理、军事实力、科研创新和国际关系等各方面、各领域的竞争。西方大国在新冠疫情肆虐之下，其政治制度（以资为本）、文化价值观（个人主义）、社会治理（高感染率和高死亡率）和国际关系（互抢防疫物资）等劣势尽显，我国亟须增强中国的软实力，推广我国的政治价值观（"以民为本"）、文化价值观（"集体主义"）和国际关系（"命运共同体"）等理念。

　　第二，以集体主义为内核推广中华价值观体系。近年来"美国梦"在西方幻灭。反种族抗议活动蔓延至全美140多个城市，特朗普公开威胁要动用军队，甚至启用《叛乱法案》镇压示威者。美国在世的四位前总统逐一表态，共同呼吁反思国家的"悲剧性失败"；美国退役的四星上将约翰·艾伦表示"我们可能正见证美国民主实验终结的开端"；而欧洲主流媒体认为"美国梦"沦为"种族噩梦"，并同声谴责"腐朽的种族主义"。二是集体主义在全球吸引力有所提升。随着信息、经济和社会全球化大发展，人类社会的民众和文化心理基本趋向于个人主义日渐盛行，传统集体主义不断式微。① 但划时代的中国科幻电影大作《流浪地球》一改美国好莱坞科幻大片（如《星际穿越》《地心引力》《2012》等）致力于塑造美国一家独大，凭一己之力拯救地球的个人英雄主义形象，转而以中国式的集体主义价值取向的叙事模式传达中国式人类命运共同体的理念。② 该影片不仅充

① 黄梓航，敬一鸣，喻丰，古若雷，周欣悦，张建新，蔡华俭.个人主义上升，集体主义式微？——全球文化变迁与民众心理变化[J].心理科学进展，2018，26（11）：2068－2080. Cai, H. J., Huang, Z. H., & Jing, Y. M.. Living in a changing world: The change of culture and psychology. In D. Matsumoto & H. C. Hwang (Eds.), Oxford handbook of culture and psychology (2nd edition). Oxford, England: Oxford University Press, 2019：1070－1116.

② 蒋望，曾贤模.电影《流浪地球》中的集体主义探析[J].文化创新比较研究，2020，4（11）：35－37.杨晨.集体主义视角下的小说《流浪地球》及其电影改编[J].中北大学学报（社会科学版），2020，36（3）：131－135. 宋高熙.电影《流浪地球》的集体主义叙事分析[J].视听，2020（10）：77－78.

分展现了中国文化元素,强调了中国集体主义的社会现状,也重新概念化了"中国式"的世界主义(cosmopolitanism);[①]不仅体现了中国传统文化的宇宙观、世界观和自然观,而且也符合人民群众的精神诉求,是中国科幻电影民族化的有力体现。与此同时,它吸引了众多国外观众的好评。[②] 基于此,研究认为我国亟须以集体主义为内核构建具有全球吸引力的中华价值观体系。

第三,重构中国媒体的公信力,构建全媒体发声矩阵,形成共识性舆论氛围。一是传统主流媒体加强一线调查性报道,直面重大问题,以事实引导和正能量深度报道为主,增强其权威性和公信力。与此同时,在传播渠道上,重视社交媒体、资讯平台、网络媒体等宣传载体;在叙事手段上,基于民众的视角进行叙事,主题叙事弱化政治宣教色彩,通过人文主义叙事激发广泛的民众共鸣;构建全媒体发声矩阵,主流媒体和自媒体互动引流,最终形成全媒体共振,电视、报纸和社交媒体成功形成"和声";最后与境外媒体展开正面交锋,输出中国"软实力"和"中华价值观体系"。二是逐步培养中国青年为国际社交媒体的生力军,宣扬中华价值观。对于"您是否有在境外(含港澳台)旅游、学习和生活的经历"这一问题,32.8%的京沪大学生表示有境外经历。随着中国成为出境游全球第一(2019 年中国公民出境人数达 1.55 亿人次),越来越多的中国青年视野更开阔、思想更独立。但我国青年长期缺席国际社交媒体(Twiiter、Facebook)舆论场,导致"反华舆论"占据国际舆论和社交媒体。我国须:① 有效激发中国青年的爱国情感,使爱国话语传播升级;② 培育青年群体的中华价值观、人类命运共同体意识,使之成为影响未来、影响世界的主流价值取向;③ 逐步放松"防火墙"管制,引导中国青年在国际社交媒体上积极发出中国声音,宣扬中华价值观。

第四,充分认识中国发展短板,突破科技创新能力的瓶颈。一是在新时代,科技创新日益成为经济可持续发展的重要立足点。世界知识产权组织发布的《2019 年全球创新指数》显示,我国的科技创新能力连续四年保持上升势头,升至第 14 位"全球最具创新性的国家",但与美国(排名第三)等"创新大国"相比还有巨大差距。随着全球保护主义抬头,美国近两年强推中美科技脱钩(如频繁地制裁华为等中国科技企业、吸引台积电在美建厂等),我国的科技创新生产力存

① He Weihua. The Wandering Earth and China's Construction of an Alternative Cosmopolitanism. Comparative literature studies (Urbana). 2020;57(3): 530 - 540.
② 《流浪地球》燃爆世界,看看国外观众的真实评价[EB/OL]. 2019 - 2 - 12,https://baijiahao.baidu.com/s? id=1625244595308441174&wfr=spider&for=pc. 西方观众到底怎么评价《流浪地球》? 2019 - 2 - 22,https://baijiahao.baidu.com/s? id=1626142063843819293&wfr=spider&for=pc.

在增长放缓的风险。二是我国须坚持"举国体制"和"市场导向"、两手抓两手都要硬的原则,突破科技创新能力的瓶颈。一方面以新型举国体制助力重大科技创新。但该机制重在"深度",通过培育战略科技力量和战略储备能力,以应对不可预料的重大风险、重大考验和重大隐患,[①]如集成电路(芯片和光刻机等)、航空航天(发动机)和生命科学(疫苗)等。另一方面,以市场导向推动全民科技创新。该机制重在"广度",借助"看不见的手"或"市场导向"来实现科技创新全领域和全民覆盖。2020 年 5 月 30 日,马斯克的 SpaceX 载人飞船发射成功就是市场导向的典范,值得我国借鉴。

---

① 人民网评:以新型举国体制助力关键核心技术攻关.2020－5－19,https://baijiahao.baidu.com/s?id=16670811997464580148.wfr=spider&for=pc.

第五章
国家中心城市青年文化观研究

第一节　新时代中国青年价值观预调查

一、新时代中国青年价值观量表设计

不同文化背景下人们的价值观不尽相同,这种区别导致了人们在认知、动机以及情绪等方面的差异。[1] 在跨文化比较研究中,国际学术界广泛采用霍夫斯泰德的文化维度理论(Hofstede's cultural dimensions theory)。它最初(1980年)包括四个维度:权力距离(power distance, large vs small)、不确定性规避(uncertainty avoidance, strong vs weak)、个人主义和集体主义(individualism/collectivism)、男性气质和女性气质(masculinity/femininity);[2]随后于 1988 年在华人价值观调查(chinese value survey, CVS)的基础上发展出第五个维度——长期导向/短期导向(long-term orientation/short-term orientation),[3]并于 2010 年在世界价值观调查(world values survey, WVS)的基础上发展出第六

① Markus, Hazel Rose, Shinobu Kitayama. Cultures and Selves: A Cycle of Mutual Constitution[J]. *Perspectives on Psychological Science*, 2010, 5(4): 420 - 430.
② Hofstede, Geert. *Culture's Consequences: International Differences in Work-Related Values*. Vol. 5 [M]. London: Sage Publications Inc., 1984.
③ Hofstede, Geert, Michael Harris Bond. The Confucius connection: From cultural roots to economic growth[J]. *Organizational dynamics*, 1988, 16(4): 5 - 21.

个维度——自身放纵与约束(indulgence versus restraint)。① 霍夫斯泰德通过调查发现西方文化是个体主义的,东亚文化是集体主义的。

然而,中西思维方式和核心价值观体系有显著差异。一方面,连淑能认为中西思维方式在 10 个方面有差异:即伦理型 vs 认知型、整体性 vs 分析性、意向性 vs 对象性、直觉性 vs 逻辑性、意象性 vs 实证性、模糊性 vs 精确性、求同性 vs 求异性、后馈性 vs 超前性、内向性 vs 外向性、归纳型 vs 演绎型;②另一方面,西方资本主义核心价值观是自由、平等、博爱、法治、人权等;中国传统文化价值观是"五常"(仁、义、礼、智、信),当代中国社会主义核心价值观的基本内容是"三个倡导"。③ 中国传统优秀文化价值观和当代中国社会主义核心价值观是辩证统一的,前者是后者的深厚源泉,而后者是前者的精髓和灵魂。④ 党的十八大报告首次提出"要倡导人类命运共同体意识",⑤此后习近平总书记不断继承、发展和丰富其思想内涵,并积极倡导构建以合作共赢为核心价值观的"人类命运共同体"。⑥ "人类命运共同体"深植于马克思主义思想和中华优秀传统文化思想,一方面,它继承了"天人一体""天下一家""中和之道"等中华优秀传统文化思想;另一方面,它继承了"修身齐家治国平天下""四海之内皆兄弟"的思想,把对自我、家人之爱推向他人、社会和世界,并视天下人为一家人。⑦ 2014 年 5 月 4 日习近平总书记在北京大学师生座谈会上发表了讲话,对中国传统优秀文化价值观和当代中国社会主义核心价值观进行了系统表述:"中国古代历来讲格物致知、诚意正心、修身齐家、治国平天下。从某种角度看,格物致知、诚意正心、修身是个人层面的要求,齐家是社会层面的要求,治国平天下是国家层面的要求。我们提出的社会主义核心价值观,把涉及国家、社会、公民的价值要求融为一体,既体现了社会主义本质要求,继承了中华优秀传统文化,也吸收了世界文明有益成果,体现了时代精神。"⑧

---

① Hofstede, Geert, Michael Minkov. Long-Versus Short-Term Orientation: New Perspectives[J]. *Asia Pacific Business Review*, 2010, 16.4: 493 - 504. Indulgence VS. Restraint—The 6th Dimension[EB/OL]. https://www.communicaid.com/cross-cultural-training/blog/indulgence-vs-restraint-6th-dimension/. Pau Huo, Y., Donna M. Randall. Exploring Subcultural Differences in Hofstede's Value Survey: The Case of the Chinese[J]. *Asia Pacific Journal of Management*, 1991, 8(2): 159 - 73.
② 连淑能.论中西思维方式[J].外语与外语教学,2002(2):40 - 46+63 - 64.
③ 孙杰.当代中国社会主义核心价值观研究[D].中共中央党校,2014.
④ 刘芳.中华优秀传统文化:社会主义核心价值观的精神滋养[J].思想理论教育,2015(1):20 - 25.
⑤ 胡锦涛.坚定不移沿着中国特色社会主义道路前进为全面建成小康社会而奋斗——在中国共产党第十八次代表大会上的讲话[N].人民日报,2012 - 11 - 18(1).
⑥ 阮宗泽.人类命运共同体:中国的"世界梦"[J].国际问题研究,2016(1):9 - 21+133.
⑦ 郭海龙,汪希.习近平人类命运共同体思想的生成、价值和实现[J].邓小平研究,2016(3):40 - 46.
⑧ 习近平.青年要自觉践行社会主义核心价值观[N].人民日报,2014 - 5 - 5(2). 费孝通.关于"文化自觉"的一些自白[J].学术研究,2003(7):5 - 9.

"修身齐家治国平天下"是从古至今仁人志士追求并誓志不渝并为之奋斗一生的信条。围绕中国传统文化中国家与个人之间的关系,杨宜音总结出两个显著特点:[①] 第一,儒家文化缺乏"社会"的概念。传统儒家的概念是"天下"而非"社会";在"国家天下观"下,"国家"几乎就等同于"天下"。因此,在个人到天下之间,并没有太多的层次和中介。从修身齐家,直接到治国平天下,中间缺少"社会"这一层环节。在家庭和家族内部,"五伦"(忠、孝、悌、忍、善)中有明确的角色定位;但在家族之外,除了君臣、朋友之外,对陌生人应该如何相处,并没有明确的行为规范。[②] 某种程度而言,"修身齐家"属于"私域",而"治国平天下"则属于"公域",两者之间存在有一道难以逾越的鸿沟。[③] 第二,国家与个人之间存在两种不同的心理联系途径。一种是"自下而上""由内到外"。通过个人的道德修养,一个人会经历从修身,到齐家,再到治国平天下的过程。在此过程,若一个人的胸襟变得越来越博大,个人与国家甚至与天下之间就没有什么区别,个人会从"小我"脱变成"大我"。另一种是"自上而下""由外到内"。通过国家对个人的道德要求,促使个人服从国家的命令,忠诚于帝王所代表的国家。通过上述两种力量,个人与国家就将形成一种"相互包容合一"的关系。本研究结合习近平总书记在北京大学师生座谈会中提出的关于《青年要自觉践行社会主义核心价值观》的理论思想,[④]即修身是个人层面的要求,齐家是社会层面的要求;治国平天下是国家层面的要求。最终"修身齐家治国平天下"成为涉及自我、社会、国家三个层面,并以此为核心从三个维度("个人—国家""个人—社会""个人—自我"),构建青年价值观量表,如图5-1所示。

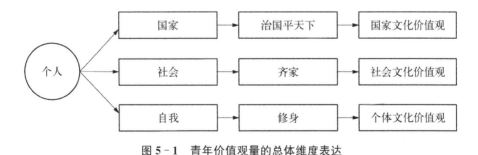

图5-1　青年价值观量的总体维度表达

① 杨宜音.当代中国人公民意识的测量初探[J].社会学研究,2008(2):54-68+243-244.

② 焦国成.中国古代人我关系论[M].北京:中国人民大学出版社,1991.

③ 余英时.钱穆与中国文化[M].上海:远东出版社,1993.

④ 习近平.青年要自觉践行社会主义核心价值观[N].人民日报,2014-5-5(2).

青年价值观量的总体维度量表如表 5-1 所示。

表 5-1　人类命运共同体、国家观念、集体主义测量量表

一级量表	二级量表	来　源
B2. 国家文化价值观(治国平天下)	B2a. 政府应该把人民的整体利益放在首位	5 度李克特量表(研究团队研发)
	B2b. 政府要维持经济发展、国家安全等	
	B2d. 无论贫富、长幼、性别和民族等差异,政府都应该对其一视同仁	
	B2e. 政府应该有更大的作为来解决贫富差距、环境、医疗卫生等社会问题	
B3. 社会文化价值观(齐家)	B3a. 为了家庭的利益,个人应该把自己的利益放在第二位	5 度李克特量表(研究团队研发)
	B3b. 人们应该礼尚往来,相互团结	
	B3c. 人们应该辛勤工作、奋发向上	
	B3d. 人们应该有正义感、荣耻感和博爱精神	
	B3e. 人们应该通过公平竞争来获取个人成功	
B4. 个人观念价值观(修身)	B4a. 每个人都应该尊重长辈和上级,待人诚信和礼貌	5 度李克特量表(研究团队研发)
	B4b. 每个人都应该重视教育,尊重科学和知识	
	B4c. 每个人都应该具有独立的思想和行为	
	B4d. 每个人都应该具有冒险和挑战精神	
	B4e. 每个人都应该及时地享受快乐的生活	

二、调研范围选择和研究方法

首先,采用判断抽样法(judgment sampling),从我国 34 个省市自治区的 282 个地级市中选取五个最具代表性的城市——上海、北京、成都、广州、武汉——进行随机抽样问卷调查。之所以选择上述五个城市,首先,它们在语言、文化风俗习惯等方面有代表性,比如:上海是吴语区,广州是粤语区,成都是四川话区,以及北京和武汉有旗帜鲜明的风俗文化和地域特征和代表性。

其次,在政治经济方面有很强的影响力,并有一定的辐射效应。上海、北京、成都、广州、武汉分别是我国华东、华南、华北、华中和西部的核心城市,人口均在1 000万以上,GDP均在1万亿元以上。最后,在科教文化方面有很强的影响力。上海、北京、成都、广州、武汉均是我国高校的聚集地,2017年教育部公布的《全国高等学校名单》显示,北京的普通高校数量92所(包括本科和专科;公立和民办等),武汉有84所,广州有83所,上海有64所,成都有56所。最后,北京、上海、广州和成都将是我国未来的网络门户。下一代互联网的"雪人计划"已在全球完成25台IPv6根服务器架设,在中国部署了其中的4台(1主3辅),分别位于北京(主)、上海(辅)、广州(辅)和成都(辅)(表5-2)。

表 5-2 五代表城市的基本社会经济信息

	人口 (万人)	GDP (亿元)	人均 GDP	地域	经济发 展状况	IPv6 根目录	高校 数量
上海	2 418	30 133	124 600	华东	发达	辅	64
广州	1 404	21 500	153 100	华南	发达	辅	83
北京	2 171	28 000	129 000	华北	发达	主	92
武汉	1 077	13 400	124 400	华中	发展中	—	84
成都	1 592	13 890	87 200	华西南	欠发达	辅	56

随后在北京、上海、广州、武汉和成都五个城市开展抽样问卷调查,调查时间为2020年9月29日到2020年10月4日,每个城市回收样本500多个,共计2 579个。调查方法采用了问卷调查法。问卷调查法是由英国的优生学家、心理学家弗朗西斯·高尔顿(Francis Galton)发明的一种研究方法,高尔顿于1882年在英国伦敦设立人类学测验实验室,并设计了一套问卷,把需要调查的问题都印成问卷,寄发出去,收集资料,这是历史上第一份此类问卷。在问卷调查法产生迄今的一个多世纪内,在学术研究、市场研究、行政统计调查等各种领域得到了广泛运用,有关问卷调查方法的研究也取得长足的进展。并且随着科学技术的发展和现代通信技术结合,问卷调查法衍生出诸多的调研方法和手段。

三、人口统计

就所抽取的样本进行人口统计特征变量分析,可以发现:男性比例为43.5%,女性比例为56.5%。就学历而言,初中和以下样本比例为5.2%,高中和高职样本比例为9.9%,专科样本比例为13.2%,本科样本比例为61.6%,硕士研究生样本比例为8.3%,博士研究生样本比例为1.1%。城镇出生样本比例为68.1%,农村出生样本比例为31.9%。就家庭月收入状况而言,4 999元以下样本比例为14.3%,5 000—9 999元样本比例为25.5%,10 000—14 999元样本比例为21.6%,15 000—19 999元样本比例为16.4%,20 000—24 999元样本比例为12.6%,25 000元以上样本比例为9.6%。有境外(含港澳台)学习和生活的经历的样本比例为10.4%,没有的为89.6%。就不同年代出生而言,00后样本比例为17.7%,90后样本比例为34.5%,80后样本比例为30.8%,改革前样本比例为17.1%;按世代划分,M世代样本比例为52.2%,O世代样本比例为43.6%,S世代样本比例为4.2%(见图5-2)。

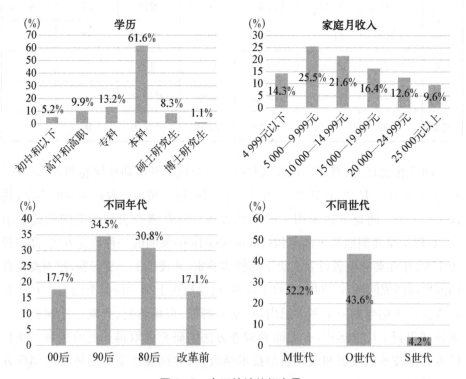

图5-2　人口统计特征变量

第二节　国家文化价值观

一、国家文化价值观因子分析

对国家文化价值观题组的四个指标进行因子分析。其 KMO 值为 0.766，Bartlett 球形度检验卡方统计值达到显著水平（sig＝0.000＜0.001）。但提取出 1 个特征向量（见表 5-3）。

表 5-3　成分矩阵[a]

	成　分
	1
B2a. 政府应该把人民的整体利益放在首位。	0.749
B2b. 政府要维持经济发展、国家安全等。	0.772
B2d. 无论贫富、长幼、性别和民族等差异，政府都应该对其一视同仁。	0.717
B2e. 政府应该有更大的作为来解决贫富差距、环境、医疗卫生等社会问题。	0.747

提取方法：主成分分析法。
a. 提取了 1 个成分。

五座国家中心城市的市民对人民利益、社会公平等各方面有相当高的要求，他们对国家文化价值观的四个维度的认同均在 90％左右。他们对"B2a. 政府应该把人民的整体利益放在首位"的支持率达到 90.4％（非常同意的比例为52.9％，比较同意的比例为 37.5％），7.9％保持中立，1.7％表示不同意。他们对"B2b. 政府要维持经济发展、国家安全等"的支持率达 91.6％（非常同意的比例为 61.5％，比较同意的比例为 30.2％），7.1％保持中立，1.3％表示不同意。他们对"B2d. 无论贫富、长幼、性别和民族等差异，政府都应该对其一视同仁"的支持率为 87.6％（非常同意的比例为 51.8％，比较同意的比例为 35.8％），9.8％保持中立，2.6％表示不同意。他们对"B2e. 政府应该有更大的作为来解决贫富差距、环境、医疗卫生等社会问题"的支持率为 89.3％（非常同意的比例为 55.2％，比较同意的比例为 34.1％），9.3％保持中立，1.3％表示不支持（见图 5-3）。

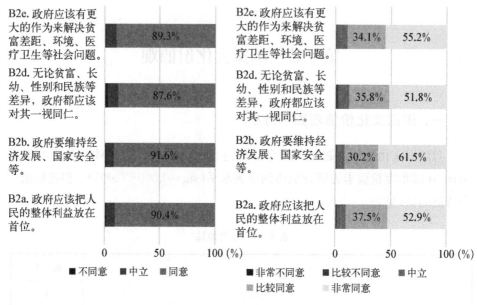

图 5 - 3　国家文化价值观认同频次分析

二、国家文化价值观回归分析

为了进一步分析青年对国家文化价值观各个变量的影响因素,我们以其四个选项为因变量,以代际、媒体使用和人口统计变量为自变量进行回归分析。详细结果如表 5 - 3 所示。以 S 世代为参考组,在回归模型中,我们控制性别、教育程度、城乡和家庭收入等因素。

第一,在模型"B2a. 政府应该把人民的整体利益放在首位"中,就不同代际人群而言,O 世代和 M 世代与 S 世代相比有显著的差异,他们比 S 世代对"政府应该把人民的整体利益放在首位"的认同率显著要低。在媒体内容方面,经常阅读"政治和军事类""社会和生活类"新闻与"政府应该把人民的整体利益放在首位"有显著的正相关关系。就媒介使用而言,经常使用"传统主流媒体""社交媒体"与"政府应该把人民的整体利益放在首位"的认同率有显著正相关关系,但经常使用"境外媒体"与"政府应该把人民的整体利益放在首位"呈现显著的负相关,与此同时,有"境外经历"也与"政府应该把人民的整体利益放在首位"的认同率呈现显著的负相关。就人口统计变量而言,学历与"政府应该把人民的整体利益放在首位"的认同率有显著正相关关系。

第二,在模型"B2b. 政府要维持经济发展、国家安全等"中,就不同代际人群而言,O 世代和 M 世代对"政府要维持经济发展、国家安全等"的认同率要显著低于 S 世代。在媒体内容方面,经常阅读"政治和军事类""社会和生活类"新闻与"政府要维持经济发展、国家安全等"的认同率显著正相关。就媒介使用而言,经常使用"社交媒体"与"政府要维持经济发展、国家安全等"的认同率显著正相关,但经常使用"境外媒体"则与"政府要维持经济发展、国家安全等"的认同率呈现显著负相关关系。有"境外经历"与对"政府要维持经济发展、国家安全等"的认同率显著负相关。就人口统计变量而言,男性对"政府要维持经济发展、国家安全等"的认同率要显著低于女性。

第三,在模型"B2d. 无论贫富、长幼、性别和民族等差异,政府都应该对其一视同仁"中,"无论贫富、长幼、性别和民族等差异,政府都应该对其一视同仁",几乎得到各个代际人群的一致认同,O 世代和 M 世代与 S 世代在这一维度没有显著的差异。在媒体内容方面,经常阅读"政治和军事类""社会和生活类"新闻与"无论贫富、长幼、性别和民族等差异,政府都应该对其一视同仁"的认同率有显著正相关关系。就媒介使用而言,经常使用"社交媒体"与"无论贫富、长幼、性别和民族等差异,政府都应该对其一视同仁"的认同率正相关,但经常使用"境外媒体"与"政府要维持经济发展、国家安全等"的认同率负相关。有"境外经历"与"无论贫富、长幼、性别和民族等差异,政府都应该对其一视同仁"的认同率负相关。就人口统计变量而言,男性比女性对"无论贫富、长幼、性别和民族等差异,政府都应该对其一视同仁"的支持率略低,学历与对"无论贫富、长幼、性别和民族等差异,政府都应该对其一视同仁"的认同率负相关。

第四,在模型"B2e. 政府应该有更大的作为来解决贫富差距、环境、医疗卫生等社会问题"中,就不同代际人群而言,O 世代和 M 世代对"政府应该有更大的作为来解决贫富差距、环境、医疗卫生等社会问题"的认同率要显著低于 S 世代。在媒体内容方面,经常阅读"政治和军事类""社会和生活类"新闻与对"政府应该有更大的作为来解决贫富差距、环境、医疗卫生等社会问题"的认同率有显著的正相关关系。就媒介使用而言,经常使用"社交媒体"与"政府应该有更大的作为来解决贫富差距、环境、医疗卫生等社会问题"的认同率正相关,但经常使用"境外媒体"与对"政府应该有更大的作为来解决贫富差距、环境、医疗卫生等社会问题"的认同率显著负相关。有"境外经历"也与"B2e. 政府应该有更大的作为来解决贫富差距、环境、医疗卫生等社会问题"的认同率负相关。就人口统计变量而言,学历与"政府应该有更大的作为来解决贫富差距、环境、医疗卫生等社会问题"的支持率正相关(见表 5-4)。

"代际"是造成都市青年"国家文化价值观"差异的重要因素。

表 5-4 "代际"对国家文化价值观影响回归分析

	B2a. 政府应该把人民的整体利益放在首位	B2b. 政府要维持经济发展、国家安全等	B2d. 无论贫富、长幼、性别和民族等差异,政府都应该对其一视同仁	B2e. 政府应该有更大的作为来解决贫富差距、环境、医疗卫生等社会问题
(常量)	4.31(0.11)***	4.48(0.1)***	4.45(0.12)***	4.32(0.11)***
M 世代	−0.25(0.07)***	−0.13(0.07)+	0.01(0.08)	−0.22(0.07)**
O 世代	−0.19(0.07)**	−0.17(0.07)*	−0.03(0.08)	−0.22(0.07)**
政治和军事类	0.14(0.03)***	0.14(0.03)***	0.18(0.03)***	0.1(0.03)***
经济和金融类	0.02(0.03)	−0.03(0.03)	−0.03(0.03)	0.03(0.03)
文化和体育类	−0.03(0.04)	0.01(0.03)	−0.01(0.04)	−0.02(0.04)
社会和生活类	0.12(0.04)**	0.13(0.04)**	0.09(0.05)+	0.22(0.04)***
传统主流媒体	0.02(0.01)+	−0.02(0.01)	−0.01(0.01)	−0.01(0.01)
社交媒体	0.03(0.01)*	0.04(0.01)***	0.02(0.01)+	0.04(0.01)***
资讯平台	0(0.01)	0.01(0.01)	−0.01(0.02)	−0.01(0.01)
网络媒体	−0.01(0.01)	0(0.01)	0.01(0.01)	−0.01(0.01)
境外媒体	−0.12(0.01)***	−0.13(0.01)***	−0.11(0.02)***	−0.1(0.01)***
境外经历	−0.15(0.05)***	−0.13(0.05)**	−0.15(0.05)**	−0.12(0.05)*
男性	0.01(0.03)	−0.05(0.03)+	−0.05(0.03)+	0.05(0.03)
学历	0.05(0.02)***	0.02(0.02)	−0.04(0.02)*	0.04(0.02)**
城市出生	−0.01(0.03)	0.04(0.03)	0.03(0.04)	0.07(0.03)*
家庭收入(月)	0.01(0.01)	0.02(0.01)	0.01(0.01)	0(0.01)
R	0.251	0.262	0.207	0.239
样本数(N)	2 534	2 534	2 534	2 534

注:$+ p < 0.1$;$* p < 0.05$;$** p < 0.01$;$*** p < 0.001$。

图 5 - 4 显示了三个世代对四个国家文化价值观维度的支持率。M 世代、O 世代、S 世代对"B2a. 政府应该把人民的整体利益放在首位"的支持率分别 90.2％、90.8％、94.4％,对"B2b. 政府要维持经济发展、国家安全等。"的支持率分别 91.6％、91.5％、95.3％,对"B2d. 无论贫富、长幼、性别和民族等差异,政府都应该对其一视同仁"的支持率分别 87.8％、87.6％、89.7％,对"B2e. 政府应该有更大的作为来解决贫富差距、环境、医疗卫生等社会问题"的支持率分别 88.3％、89.9％、97.2％。M 世代和 O 世代之间的差异均比较小,但 M 世代、O 世代对"政府应该把人民的整体利益放在首位""政府要维持经济发展、国家安全等""政府应该有更大的作为来解决贫富差距、环境、医疗卫生等社会问题"的支持率要显著低于 S 世代。三个世代对"无论贫富、长幼、性别和民族等差异,政府都应该对其一视同仁"的认同率几乎没有差异。

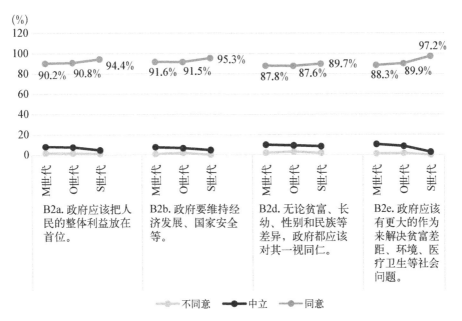

图 5 - 4　不同"世代"对国家文化价值观的认同差异

在媒体内容方面,"政治和军事类"和"社会和生活类"对国家文化价值观的四个维度都有显著的正面影响。

在媒介使用方面,经常使用"传统主流媒体"对"政府应该把人民的整体利益放在首位"的认同率有显著正面影响。经常使用"社交媒体"对国家文化价值观的四个维度都有显著的正面影响,但经常使用"境外媒体"和"境外经历"对国家文化价值观的四个维度都有显著负面影响。

　　人口统计变量的影响相对比较有限。男性在两个维度显著低于女性,分别是"政府要维持经济发展、国家安全等""无论贫富、长幼、性别和民族等差异,政府都应该对其一视同仁"。学历对"政府应该把人民的整体利益放在首位""政府应该有更大的作为来解决贫富差距、环境、医疗卫生等社会问题"有正面影响,但对"无论贫富、长幼、性别和民族等差异,政府都应该对其一视同仁"的认同率有负面影响。

　　表5-5用"年代"代替了"世代",参考组为80前,其他变量和表5-4完全相同。就不同年代的市民而言,80后、90后、00后与80前对"B2a. 政府应该把人民的整体利益放在首位"的认同率有显著差异,均比80前的支持率显著要低。00后与80前对"B2b. 政府要维持经济发展、国家安全等",并没有显著差异;但80后和90后与80前对"政府要维持经济发展、国家安全等"的支持率要显著低于80前。在对"B2d. 无论贫富、长幼、性别和民族等差异,政府都应该对其一视同仁"的支持率方面,三个年代的青年和80前没有显著差异。00后与80后对"B2e. 政府应该有更大的作为来解决贫富差距、环境、医疗卫生等社会问题"的支持率没有显著差异,但90后、80后对"B2e. 政府应该有更大的作为来解决贫富差距、环境、医疗卫生等社会问题"的支持率要显著低于80前。不同"年代"的市民对国家价值观的认同差异如图5-5所示。

表5-5　"年代"对国家文化价值观影响回归分析

	B2a. 政府应该把人民的整体利益放在首位	B2b. 政府要维持经济发展、国家安全等	B2d. 无论贫富、长幼、性别和民族等差异,政府都应该对其一视同仁	B2e. 政府应该有更大的作为来解决贫富差距、环境、医疗卫生等社会问题
(常量)	4.18(0.09)***	4.37(0.09)***	4.42(0.1)***	4.14(0.09)***
00后	−0.12(0.05)*	−0.03(0.05)	0.08(0.06)	−0.03(0.05)
90后	−0.19(0.04)***	−0.11(0.04)*	0(0.05)	−0.09(0.05)+
80后	−0.15(0.04)***	−0.16(0.04)***	−0.01(0.05)	−0.07(0.04)+
政治和军事类	0.13(0.03)***	0.14(0.03)***	0.18(0.03)***	0.1(0.03)***
经济和金融类	0.02(0.03)	−0.02(0.03)	−0.03(0.03)	0.03(0.03)
文化和体育类	−0.02(0.04)	0.02(0.03)	−0.01(0.04)	−0.02(0.04)
社会和生活类	0.12(0.04)**	0.14(0.04)***	0.1(0.05)*	0.23(0.04)***

续 表

	B2a. 政府应该把人民的整体利益放在首位	B2b. 政府要维持经济发展、国家安全等	B2d. 无论贫富、长幼、性别和民族等差异,政府都应该对其一视同仁	B2e. 政府应该有更大的作为来解决贫富差距、环境、医疗卫生等社会问题
传统主流媒体	0.02(0.01)⁺	−0.02(0.01)	−0.01(0.01)	−0.01(0.01)
社交媒体	0.03(0.01)[*]	0.04(0.01)^{***}	0.02(0.01)⁺	0.04(0.01)^{**}
资讯平台	0(0.01)	0.01(0.01)	−0.01(0.02)	−0.01(0.01)
网络媒体	−0.01(0.01)	0(0.01)	0.01(0.01)	−0.01(0.01)
境外媒体	−0.12(0.01)^{***}	−0.12(0.01)^{***}	−0.11(0.02)^{***}	−0.1(0.01)^{***}
境外经历	−0.15(0.05)^{**}	−0.12(0.05)^{**}	−0.15(0.05)^{**}	−0.12(0.05)[*]
男性	0(0.03)	−0.06(0.03)[*]	−0.06(0.03)⁺	0.05(0.03)
学历	0.06(0.02)^{***}	0.02(0.02)	−0.04(0.02)[*]	0.04(0.02)[*]
城市出生	−0.01(0.03)	0.03(0.03)	0.03(0.04)	0.07(0.03)[*]
家庭收入(月)	0.02(0.01)	0.02(0.01)[*]	0.01(0.01)	0(0.01)
R	0.256	0.270	0.209	0.235
样本数(N)	2 534	2 544	2 544	2 544

注:$+ \ p < 0.1$; $* \ p < 0.05$; $** \ p < 0.01$; $*** \ p < 0.001$。

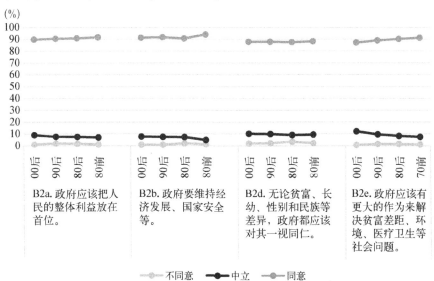

图 5-5 不同"年代"对国家文化价值观的认同差异

第三节　社会文化价值观

一、社会文化价值观因子分析

对社会文化价值观题组的四个指标进行因子分析。其 KMO 值为 0.767，Bartlett 球形度检验卡方统计值达到显著水平（sig＝0.000＜0.001），提取出 1 个特征向量（见表 5 - 6）。

表 5 - 6　成分矩阵[a]

	成　分
	1
B3b. 人们应该礼尚往来，相互团结。	0.762
B3c. 人们应该辛勤工作、奋发向上。	0.775
B3d. 人们应该有正义感、荣耻感和博爱精神。	0.767
B3e. 人们应该通过公平竞争来获取个人成功。	0.710

提取方法：主成分分析法。
a. 提取了 1 个成分。

同样，在传统文化价值观方面，中国人支持"礼尚往来""辛勤工作""公平"和"正义"，相关支持率均高达 90％左右。对"B3b. 人们应该礼尚往来，相互团结"的支持率为 89.2％（非常同意的比例为 49.9％，比较同意的比例为 39.2％），9.2％保持中立，1.7％表示不支持。对"B3c. 人们应该辛勤工作、奋发向上"的支持率为 91.0％（非常同意的比例为 57.4％，比较同意的比例为 33.7％），7.6％保持中立，1.4％表示不支持。对"B3d. 人们应该有正义感、荣耻感和博爱精神"的支持率为 91.4％（非常同意的比例为 59.1％，比较同意的比例为 32.3％），7.2％保持中立，1.4％表示不支持。对"B3e. 人们应该通过公平竞争来获取个人成功"的支持率为 89.4％（非常同意的比例为 52.1％，比较同意的比例为 37.3％），9.0％保持中立，1.6％表示不支持（见图 5 - 6）。

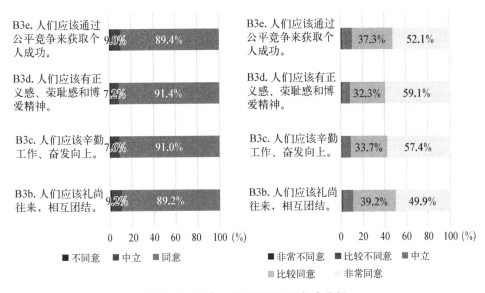

图5‐6　社会文化价值观认同频次分析

二、社会文化价值观回归分析

我们以社会文化价值观的四个选项为因变量,以"代际""媒体使用"和"人口统计变量"为自变量进行回归分析,详细结果如表5‐7所示。S世代为参考组在回归模型中,我们控制性别、教育程度、城乡和家庭收入等因素。

表5‐7　不同世代社会价值观回归分析

	B3b. 人们应该礼尚往来,相互团结。	B3c. 人们应该辛勤工作、奋发向上。	B3d. 人们应该有正义感、荣耻感和博爱精神。	B3e. 人们应该通过公平竞争来获取个人成功。
(常量)	4.25(0.11)***	4.52(0.11)***	4.48(0.1)***	4.44(0.11)***
M世代	−0.12(0.08)	−0.12(0.07)	−0.12(0.07)	−0.1(0.08)
O世代	−0.14(0.07)+	−0.16(0.07)*	−0.17(0.07)*	−0.09(0.07)
政治和军事类	0.14(0.03)***	0.15(0.03)***	0.16(0.03)***	0.14(0.03)***
经济和金融类	−0.02(0.03)	−0.06(0.03)*	−0.01(0.03)	−0.04(0.03)
文化和体育类	0.08(0.04)*	0.06(0.04)+	0.06(0.03)+	0.04(0.04)

	B3b. 人们应该礼尚往来,相互团结。	**B3c.** 人们应该辛勤工作、奋发向上。	**B3d.** 人们应该有正义感、荣耻感和博爱精神。	**B3e.** 人们应该通过公平竞争来获取个人成功。
社会和生活类	0.12(0.05)**	0.1(0.04)*	0.13(0.04)**	0.07(0.05)
传统主流媒体	0.01(0.01)	0.03(0.01)*	0.02(0.01)+	−0.01(0.01)
社交媒体	0.05(0.01)***	0.02(0.01)	0.04(0.01)**	0.04(0.01)***
资讯平台	−0.02(0.01)	−0.03(0.01)*	−0.05(0.01)***	−0.02(0.01)
网络媒体	0.01(0.01)	0.03(0.01)*	0.02(0.01)+	0(0.01)
境外媒体	−0.1(0.01)***	−0.11(0.01)***	−0.11(0.01)***	−0.1(0.02)***
境外经历	−0.08(0.05)	−0.13(0.05)**	−0.11(0.05)*	−0.14(0.05)**
男性	−0.02(0.03)	−0.02(0.03)	−0.01(0.03)	0(0.03)
学历	−0.01(0.02)	−0.03(0.02)+	−0.03(0.02)+	−0.01(0.02)
城市出生	0.01(0.03)	−0.01(0.03)	0.02(0.03)	0.04(0.03)
家庭收入(月)	0.02(0.01)	0.02(0.01)+	0.01(0.01)	0(0.01)
R	0.213	0.231	0.245	0.207
样本数(N)	2 534	2 534	2 534	2 534

注:$+ p < 0.1$;$* p < 0.05$;$** p < 0.01$;$*** p < 0.001$。

　　第一,在模型"B3b. 人们应该礼尚往来,相互团结"中,就不同代际人群而言,M 世代与 S 世代对"人们应该礼尚往来,相互团结"的支持率没有显著差异,但 O 世代显著要低于 S 世代。就媒体内容而言,经常阅读"政治和军事类""文化和体育类""社会和生活类"新闻与"人们应该礼尚往来,相互团结"有显著的正相关关系。就媒介使用而言,经常使用"社交媒体"与"人们应该礼尚往来,相互团结"显著正相关,但经常使用"境外媒体"与"人们应该礼尚往来,相互团结"显著负相关。

　　第二,在模型"B3c. 人们应该辛勤工作、奋发向上"中,就不同代际人群而言,M 世代与 S 世代相比没有显著的差异,但 O 世代与 S 世代相比有显著的差异,并显著低于 S 世代。就媒体内容方面,经常阅读"政治和军事类""文化与体育类""社会和生活类"新闻与"人们应该辛勤工作、奋发向上"有显著正相关关系,但经常阅读"经济与金融类"新闻与"人们应该辛勤工作、奋发向上"有显著负相关关系。就媒介使用而言,经常使用"传统主流媒体""网络媒体"与"人们应该辛勤工作、奋发向上"有显著正相关关系,但经常使用"资讯平台""境外媒体"与对"人们应该辛勤工作、奋发向上"的支持率有显著的负相关关系。有"境外经历"也与对"人们应该辛勤工作、奋发向上"的支持率有显著的负相关关系。就人口统计变量而言,学历与对"人们应该辛勤工作、奋发向上"的支持率有显著的负相关关系,但家庭收入与对"人们应该辛勤工作、奋发向上"的支持率有显著正相关关系。

　　第三,在模型"B3d. 人们应该有正义感、荣耻感和博爱精神"中,就不同代际人群而言,M世代与S世代对"人们应该有正义感、荣耻感和博爱精神"的支持率没有显著差异,但O世代对"人们应该有正义感、荣耻感和博爱精神"的支持率要显著低于S世代。就媒体内容而言,经常阅读"政治和军事类""文化和体育类""社会和生活类"新闻与对"人们应该有正义感、荣耻感和博爱精神"的支持率有显著的正相关关系。就媒介使用而言,经常使用"主流媒体""社交媒体""网络媒体"与对"人们应该有正义感、荣耻感和博爱精神"的支持率显著正相关,但经常使用"境外媒体""资讯平台"与对"人们应该有正义感、荣耻感和博爱精神"的支持率显著负相关。有"境外经历"也与对"人们应该有正义感、荣耻感和博爱精神"的支持率有显著的负相关关系。就人口统计变量而言,学历与对"人们应该辛勤工作、奋发向上"的支持率有显著负相关关系。

　　第四,在模型"B3e. 人们应该通过公平竞争来获取个人成功"中,不同代际人群之间并没有显著差异。在媒体内容方面,经常阅读"政治和军事类"与对"人们应该通过公平竞争来获取个人成功"的支持率有显著正相关关系。在媒介使用方面,经常使用"社交媒体"与对"人们应该通过公平竞争来获取个人成功"的支持率正相关,但经常使用"境外媒体",以及有"境外经历"与对"人们应该通过公平竞争来获取个人成功"的支持率显著负相关(见表5-7)。

　　代际在某种程度上会造成都市青年社会文化价值观的差异。

　　M世代和S世代在社会文化价值观方面没有显著的差别。但O世代与S世代在社会文化价值观的三个方面有显著的差异,并显著低于S世代,它们分别是"人们应该礼尚往来,相互团结""人们应该辛勤工作、奋发向上""人们应该有正义感、荣耻感和博爱精神"。图5-7显示了三个世代对四个社会文化价值观维度的支持率。

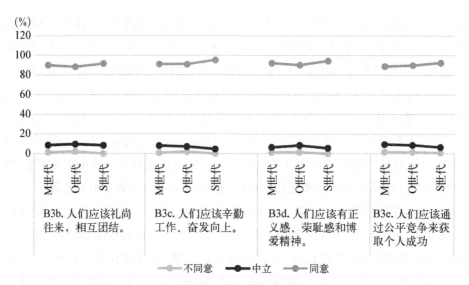

图5-7　不同世代对社会文化价值观的认同差异

　　在媒体内容方面,经常阅读"政治和军事类"新闻对国家文化价值观的四个维度都有显著的正面影响,经常阅读"文化和体系类""社会和生活类"新闻对国家文化价值观的三个维度都有显著的正面影响,分别是"人们应该礼尚往来,相互团结""人们应该辛勤工作、奋发向上""人们应该有正义感、荣耻感和博爱精神",而经常阅读"经济和金融类"新闻对国家文化价值观的一个维度("人们应该辛勤工作、奋发向上")有显著负面影响。

　　在媒介使用方面,经常使用"境外媒体"对"社会文化价值观"的四个维度都有显著的负面影响,经常使用"资讯平台"对"社会文化价值观"的两个维度都有显著的负面影响,有"境外经历"对"社会文化价值观"的三个维度都有显著的负面影响,而经常使用"社交媒体"对"社会文化价值观"的三个维度都有显著的负面影响,经常使用"传统主流媒体""网络媒体"分别对"社会文化价值观"的两个维度都有显著负面影响。

　　人口统计变量对"社会文化价值观"的影响相对比较有限。学历对"人们应该辛勤工作、奋发向上""人们应该有正义感、荣耻感和博爱精神"有显著的负面影响。家庭月收入对"人们应该辛勤工作、奋发向上"的支持率有显著正面影响。

　　表5-8用"年代"代替了"世代",参考组为80前,其他变量和表5-7完全相同。就不同年代的市民而言,00后与80前在"社会文化价值观"的四个维度都没有显著差异。90后则与80前在"社会文化价值观"的两个维度有显著差异,并低

于 80 前，分别是"人们应该礼尚往来，相互团结""人们应该通过公平竞争来获取个
人成功"。80 后与 80 前的差异比较大，80 后在"社会文化价值观"三个维度的支持率
相比 80 前都显著地低。图 5-8 显示了不同年代对社会文化价值观的认同差异。

表 5-8　不同年代社会价值观回归分析

	B3b. 人们应该礼尚往来，相互团结。	B3c. 人们应该辛勤工作、奋发向上。	B3d. 人们应该有正义感、荣耻感和博爱精神。	B3e. 人们应该通过公平竞争来获取个人成功。
（常量）	4.13(0.09)***	4.4(0.09)***	4.33(0.09)***	4.13(0.09)***
00 后	0.02(0.05)	0.02(0.05)	0.08(0.05)	0.02(0.05)
90 后	−0.09(0.05)+	−0.05(0.04)	−0.04(0.04)	−0.09(0.05)+
80 后	−0.1(0.04)*	−0.09(0.04)*	−0.06(0.04)	−0.1(0.04)*
政治和军事类	0.14(0.03)***	0.15(0.03)***	0.16(0.03)***	0.14(0.03)***
经济和金融类	−0.02(0.03)	−0.05(0.03)+	0(0.03)	−0.02(0.03)
文化和体育类	0.08(0.04)*	0.06(0.04)+	0.06(0.03)+	0.08(0.04)*
社会和生活类	0.13(0.05)**	0.1(0.04)*	0.14(0.04)***	0.13(0.05)**
传统主流媒体	0.01(0.01)	0.03(0.01)*	0.02(0.01)*	0.01(0.01)
社交媒体	0.05(0.01)***	0.02(0.01)	0.03(0.01)**	0.05(0.01)***
资讯平台	−0.02(0.01)	−0.03(0.01)*	−0.04(0.01)**	−0.02(0.01)
网络媒体	0.01(0.01)	0.03(0.01)*	0.02(0.01)+	0.01(0.01)
境外媒体	−0.1(0.01)***	−0.11(0.01)***	−0.11(0.01)***	−0.1(0.01)***
境外经历	−0.07(0.05)	−0.13(0.05)**	−0.11(0.05)*	−0.07(0.05)
男性	−0.03(0.03)	−0.02(0.03)	−0.02(0.03)	−0.03(0.03)
学历	−0.01(0.02)	−0.03(0.02)	−0.03(0.02)+	−0.01(0.02)
城市出生	0.01(0.03)	−0.01(0.03)	0.02(0.03)	0.01(0.03)
家庭收入（月）	0.02(0.01)+	0.02(0.01)*	0.02(0.01)+	0.02(0.01)+
R	0.219	0.232	0.249	0.219
样本数(N)	2 534	2 534	2 534	2 534

注：+ $p < 0.1$；* $p < 0.05$；** $p < 0.01$；*** $p < 0.001$。

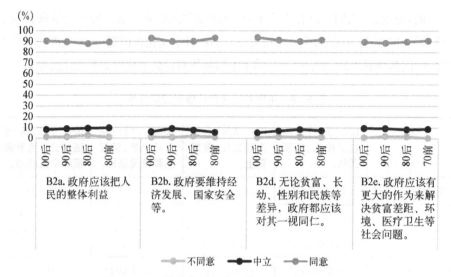

图 5-8 不同年代对社会文化价值观的认同差异

第四节　个人文化价值观

一、个人文化价值观因子分析

对个人文化价值观题组的六个指标进行因子分析。其 KMO 值为 0.678，Bartlett 球形度检验卡方统计值达到显著水平（sig＝0.000＜0.001）。但提取出两个特征向量，解释度为 63.3％。其中三个变量偏"进步和传统观念"，另外三个变量可能略微偏"保守和外来观念"。

在个人文化价值观念方面，市民更加倾向于中西融合的价值观。市民对"进步和传统观念"的认同率非常高，对三个指标的认同率均在 88％以上。他们对"B4a. 每个人都应该尊重长辈和上级，待人诚信和礼貌"的支持率为 90％（非常同意的比例为 48％，比较同意的比例为 41.9％），8.4％保持中立，1.6％表示不支持。他们对"B4b. 每个人都应该重视教育，尊重科学和知识"的支持率为 92.2％（非常同意的比例为 61.6％，比较同意的比例为 30.6％），6％保持中立，1.7％表示不支持。他们对"B4c. 每个人都应该具有独立的思想和行为"的支持率为 88.4％（非常同意的比例为 52.3％，比较同意的比例为 36.1％），10.2％保持中立，1.5％表示不支持（见图 5-9）。

表 5-9　旋转后的成分矩阵^a

	成　分	
	1	2
B4a. 每个人都应该尊重长辈和上级,待人诚信和礼貌	0.710	0.151
B4b. 每个人都应该重视教育,尊重科学和知识	0.782	-0.081
B4c. 每个人都应该具有独立的思想和行为	0.694	0.134
B4d. 每个人都应该具有冒险和挑战精神	0.383	0.632
B4e. 每个人都应该及时地享受快乐的生活	0.201	0.740

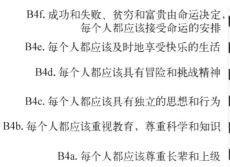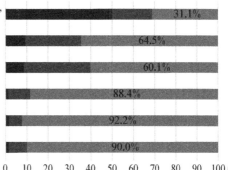

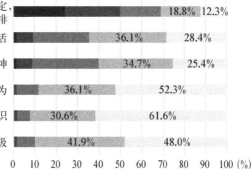

图 5-9　个人文化价值观认同频次分析

　　但他们对偏"保守和外来观念"的认同率却比较低,在 30% 和 65% 之间。对典型的西方观念如"冒险精神""享乐主义",以及比较传统、落后的"天命观"的支持率比较低。他们对"B4d. 每个人都应该具有冒险和挑战精神"的支持率为60.1%(非常同意的比例为25.4%,比较同意的比例为34.7%),31.1%保持中立,8.8%表示不支持。他们对"B4e. 每个人都应该及时地享受快乐的生活"的支持率为64.5%(非常同意的比例为28.4%,比较同意的比例为36.1%),26.2%保持中立,9.3%表示不支持。

二、个人文化价值观回归分析

我们以个人文化价值观的五个选项为因变量,以代际、媒体使用和人口统计变量为自变量进行回归分析,详细结果如表5-10所示。S世代为参考组在回归模型中,我们控制性别、教育程度、城乡和家庭收入等因素。

第一,在模型"B4a. 每个人都应该尊重长辈和上级"中,就不同代际人群而言,M世代和O世代与S世代相比有显著的差异,他们对"每个人都应该尊重长辈和上级"的支持率均显著低于S世代。在媒体内容方面,经常阅读"政治和军事类""社会和生活类"新闻与对"每个人都应该尊重长辈和上级"的支持率正相关。在媒介使用方面,经常使用"传统主流媒体""社交媒体"与"每个人都应该尊重长辈和上级"正相关,但经常使用"境外媒体"与对"每个人都应该尊重长辈和上级"的支持率显著负相关。就人口统计变量而言,学历与对"每个人都应该尊重长辈和上级"的支持率有显著的负相关关系。

第二,在模型"B4b. 每个人都应该重视教育,尊重科学和知识"中,就不同代际人群而言,M世代和O世代与S世代相比有显著的差异,他们对"每个人都应该重视教育,尊重科学和知识"的支持率均显著低于S世代。在媒体内容方面,经常阅读"政治和军事类""社会和生活类"新闻与对"每个人都应该重视教育,尊重科学和知识"的支持率显著正相关。在媒介使用方面,经常使用"社交媒体"与"每个人都应该重视教育,尊重科学和知识"的支持率显著正相关,但经常使用"资讯平台""境外媒体",有"境外经历"与"每个人都应该重视教育,尊重科学和知识"的支持率呈现显著的负相关关系。就人口统计变量而言,男性比女性对"每个人都应该重视教育,尊重科学和知识"的支持率显著要低。

第三,在模型"B4c. 每个人都应该具有独立的思想和行为"中,就不同代际人群而言,M世代和O世代与S世代相比无显著的差异。在媒体内容方面,经常阅读"政治和军事类""社会和生活类"新闻与对"每个人都应该具有独立的思想和行为"的支持率显著正相关。在媒介使用方面,经常使用"社交媒体"与对

表5-10　不同世代个人价值观回归分析

	B4a. 每个人都应该尊重长辈和上级	B4b. 每个人都应该重视教育，尊重科学和知识	B4c. 每个人都应该有独立的思想和行为	B4d. 每个人都应该具有冒险和挑战精神	B4e. 每个人都应该及时地享受快乐的生活
（常量）	4.4(0.11)***	4.54(0.1)***	4.12(0.11)***	3.39(0.15)***	3.64(0.15)***
M世代	-0.25(0.07)***	-0.17(0.07)*	0.11(0.08)	0.24(0.1)**	-0.08(0.1)
O世代	-0.22(0.07)**	-0.16(0.07)*	0.03(0.08)	0.17(0.1)+	-0.05(0.1)
政治和军事类	0.11(0.03)***	0.16(0.03)***	0.07(0.03)*	0.09(0.04)*	-0.02(0.04)
经济和金融类	0.01(0.03)	0.01(0.03)	0.02(0.03)	0.03(0.04)	-0.07(0.04)+
文化和体育类	0.03(0.04)	0(0.03)	0.04(0.04)	-0.02(0.05)	0.11(0.05)*
社会和生活类	0.12(0.04)**	0.16(0.04)***	0.11(0.05)*	-0.09(0.06)	-0.06(0.06)
传统主流媒体	0.05(0.01)***	-0.02(0.01)	0.02(0.01)	0.07(0.02)***	0.05(0.02)**
社交媒体	0.03(0.01)*	0.04(0.01)***	0.06(0.01)***	0.02(0.02)	0.04(0.02)*
资讯平台	-0.01(0.01)	-0.03(0.01)*	0(0.02)	0(0.02)	-0.03(0.02)
网络媒体	0.01(0.01)	0.02(0.01)	0(0.01)	-0.01(0.02)	0(0.02)
境外媒体	-0.09(0.01)***	-0.1(0.01)***	-0.09(0.02)***	0.05(0.02)**	0.07(0.02)***
境外经历	-0.03(0.05)	-0.21(0.05)***	-0.09(0.05)+	0.01(0.06)	0.04(0.07)
男性	-0.01(0.03)	-0.05(0.03)+	-0.07(0.03)*	0.08(0.04)*	-0.05(0.04)
学历	-0.03(0.02)+	0.01(0.02)	-0.02(0.02)	-0.02(0.02)	-0.05(0.02)*
城市出生	-0.04(0.03)	0(0.03)	0(0.03)	-0.06(0.04)	0.06(0.04)
家庭收入（月）	0(0.01)	0(0.01)	0(0.01)	-0.03(0.01)+	0.02(0.01)
R	0.198	0.249	0.197	0.181	0.148
样本数（N）	2 534	2 534	2 534	2 534	2 534

注：+ $p<0.1$；* $p<0.05$；** $p<0.01$；*** $p<0.001$。

"每个人都应该具有独立的思想和行为"的支持率显著正相关,但经常使用"境外媒体"和有"境外经历"与对"每个人都应该具有独立的思想和行为"的支持率显著负相关。就人口统计变量而言,男性比女性对"每个人都应该具有独立的思想和行为"的支持率显著要低。

第四,在模型"B4d. 每个人都应该具有冒险和挑战精神"中,就不同代际人群而言,M世代O世代与S世代相比有显著的差异,他们对"每个人都应该具有冒险和挑战精神"的支持率均显著高于S世代。在媒体内容方面,经常阅读"政治和军事类"新闻与对"每个人都应该具有冒险和挑战精神"的支持率显著正相关。在媒介使用方面,经常使用"传统主流媒体""境外媒体"与对"每个人都应该具有冒险和挑战精神"的支持率有显著正相关关系。就人口统计变量而言,男性比女性对"每个人都应该具有冒险和挑战精神"的支持率显著要高。"家庭收入"则与对"每个人都应该具有冒险和挑战精神"的支持率有显著负相关关系。

第五,在模型"B4e. 每个人都应该及时地享受快乐的生活"中,就不同代际人群而言,M世代、O世代与S世代相比无显著的差异。在媒体内容方面,经常阅读"文化和体育类"新闻与对"每个人都应该及时地享受快乐的生活"的支持率正相关,经常阅读"金融与经济类"新闻与对"每个人都应该及时地享受快乐的生活"的支持率负相关。在媒介使用方面,经常使用"传统主流媒体""社交媒体""境外媒体"均与对"每个人都应该及时地享受快乐的生活"的支持率显著正相关。就人口统计变量而言,"学历"与对"每个人都应该及时地享受快乐的生活"的支持率显著负相关。

代际因素在某种程度上造成都市青年"社会文化价值观"的差异。

在两个"进步和传统观念"维度("每个人都应该尊重长辈和上级""每个人都应该重视教育,尊重科学和知识")方面,M世代和O世代的支持率比S世代都低。三个世代对"每个人都应该具有独立的思想和行为"的支持率没有显著差异。在两个"保守和外来观念"维度,M世代和O世代与S世代没有显著差异,但M世代和O世代对"每个人都应该具有冒险和挑战精神"的支持率显著高于S世代。三个世代对个人文化价值观的认同差异如图5-10所示。

在媒体内容方面,经常阅读"政治和军事类"新闻对个人文化价值观的四个维度都有显著的正面影响,并对一个维度有负面影响。经常阅读"经济和金融类"新闻仅仅对"每个人都应该及时地享受快乐的生活"有负面影响。经常阅读"文化和体系类"新闻则对"每个人都应该及时地享受快乐的生活"有正面影响。经常阅读"社会和生活类"新闻对个人文化价值观的三个"进步和传统观念"维度有正面影响。

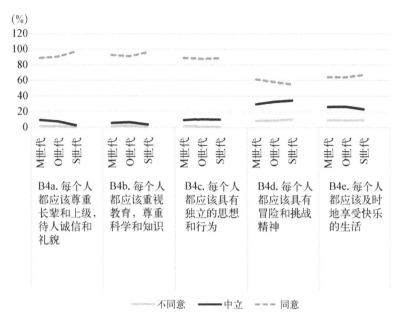

图 5-10　不同"世代"对个人文化价值观的认同差异

在媒介使用方面,经常使用"境外媒体"对个人文化价值观的三个"进步和传统观念"维度有负面影响,但对个人文化价值观的二个"保守和外来观念"维度有显著的正面影响。有"境外经历"对两个"进步和传统观念"维度("每个人都应该重视教育,尊重科学和知识""每个人都应该具有独立的思想和行为")有负面影响,但对个人文化价值观的一个"保守和外来观念"维度有显著的正面影响。"传统主流媒体"对一个"进步和传统观念"维度("每个人都应该尊重长辈和上级")有正面影响,并且对个人文化价值观的二个"保守和外来观念"维度有显著的正面影响。经常使用"社交媒体"则对个人文化价值观的三个"进步和传统观念"维度、一个"保守和外来观念"维度均有显著的正面影响。经常使用"资讯平台"则对"每个人都应该重视教育,尊重科学和知识"有显著负面影响。

人口统计变量中男性和学历对"个人文化价值观"有比较显著的影响。男性对两个"进步和传统观念"维度有显著的负面影响,但对一个"保守和外来观念"维度("每个人都应该具有冒险和挑战精神")有显著正面影响。学历对一个"进步和传统观念"维度("每个人都应该尊重长辈和上级")、一个"保守和外来观念"维度均有负面影响。家庭收入则对"每个人都应该具有冒险和挑战精神"有显著负面影响。

表 5-11 用"年代"代替了"世代",参考组为 80 前,其他变量和表 5-10 中

表5-11　不同年代个人价值观回归分析

	B4a. 每个人都应该尊重长辈和上级,待人诚信和礼貌。	B4b. 每个人都应该重视教育,尊重科学和知识。	B4c. 每个人都应该具有独立的思想和行为。	B4d. 每个人都应该具有冒险和挑战精神。	B4e. 每个人都应该及时地享受快乐的生活。
(常量)	4.25(0.09)***	4.44(0.09)***	4.11(0.09)***	3.43(0.12)***	3.56(0.13)***
00后	-0.1(0.05)*	-0.08(0.05)	0.17(0.05)**	0.33(0.07)***	0.04(0.07)
90后	-0.18(0.04)***	-0.12(0.04)**	0.09(0.05)+	0.14(0.06)*	0.04(0.06)
80后	-0.16(0.04)***	-0.12(0.04)**	0.03(0.05)	0.18(0.06)**	0.11(0.06)+
政治和军事类	0.11(0.03)***	0.16(0.03)***	0.07(0.03)*	0.09(0.04)*	-0.02(0.04)
经济和金融类	0.02(0.03)	0.01(0.03)	0.03(0.03)	0.05(0.04)	-0.07(0.04)+
文化和体育类	0.04(0.04)	0(0.03)	0.03(0.04)	-0.03(0.05)	0.1(0.05)*
社会和生活类	0.13(0.04)**	0.17(0.04)***	0.12(0.05)**	-0.08(0.06)	-0.06(0.06)
传统主流媒体	0.05(0.01)***	-0.02(0.01)	0.02(0.01)	0.07(0.02)***	0.05(0.02)**
社交媒体	0.03(0.01)*	0.04(0.01)***	0.05(0.01)***	0.01(0.02)	0.04(0.02)*
资讯平台	0(0.01)	-0.03(0.01)*	0(0.02)	0(0.02)	-0.02(0.02)
网络媒体	0(0.01)	0.02(0.01)	0.01(0.01)	-0.01(0.02)	0(0.02)
境外媒体	-0.08(0.01)***	-0.09(0.01)***	-0.09(0.02)***	0.05(0.02)*	0.06(0.02)**
境外经历	-0.02(0.05)	-0.21(0.05)***	-0.09(0.05)+	0.02(0.06)	0.03(0.07)
男性	-0.02(0.03)	-0.06(0.03)*	-0.08(0.03)*	0.08(0.04)+	-0.04(0.04)
学历	-0.03(0.02)	0.01(0.02)	-0.02(0.02)	-0.03(0.02)	-0.06(0.02)*
城市出生	-0.04(0.03)	0(0.03)	0(0.03)	-0.06(0.04)	0.07(0.04)
家庭收入(月)	0.01(0.01)	0(0.01)	0.01(0.01)	-0.02(0.01)	0.02(0.02)
R	0.204	0.252	0.201	0.199	0.151
样本数(N)	2 534	2 534	2 534	2 534	2 534

注:+ $p < 0.1$; * $p < 0.05$; ** $p < 0.01$; *** $p < 0.001$。

的数据完全相同。不同年代出生的市民的"个人文化价值观"差异比较复杂。
① 00 后、90 后、80 后,相比 80 前对"每个人都应该尊重长辈和上级,待人诚信和
礼貌"的支持率要显著低,但他们比 80 前对"每个人都应该具有冒险和挑战精
神"的支持率要显著高。00 后与 80 前对"每个人都应该重视教育,尊重科学和
知识"的支持率没有显著差异,但 90 后、80 后相比 80 前对"每个人都应该重视
教育,尊重科学和知识"的支持率要显著低。80 后与 80 前对"每个人都应该具
有独立的思想和行为"的支持率没有显著差异,但 00 后、90 后相比 80 前对"每
个人都应该具有独立的思想和行为"的支持率要显著低。00 后、90 后相比与 80
前对"每个人都应该及时地享受快乐的生活"的支持率没有显著差异,但 80 后比
80 前对"每个人都应该及时地享受快乐的生活"的支持率要显著高。不同年代
对个人文化价值观的认同差异如图 5‑11 所示。

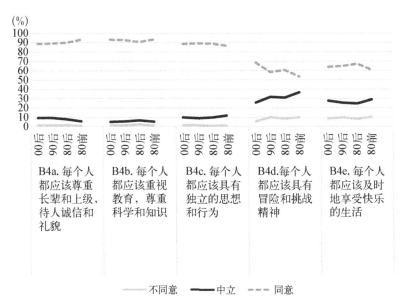

图 5‑11　不同年代对个人文化价值观的认同差异

第五节　小结:代际嵌套理论

把国家文化价值观的四个变量加总为"国家价值观"综合变量,同样把社会
文化价值观的四个变量加总为"社会价值观"综合变量,把个人文化价值观的六

个变量加总为"个人文化价值观"综合变量,我们发现在国家文化价值观层面,五都市市民的国家文化价值观均值为 17.72(最高分为 20),有相对高的分值(约为总分的 88.5%);社会文化价值观均值为 17.72(最高分为 20),也有相对高的分值(约为总分的 88.5%);但个人文化价值观均值为 23.53(最高分为 30),相对比较低(约为总分的 78.3%)(见图 5 - 12)。这说明了五个都市的市民对国家、社会文化价值有基本共识,但在个人文化价值观方面有分化。

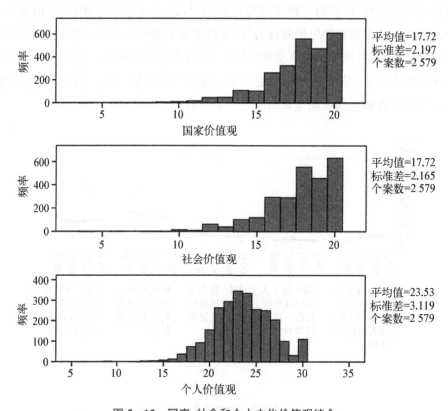

图 5 - 12   国家、社会和个人文化价值观综合

我们以上述三个汇总变量为因变量,以代际、媒体使用和人口统计变量为自变量进行回归分析,将 S 世代作为参考组在回归模型中,我们控制性别、教育程度、城乡和家庭收入等因素。

第一,在模型"国家文化价值观"中,就不同代际人群而言,O 世代和 M 世代的"国家文化价值观"显著低于 S 世代。在媒体内容方面,经常阅读"政治和军事类""社会和生活类"新闻与"国家文化价值观"得分有显著的正相关关系。就媒介使用而言,经常使用"社交媒体"与"国家文化价值观"的得分有显著正相关关系,但经常使用"境外媒体"与"国家文化价值观"得分呈现显著的负相关关系,与此同时,有"境外经历"也与"国家文化价值观"得分呈显著负相关关系。

第二,在模型"社会文化价值观"中,就不同代际人群而言,O 世代、M 世代的"社会文化价值观"得分要显著低于 S 世代。在媒体内容方面,经常阅读"政治和军事类""文化和体育类""社会和生活类"新闻与"社会文化价值观"得分显著正相关。就媒介使用而言,经常使用"社交媒体"与"社会文化价值观"得分显著正相关,但经常使用"资讯平台"和"境外媒体"则与"社会文化价值观"得分呈现显著负相关关系。有"境外经历"对"社会文化价值观"得分有显著负面影响。就人口统计变量而言,"家庭收入"与"社会文化价值观"得分显著正相关。

第三,在模型"个人文化价值观"中,O 世代、M 世代与 S 世代在"个人文化价值观"方面没有显著的差异。在媒体内容方面,经常阅读"政治和军事类"新闻与"个人文化价值观"得分有显著正相关关系。就媒介使用而言,经常使用"传统主流媒体""社交媒体"和"境外媒体"对"个人文化价值观"得分都有正面影响。就人口统计变量而言,"学历"与"个人文化价值观"得分有显著负相关关系(见表 5-12)。

表 5-12　不同世代汇总价值观回归分析

	国家文化价值观	社会文化价值观	个人文化价值观
(常量)	17.56(0.32)***	17.68(0.32)***	22.61(0.47)***
M 世代	−0.6(0.22)**	−0.45(0.22)*	−0.36(0.32)
O 世代	−0.61(0.22)**	−0.56(0.21)**	−0.2(0.32)
政治和军事类	0.56(0.09)***	0.59(0.09)***	0.23(0.13)+
经济和金融类	−0.02(0.09)	−0.13(0.09)	0.03(0.13)
文化和体育类	−0.05(0.11)	0.24(0.11)*	0.25(0.16)
社会和生活类	0.56(0.13)***	0.42(0.13)***	−0.02(0.19)
传统主流媒体	−0.01(0.04)	0.05(0.04)	0.24(0.05)***
社交媒体	0.13(0.04)***	0.14(0.04)***	0.15(0.05)**
资讯平台	−0.01(0.04)	−0.12(0.04)**	−0.05(0.06)

	国家文化价值观	社会文化价值观	个人文化价值观
网络媒体	−0.01(0.04)	0.06(0.04)	0.02(0.05)
境外媒体	−0.46(0.04)***	−0.42(0.04)***	0.16(0.06)*
境外经历	−0.55(0.14)***	−0.46(0.14)***	−0.14(0.21)
男性	−0.05(0.09)	−0.05(0.09)	−0.11(0.13)
学历	0.08(0.05)	−0.08(0.05)	−0.19(0.07)**
城市出生	0.13(0.09)	0.06(0.09)	0.02(0.14)
家庭收入(月)	0.03(0.03)	0.05(0.03)+	0.01(0.05)
R	0.302	0.290	0.170
样本数(N)	2 534	2 534	2 534

注: $+ p < 0.1$; $* p < 0.05$; $** p < 0.01$; $*** p < 0.001$。

代际是造成都市青年文化价值观差异的主要因素。

M 世代、O 世代与 S 世代在"国家文化价值观""社会文化价值观"两方面有显著的差异。但三个世代在"个人文化价值观"方面没有显著的差异。世代间"文化价值观"差异的 ANOVA 分析如表 5-13 所示，不同世代的"文化价值观"认同差异如图 5-13 所示。进一步体现了三个世代之间的差异。

表 5-13　世代间文化价值观的 ANOVA 分析

		平方和	自由度	均方	F	显著性
国家文化 价值观	组间	40.377	2	20.188	4.256	0.014
	组内	12 056.713	2 542	4.743		
	总计	12 097.090	2 544			
社会文化 价值观	组间	36.570	2	18.285	3.929	0.020
	组内	11 829.727	2 542	4.654		
	总计	11 866.297	2 544			

续　表

		平方和	自由度	均方	F	显著性
个人文化价值观	组间	16.220	2	8.110	0.839	0.432
	组内	24 567.320	2 542	9.665		
	总计	24 583.540	2 544			

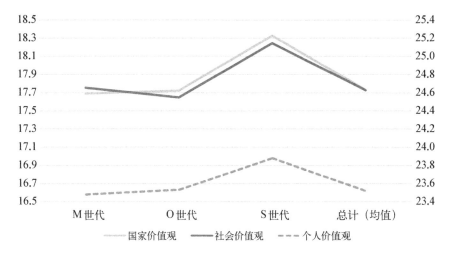

图 5 - 13　不同世代对国家文化价值观的认同差异

在媒体内容方面,经常阅读"政治和军事类"对"文化价值观"的三个方面(国家、社会和个人)都有显著的正面影响。经常阅读"文化和体育类"新闻对社会文化价值观有显著的正面影响。经常阅读"社会和生活类"新闻对"文化价值观"的两个方面(国家、社会)都有显著的正面影响。

媒介使用对"文化价值观"也有显著影响。经常使用"传统主流媒体"对"个人文化价值观"有显著的正面影响。经常使用"社交媒体"则对"文化价值观"的三个方面(国家、社会和个人)都有显著的正面影响。经常使用"境外媒体"对"文化价值观"的两个方面(国家、社会)都有显著的负面影响,但对"个人文化价值观"有显著的正面影响。经常使用"资讯平台"对"社会文化价值观"有显著的负面影响。有"境外经历"则对"文化价值观"的两个方面(国家、社会)都有显著负面影响。

人口统计变量的影响比较有限。学历对"国家文化价值观"有显著的正面影响,但对"个人文化价值观"有显著的负面影响(见表 5 - 14)。

表 5 - 14   不同年代汇总价值观回归分析

	国家文化价值观	社会文化价值观	个人文化价值观
（常量）	17.11(0.27)***	17.2(0.27)***	22.3(0.4)***
00 后	−0.1(0.15)	0.18(0.15)	0.17(0.23)
90 后	−0.38(0.13)**	−0.3(0.13)*	−0.13(0.2)
80 后	−0.4(0.13)**	−0.32(0.13)*	0.18(0.19)
政治和军事类	0.55(0.09)***	0.59(0.09)***	0.24(0.13)+
经济和金融类	0.01(0.09)	−0.1(0.09)	0.06(0.13)
文化和体育类	−0.04(0.11)	0.24(0.11)*	0.23(0.16)
社会和生活类	0.59(0.13)***	0.47(0.13)***	0.01(0.19)
传统主流媒体	−0.01(0.04)	0.06(0.04)	0.24(0.05)***
社交媒体	0.13(0.04)***	0.14(0.04)***	0.13(0.05)*
资讯平台	−0.01(0.04)	−0.11(0.04)*	−0.05(0.06)
网络媒体	−0.01(0.04)	0.06(0.04)	0.02(0.05)
境外媒体	−0.45(0.04)***	−0.42(0.04)***	0.15(0.06)*
境外经历	−0.53(0.14)***	−0.44(0.14)**	−0.13(0.21)
男性	−0.07(0.09)	−0.09(0.09)	−0.11(0.13)
学历	0.08(0.05)+	−0.07(0.05)	−0.21(0.07)**
城市出生	0.13(0.09)	0.06(0.09)	0.03(0.14)
家庭收入（月）	0.05(0.03)	0.08(0.03)*	0.02(0.05)
R	0.305	0.297	0.174
样本数（N）	2 534	2 534	2 534

注：$+ p < 0.1$；$* p < 0.05$；$** p < 0.01$；$*** p < 0.001$。

表 5 - 14 用"年代"代替了"世代"，参考组为 80 前，其他变量和表 5 - 13 完全相同。从整体"文化价值观"得分而言，00 后与 80 前在"文化价值观"的三个

方面(国家、社会和个人)都没有显著的差异。90后、80后比80前在"文化价值观"的两个方面(国家、社会)有显著低的得分,但90后、80后与80前在个人文化价值观方面没有显著差异。表5-15和图5-14进一步论证了不同年代"文化价值观"的差异。

表 5-15　年代间文化价值观的 ANOVA 分析

		平方和	自由度	均方	F	显著性
国家文化价值观汇总	组间	48.958	3	16.319	3.442	0.016
	组内	12 048.132	2 541	4.741		
	总计	12 097.090	2 544			
社会文化价值观汇总	组间	83.750	3	27.917	6.020	0.000
	组内	11 782.547	2 541	4.637		
	总计	11 866.297	2 544			
个人文化价值观汇总	组间	63.826	3	21.275	2.205	0.086
	组内	24 519.714	2 541	9.650		
	总计	24 583.540	2 544			

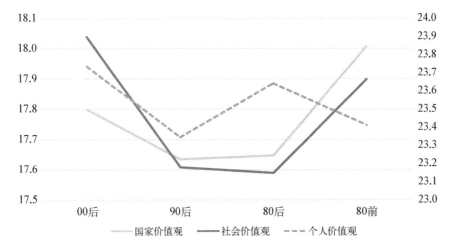

图 5-14　不同世代对国家文化价值观的认同差异

中国人的价值观呈现多重"嵌套"。代际嵌套,是指因出生年代与成长背景的不同而导致的各代群之间在价值观等方面呈现出具有差异性的群体特征。整体而言,从不同世代出发,1970 年前出生的 S 世代几乎处于一个封闭的环境,他们还秉承着传统"中国文化价值观"。但之后的两个世代(O 世代和 M 世代)生活环境日趋开放,他们日益受到西方文化价值观的影响。但具体到不同年代出生的人,又有细微的不同,主要是 00 后有回归改革开放前东方传统"中国文化价值观"的趋势。我们发现 00 后在"文化价值观"的三个方面(国家、社会和个人)与 80 前已经没有显著差异。但 80 后、90 后与 80 前在"文化价值观"的两方面(国家、社会)有非常显著的差异(见表 5 - 16)。

表 5 - 16 代阶文化价值观嵌套

世　代	价值观构成	年　代	价值观构成
S 世代(1970 年前)	传统东方"中国文化价值观"	1980 前(改革开放以前出生样本;包括 70 前和 70 后)	传统东方"中国文化价值观"
O 世代(1970—1989 年)	受到西方价值观影响的国家、社会、个人文化价值观	1980 后(尤其是改革开放~92 南巡之间出生)	受到西方价值观影响的国家、社会、个人文化价值观
M 世代(1990 年以后)	受到西方价值观影响的国家、社会、个人文化价值观	1990 后(尤其是 92 南巡~入世之前出生)	受到西方价值观影响的国家、社会、个人文化价值观
		2000 后(尤其是入世及之后出生)	虽然受到了西方价值观的影响,但整体有回归 1980 前东方传统"中国文化价值观"的趋势

第六章
大型城市青年文化观研究

第一节　集体主义—个人主义和
政府治理观念调查

一、集体主义—个人主义观念

　　尽管中国人一直被标记上典型的"集体主义"标签,但中国人个体间也可能存在个人主义和集体主义取向的不同。特里安迪斯等根据团队中的个人如何看待自己与他人,将个人主义/集体主义划分为四个类型:水平个人主义(horizontal individualism,HI)、垂直个人主义(vertical individualism,VI)、水平集体主义(horizontal collectivism,HC)和垂直集体主义(vertical collectivism,VC),并研发出包含 16 个指标(每个类型各有 4 个)的问卷。[1] 垂直维度上得分比较高的个体,会比较强调等级和权威观念,接受个体之间的地位差异及不平等现象,而水平维度上得分比较高的个体,则更加强调人人平等的观念,相信每个个体都有相同的权利和义务。[2] 李祚山选用特里安迪斯等人的量表对大学生进行了调查,发现大学生的文化取向以水平集体主义取向为主。[3] 郑静和孙妍也通过量表发

① Triandis H C, Bontempo R, Villareal M J, et al. Individualism and collectivism: Cross-cultural perspectives on selfngroup relationships.[J]. *Journal of Personality Arid Social Psychology*, 1988, 47(2): 323 - 338.
② 王永丽,时勘,黄旭.个人主义与集体主义结构的验证性研究[J].心理科学,2003(6): 996 - 999.
③ 李祚山.大学生的文化取向、自我概念对主观幸福感的影响[J].心理科学,2006(2): 423 - 426.

现大学生的文化取向以水平集体主义倾向为主。[1] 而孙山和佐斌采用问卷和内隐联想测验两种方式对大学生的文化取向进行研究,发现大学生的外显文化取向以水平个人主义文化取向为主;内隐联想测验结果则表明了大学生的集体主义文化取向。[2] 黄任之通过问卷调查与内隐联想测验发现,青少年外显测量中认同水平集体主义,其次是水平个人主义;性别差异方面,仅在水平集体主义上,男性与女性的差异存在统计学意义;在水平集体主义分量表中,出现年龄效应,得分随年龄的增长而增长。[3]

二、政府治理

近代以来,政府治理的模式演变始终围绕着政府与市场、政府与社会关系这一主轴展开。从自由资本主义时期亚当·斯密提出消极意义上的"小政府"模式,到二战前后凯恩斯主义的"大政府"干预,再到 20 世纪七八十年代年代哈耶克、弗里德曼、布坎南等人的新自由主义有限"小政府"的复归,乃至 20 世纪 90 年代"有效政府",政府的作用经过了"否定—肯定—再否定—再肯定"的自我扬弃过程。[4] 200 多年前,亚当·斯密在《国民财富的性质和原因的研究》一书中指出,最小的政府是最好的政府,应当让市场这只"看不见的手"发挥主导作用,而政府扮演"守夜人"的消极角色。[5]

随着自由市场经济的发展,市场经济本身所具有的结构性缺陷暴露得越来越充分,最终导致了 20 世纪 20～30 年代的全球资本主义经济危机。人们重新认识到要保持宏观经济与社会发展的稳定,需要借助国家的行政权力来协调、干预社会经济生活,发挥政府的作用。凯恩斯主义应运而生。在凯恩斯主义的指导下,西方国家普遍强化了国家的行政职能,政府对社会事务、经济生活开始实行全面干预,从而形成了有别于传统"小政府"的"大政府"模式。然而,自 70 年代末以来,世界各国都认识到政府的扩张必然导致财政困难、发展停滞、人民生活质量下降等问题。因此,反对大政府的新自由主义风靡一时,其代表人物有弗里德里

① 郑静.孙妍.大学生文化取向与积极情感、消极情感的相关研究[J].唐山师范学院学报,2013,35(3):133-135.
② 孙山.佐斌.大学生外显文化取向与内隐文化取向的实验研究[A].湖北省暨武汉心理学会、华中师范大学科协."改革开放与心理学"学术研讨会——湖北省暨武汉心理学会2008年学术年会论文集[C].湖北省暨武汉心理学会、华中师范大学科协、湖北省科学技术协会,2008:1.
③ 黄任之.青少年个人主义—集体主义外部特点和内隐特征研究[D].中南大学,2008.
④ 王甲成."小政府":渊源、意义及其向度[J].江南社会学院学报,2005(2):48-52.
⑤ 亚当·斯密.国民财富的性质和原因的研究[M].北京:商务印书馆,1972.

希·哈耶克、弗里德曼夫妇、罗伯特·诺齐克、穆里·罗斯巴特、米塞斯、爱因·兰德、詹姆士·布坎南、戈登·塔洛克等。他们认为大政府必定是坏政府，因为只有坏政府才趋向于扩张自己，强制性地干预市场，导致政府规模的无限扩大。①

在世界性行政改革潮流形成的同时，中国也伴随着改革开放的步伐，逐步推行政府管理体制和管理方式的改革。学术界大多倾向于支持采取"小政府、大社会"的政府改革模式。而且许多改革的举措都打上了这一模式的烙印，海南和上海浦东等地还将这一模式付诸了实践。② 而鉴于计划经济体制下的"大政府"的种种弊端，全能主义的"大政府"模式受到质疑。但是随着改革的深化，一部分学者对"小政府"模式也提出质疑，认为它已陷入了困境，甚至认为"小政府"的理论基础已被实践所抛弃，"小政府"模式不仅不符合社会发展的客观规律，而且脱离了我国已进入社会转型期的实际，因而对中国来说"小政府是根本不可行的"。③

20世纪90年代末以来，我国国内学术界逐渐开展了政府治理理论和实践研究。随着研究的深化发展，西方治理理论与中国本土治理理论的错位现象逐步凸显。党的十八届三中全会《决定》指出："全面深化改革的总目标是完善和发展中国特色社会主义制度，推进国家治理体系和治理能力现代化。"在《决定》中，"治理"是关键性概念，从国家治理、政府治理再到社会治理等方面，一共被明确直接地提及24次之多。不过，从总体上来看，涉及的治理活动主要有国家治理、政府治理和社会治理。④ 因此，基于中国共产党人执掌政权、运行治权、治国理政的丰富经验，扬弃性地批判吸收西方治理方式的有益内容，确定我国国家治理

① Levi-Faur, David. From "big government" to "big governance"[M]. *The Oxford handbook of governance*, 2012: 3-18. Rhodes, Roderick Arthur William. The new governance: governing without government[J]. *Political studies*, 1996, 44(4): 652-667. Peters, B. Guy, and John Pierre. Governance without government? Rethinking public administration [J]. *Journal of public administration research and theory*, 1998, 8(2): 223-243. Kooiman, Jan. *Modern governance: new government-society interactions* [M]. London: Sage Publications Inc., 1993. Sigley, Gary. Chinese governmentalities: Government, governance and the socialist market economy[J]. *Economy and Society*, 2006, 35(4): 487-508.
② 王甲成."小政府"：渊源、意义及其向度[J].江南社会学院学报,2005(2)：48-52.
③ 刘山.对建立"小政府"的几点看法[J].湖南经济,2000(11)：24-25. 高娇. 政府治理视角下大学安全社区建设的问题及对策研究[D].曲阜师范大学,2016.
④ 中国共产党第十八届中央委员会第三次全体会议公报(2013年11月12日中国共产党第十八届中央委员会第三次全体会议通过)[EB/OL]. 2013-11-12, http://www.xinhuanet.com//politics/2013-11/12/c_118113455.htm.

和发展话语语境中国家治理、政府治理和社会治理理论成为推进国家治理现代化的重要任务。

王浦劬在《国家治理、政府治理和社会治理的含义及其相互关系》一文中基于中国共产党治国理政理论和中国国情,分析了国家治理、政府治理和社会治理的基本含义,阐述了其间的包容性关系、交集性关系和区别性联系。西方的"治理"(governance)概念原为控制、引导和操纵之意。而中国共产党人的国家治理遵循的是马克思主义国家理论逻辑,即国家的职能由政治统治与政治管理有机组成。在中国政治话语和语境中,政府治理概念是一个与我国国情相适应的概念,[①]其基本含义基于国家治理的基本含义而生。在中共治国理政的话语和理论意义上,"政府治理"是指"在中国共产党领导下,国家行政体制和治权体系遵循人民民主专政的国体规定性,基于党和人民根本利益一致性,维护社会秩序和安全,供给多种制度规则和基本公共服务,实现和发展公共利益"。[②]而社会治理是由执政党领导,政府组织和主导负责,吸纳社会组织和公民等多方面治理主体有序参与,对社会公共事务进行的治理活动。在这其中,政府对于社会公共事务的管理,是政府治理的重要内容,而维护保障公民社会权利、完善社会福利、改善社会民生、化解社会矛盾、促进社会公平正义、推动社会有序和谐发展,则是政府治理的社会职能集中体现。[③]

中西方政府治理的差异集中在"大政府"和"小政府"的争执上。西方经历了自由资本主义时期亚当·斯密的消极意义小政府模式,二战前后凯恩斯主义的大政府干预,20世纪七八十年代哈耶克和弗里德曼等的新自由主义有限小政府,再到九十年代的有效政府,政府作用经过了系列自我扬弃的过程。[④]我国改革开放后,"小政府、大社会"的政府改革模式受到学术界的欢迎,但随着改革的深化,"小政府"模式也受到质疑。[⑤]

因此,按照大政府 VS 小政府的政府治理理论框架,我们构建六个问题来测量青年对"政府治理"的认同。它们分别是:"B2a. 如果没有强有力的政府统一多方意见,社会将陷入混乱"("B2a. 强力政府"),"B2b. 对那些挑战政府权威和现有社会秩序的群体和闹事者必须予以严惩"("B2b. 维护权威")、"B2c. 政府应

① 包国宪,郎玫.治理、政府治理概念的演变与发展[J].兰州大学学报(社会科学版),2009,37(2):1-7.
② 王浦劬.国家治理、政府治理和社会治理的基本含义及其相互关系辨析[J].社会学评论,2014,2(3):12-20.
③ 王浦劬.国家治理、政府治理和社会治理的含义及其相互关系[J].国家行政学院学报,2014(3):11-17
④ 王甲成."小政府":渊源、意义及其向度[J].江南社会学院学报,2005(2):48-52.
⑤ 刘山.对建立"小政府"的几点看法[J].湖南经济,2000(11):24-25.

该密切关注其他社会组织和专家的建议和意见"("B2c. 专家意见")、"B2d. 在重大公共事务上,政府应该充分听取民意"("B2d. 听取民意")、"B2e. 当国家遇到重大危机时,解决问题比程序合规更重要"("B2e. 解决问题")、"B2f. 为了长期利益,国家可以牺牲短期利益"("B2f. 长期利益")。它们也是 5 度李克特量表(见表 6 - 1)。

表 6 - 1 政府治理测量量表

一级量表	二级量表		来源
B2. 政府治理观念陈述	B2a. 如果没有强有力的政府统一多方意见,社会将陷入混乱	5 度李克特量表	研究团队研发
	B2b. 对那些挑战政府权威和现有社会秩序的群体和闹事者必须予以严惩		
	B2c. 政府应该密切关注其他社会组织和专家的建议和意见		
	B2d. 在重大公共事务上,政府应该充分听取民意		
	B2e. 当国家遇到重大危机时,解决问题比程序合规更重要		
	B2f. 为了长期利益,国家可以牺牲短期利益		

三、研究方法和抽样

进入 21 世纪以来,城市构成了国家和区域发展的核心。在全球城市化和后工业化时代发展的双重背景下,城市之间正变得越发可以相互替代。[1] 与此同时,我国的城市化水平也不断提升,截至 2019 年末,我国常住人口城镇化率首次超过 60%。而 2000 年,我国的城市化率为 36%,2010 年,我国城镇化率约为50%,过去 10 年来,我国城镇化率每年约提升 1 个多百分点。[2] 2014 年 11 月 20日,国务院发布《关于调整城市规模划分标准的通知》,新标准按城区常住人口数量为统计口径将城市划分为五类七档:超大城市(城区常住人口 1 000 万以上)、特大城市(城区常住人口 500 万以上 1 000 万以下)、Ⅰ 型大城市(城区常住人口300 万以上 500 万以下)、Ⅱ 型大城市(城区常住人口 100 万以上 300 万以下)、

---

[1] Hanna,Sonya,Jennifer Rowley. Towards A Strategic Place Brand-Management Model[J]. *Journal of Marketing Management*,2011,27(5 - 6):458 - 476.

[2] 经济日报.逾 60%:城镇化仍有巨大潜力[EB/OL]. 2020 - 6 - 18,http://www.xinhuanet.com/politics/2020 - 06/18/c_1126127688.htm.

中等城市(城区常住人口 50 万以上 100 万以下)、Ⅰ型小城市(城区常住人口 20 万以上 50 万以下)、Ⅱ型小城市(城区常住人口 20 万以下)。① 本次测评对象为城区常住人口 300 万以上的Ⅰ型以上的大城市,共计 20 所,分别是上海、北京、深圳、天津、重庆、成都、广州、南京、武汉、西安、沈阳、哈尔滨、青岛、昆明、杭州、长沙、郑州、长春、济南、大连等。各城市的 GDP(2019 年)状况,总人口和主城区人口如表 6-2 所示。按照我国 2019 年 GDP 总量为 990 865 亿计算,上述 20 个城市涵盖了我国 31.4%的 GDP,而人口覆盖了全国人口的大约 18.4%。

表 6-2 调研城市经济和人口状况

序号	城市	2019 年 GDP (亿元)	人口(万)		序号	城市	2019 年 GDP (亿元)	人口(万)	
			总人口	主城区				总人口	主城区
1	上海	38 155	2 424	2 423.78	11	沈阳	6 470	832	443.27
2	北京	35 371	2 171	1 863.4	12	哈尔滨	5 249	952	421.4
3	深圳	26 927	1 302	1 302.66	13	青岛	11 741	940	406
4	天津	14 104	1 560	1 296.81	14	昆明	6 475	727	395.68
5	重庆	23 605	3 372	1 150.52	15	杭州	15 373	1 036	386.12
6	成都	17 012	1 633	721.62	16	长沙	12 580	816	374.43
7	广州	23 628	1 491	665.61	17	郑州	11 380	1 014	374.05
8	南京	14 030	850	622.79	18	长春	5 904	800	361.92
9	武汉	16 900	1 112	604	19	济南	9 443	883	3 45.97
10	西安	9 321	1 255	576.56	20	大连	7 001	596	338.59
覆盖 GDP 和人口规模:							990 865 (31.4%)	25 766 (18.4%)	

第一,网络调查法。网络调查追溯到 1944 年美国佐治亚理工学院的 GVU Centre 进行的关于互联网使用情况的调查,其名称就有 internet survey、web

① 国务院印发《关于调整城市规模划分标准的通知》[EB/OL]. 2014 - 11 - 20, http://www.gov.cn/xinwen/2014 - 11/20/content_2781156.htm.

survey、online survey、electronic survey 等多种形式；在国内叫法也不一，如网络调查、在线调查、电子调查、互联网调查等。① 随着网络的普及和其及时性、客观性、可靠性、低成本性和高效性等特点，越来越多的机构和组织开始采用网络调查。② 网络调查的优点：① 低成本；② 容易建立与操作；③ 回收率高；④ 缩减数据搜集与分析时间；⑤ 具有弹性等优点。③ 网络调查的缺点：① 网络调查存在调查的受众受到限制。② 样本规模与代表性差。④

　　它是一种最新的调研方法，网络调查法有不同的分类方法。如果按抽样方法可以分为非概率方法（包括娱乐性调查、不严格的自选调查、和志愿者组成的实验调查），和概率抽样方法（网上拦截调查、清单抽样、事先征集网民志愿者的实验调查、事先征集普通总体志愿者的实验调查）。⑤ 如果按照调研手段，网络调查法通常有以下五种主要形式：⑥① 网站（页）问卷调查（web-survey）。网站（页）问卷调查是将设计好的问卷放在网站的某个网页上，问卷一般都设计得比较吸引人，而且易于回答。比如 Harris 在线调查；⑦在科学研究领域，有 surveymonkey（www. surveymonkey. com），⑧ 问卷星（http://www.sojump.com/）等。⑨ ② 电子邮件调查（e-survey）。电子邮件调查是将问卷直接发送到被访者的私人电子邮件信箱中，引起被访者的注意和兴趣，主动地填答并发送回问卷。优点：快速、填答时间具弹性、内容修改方便、可以多媒体呈现等；⑩缺点：只限于平面文本格式，调查的质量在很大的程度上取决于抽样框的完备性和回收率的高低。⑪ ③ 弹出式调查（popup）。当网民在访问网站的过程中，可能会碰到弹出来的一个窗口，请网民参与一项调查。它又被称为"网上拦截调查"，该类调查更适用于对网站评价、消费者满意度的调查等。⑫ ④ 基于论坛的

① 李锐．宋铁英．国内网络调查研究分析[J]．情报科学．2005，06：891 – 895．
② 刘展．自选式网络调查的统计推断研究[J]．暨南学报（哲学社会科学版），2015，37（9）：6．
③ 翟本瑞．影响电子邮寄问卷回收率因素之研究[J]．兰州大学学报（社会科学版），2008（1）：45 – 59．
④ 余建华．两种不同类型的网络调查：网络调查优缺点的再认识[J]．情报杂志，2011（9）：71 – 74+78．
⑤ 浦国华，徐金强．各种市场网络调查方法的比较研究[J]．商业经济与管理，2003（10）：25 – 28．
⑥ 柯慧新．互联网调查研究方法综述（上）[J]．现代传播，2001（4）：80 – 84．
⑦ 参见 http://www.harrispollonline.com/．
⑧ 参见 http://www.surveymonkey.com．
⑨ 参见 http://www.sojump.com/．
⑩ 翟本瑞．影响电子邮寄问卷回收率因素之研究[J]．兰州大学学报（社会科学版），2008（1）：45 – 59．问卷星．http://www.sojump.com/．
⑪ 柯慧新．互联网调查研究方法综述（上）[J]．现代传播，2001，（4）：80 – 84．
⑫ 许飞，王玉琴，封卉梅．网络调查研究法及其特性分析[J]．软件导刊（教育技术），2008（9）：48 – 50．

调查(BBS-Based Poll)。网站的论坛系统一般都具备发起调查帖子的功能。①
⑤ 网上固定样本。网上固定样本是一种将互联网技术与传统(网下)调查相结合的方法。与之对应的概率方法有"事先征集网民志愿者的实验调查"和"事先征集普通总体志愿者的实验调查"。美国的 Intersurvey 就是专门提供这种服务的一个专业性公司。②

　　第二,实验法(experiment survey)。实验法是指在即定条件下,通过实验对比,对市场、政治、经济、文化、社会等方面现象中某些变量之间的因果关系及其发展变化过程加以观察分析的一种调查方法。通过实验对比来取得相关领域的第一手资料。实验法是将自然科学中的实验求证理论移植到市场调查中来,在给定的条件下,对某些内容及其变化,加以实际验证、调查分析,从而获得相关资料。本研究设定可参考组合实验组,参考组为"改开前"一代,实验组为"改开后"一代,由于改革开放已经 40 年,改开后又划分为"80 后(1980～1989 年)"和"90 后(1990～1999 年)"和"00 后(2000 年后)"。此外还有第三种划分方式——S 世代(1970 年之前)、O 世代(1970～1989 年)和 M 世代(1990 年后)(见表 6 - 3)。

　　第三,本研究采用实验法和网络调查法相结合的研究方法,在上述 20 座大城市内开展调研。调查时间为 2020 年 10 月 29 日—12 月 1 日,每个城市回收样本 800 份以上,最终共回收有效问卷 16 773 份,各城市完成样本数如表 6 - 4 所示。

表 6 - 3　组别划分

组　别	划分方式 1	划分方式 2	划分方式 3
参照组	改开前	改开前(1980 年前)	S 世代(1970 年之前)
实验组	改开后	80 后(1980～1989 年)	O 世代(1970～1989 年)
		90 后(1990～1999 年)	M 世代(1990 年后)
		00 后(2000 年后)	

① 许飞,王玉琴,封卉梅.网络调查研究法及其特性分析[J].软件导刊(教育技术),2008(9):48 - 50.
② 浦国华,徐金强.各种市场网络调查方法的比较研究[J].商业经济与管理,2003(10):25 - 28.

表 6 - 4　各城市完成样本数

序号	城市 1	样本数	序号	城市 1	样本数
1	上海	836	11	天津	838
2	北京	836	12	大连	822
3	杭州	830	13	长沙	850
4	青岛	827	14	武汉	838
5	深圳	868	15	沈阳	861
6	广州	837	16	郑州	845
7	南京	846	17	西安	832
8	济南	838	18	昆明	830
9	成都	828	19	长春	847
10	重庆	831	20	哈尔滨	833
				合　计	16 773

　　第四，人口统计变量。在受调查者中，男性占 50.1%，女性占 49.9%。就各年龄段而言，改开前（1980 年前）的比例为 17.9%，80 后占 28.1%，90 后占 31.6%，00 后占 21.3%。就婚姻状况而言，单身占到 41.1%，同居占到 3.9%、已婚占到 50.4%、离婚占到 2.2%、丧偶占到 0.3%。就学历而言，初中和以下的占到 5.3%，高中和高职的占到 10.8%，专科的占到 20.4%，本科的占到 55.2%、研究生学历的占 7.8%（硕士研究生占 6.9%、博士研究生占 0.9%）。

　　受调查者中 93.9% 为汉族，而 6.1% 为少数民族。就政治面貌而言，中共党员占到 16.0%，共青团员占到 39.3%，民主党派占到 0.8%，群众占到 42.5%。按宗教信仰而言，无宗教信仰的占到 85.8%，佛教的占到 7.4%，道教的占到 1.0%、基督教占到 1.8%（其中基督新教的占到 1.5%，天主教的占到 0.3%）、伊斯兰教的占到 0.4%。家庭出生农村的比例为 40.3%，出生在城镇的比例为 59.7%。有在境外（含港澳台）学习和生活的经历的比例为

9.1％,而没有类似经历的比例为90.9％。家庭月收入4 999元以下的占到23.0％,5 000—9 999元的占到31.8％、10 000—14 999元的占到20.1％,15 000—19 999元的占到11.7％、20 000—24 999元的占到7.1％,25 000元以上的占到6.3％。

第二节　中国青年文化取向层面观念及其影响因素研究

一、集体主义—个人主义因子分析

由表6-5可知,量表的KMO值为0.861,高于0.7,说明该量表很适合做因子分析。Bartlett球形度检验卡方统计值达到显著水平(sig＝0.000＜0.001),也表明量表适合做因子分析(见表6-5)。

表6-5　KMO和巴特利特检验

KMO取样适切性量数		0.861
巴特利特球形度检验	近似卡方	60 512.354
	自由度	120
	显著性	0.000

对上述16个变量进行因子分析,由表6-6旋转后的成分矩阵可知,共析出4个特征值大于1的因子。共解释总方差变异量的53.1％,表明其4因子结构具有区分效度。除了"B3a. 尊重团队做出的决定对我来说很重要"和"B3e. 胜利就是一切"以外,各条款的因子负荷值介于0.5～0.8之间,均高于0.5。此外,"B3a. 尊重团队做出的决定对我来说很重要"的最大载荷落在了"水平集体主义"维度,其他15个指标均落入了对应的维度。本研究验证了特里安迪斯等的个人主义/集体主义量表适合中国语境。简单把人划分为集体主义和个人主义不能阐述"独立个体人"的复杂性,每个人都有集体主义的一面,同时也有个人主义的一面。

表 6 - 6 旋转后的成分矩阵[a]

	成 分			
	1	2	3	4
B3a. 尊重团队做出的决定对我来说很重要	0.452	0.041	0.342	0.239
B3b. 不管需要做出何种牺牲,家庭成员都应该团结在一起	0.174	0.015	0.707	0.177
B3c. 父母和孩子必须尽可能多在一起相处	0.119	0.039	0.750	0.104
B3d. 照顾好家庭是我的责任,即使我不得不牺牲自己的追求	0.243	0.108	0.680	0.127
B3e. 胜利就是一切	0.138	0.315	0.228	0.397
B3f. 把工作做得比别人好对我来说很重要	0.201	0.157	0.213	0.675
B3g. 竞争是自然法则	0.067	0.102	0.145	0.726
B3h. 当别人做得比我好时,我会有紧迫感并受到鞭策	0.176	0.089	0.052	0.697
B3i. 同伴(同事/同学)的幸福对我来说很重要	0.754	0.111	0.115	0.100
B3j. 如果一个同伴(同事/同学)得到奖励,我会感到自豪	0.731	0.073	0.184	0.076
B3k. 花时间和别人在一起,对我来说是一种快乐	0.731	0.020	0.063	0.113
B3l. 和别人合作时,我感到愉快	0.642	−0.009	0.227	0.207
B3m. 我经常做"我自己的事"	0.070	0.667	−0.038	0.144
B3n. 我宁愿依靠自己也不依靠别人	−0.055	0.815	0.104	0.048
B3o. 我大部分时间依靠自己,很少依靠别人	−0.004	0.783	0.153	0.057
B3p. 我要有自己的,与别人不同的个性,这对我来说很重要	0.259	0.507	−0.082	0.254

提取方法:主成分分析法。
旋转方法:凯撒正态化最大方差法。
a. 旋转在 5 次迭代后已收敛。

整体而言,集体主义—个人主义量表很好地反映了中国人的文化倾向,而且垂直集体主义得分均值为 4.10,水平集体主义得分为 3.80,垂直个人主义的得分为 3.78,水平个人主义得分为 3.74。

不同世代在四个维度的得分有显著差异,S 世代在四个维度的得分均最高,其垂直集体主义(VC)数值为 4.29,垂直个人主义(VI)数值为 3.97,水平集体主义(HC)数值为 3.96,水平个人主义(HI)数值为 3.85。O 世代在四个维度的得分均次之,垂直集体主义(VC)数值为 4.27,垂直个人主义(VI)数值为 3.88,水平集体主义(HC)数值为 3.89,水平个人主义(HI)数值为 3.73。M 世代在四个维度的得分最低,垂直集体主义(VC)数值为 3.95,垂直个人主义(VI)数值为 3.68,水平集体主义(HC)数值为 3.71,水平个人主义(HI)数值为 3.74(见图 6-1)。

不同年代在四个维度的得分有显著差异,80 前在四个维度的得分均最高,其垂直集体主义(VC)数值为 4.31,垂直个人主义(VI)数值为 3.93,水平集体主义(HC)数值为 3.92,水平个人主义(HI)数值为 3.78。80 后在四个维度的得分均次之,垂直集体主义(VC)数值为 4.24,垂直个人主义(VI)数值为 3.87、水平集体主义(HC)数值为 3.88,水平个人主义(HI)数值为 3.72。90 后垂直集体主义(VC)数值为 4.00,垂直个人主义(VI)数值为 3.71,水平集体主义(HC)数值为 374,水平个人主义(HI)数值为 3.74。00 后垂直集体主义(VC)数值为 3.87,垂直个人主义(VI)数值为 3.63,水平集体主义(HC)数值为 3.68,水平个人主义(HI)数值为 3.74(见图 6-2)。

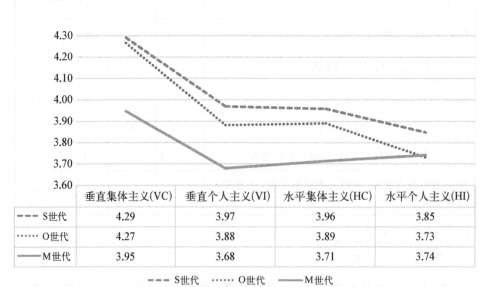

	垂直集体主义(VC)	垂直个人主义(VI)	水平集体主义(HC)	水平个人主义(HI)
S世代	4.29	3.97	3.96	3.85
O世代	4.27	3.88	3.89	3.73
M世代	3.95	3.68	3.71	3.74

图 6-1   不同世代的集体主义—个人主义得分

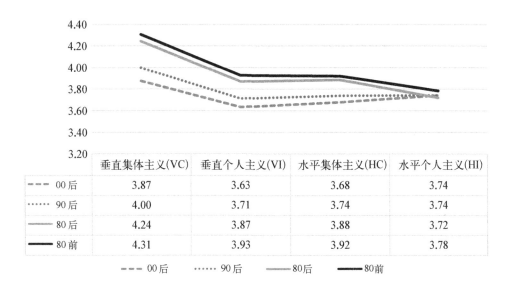

	垂直集体主义(VC)	垂直个人主义(VI)	水平集体主义(HC)	水平个人主义(HI)
- - - 00后	3.87	3.63	3.68	3.74
······ 90后	4.00	3.71	3.74	3.74
── 80后	4.24	3.87	3.88	3.72
── 80前	4.31	3.93	3.92	3.78

- - - 00后　　······ 90后　　── 80后　　── 80前

图 6-2　不同年代的集体主义—个人主义得分

二、集体主义—个人主义回归分析

为了进一步分析青年的集体主义—个人主义观念受到哪些影响因素,我们以垂直集体主义、垂直个人主义、水平集体主义、水平个人主义四个变量为因变量进行回归分析,以代际、媒体使用和人口统计变量为自变量进行回归分析,详细结果如表 6-7 所示。S 世代作为参考组在回归模型中,我们控制性别、教育程度、城乡和家庭收入等因素。

表 6-7　世代与影响集体主义—个人主义的因素

	垂直集体主义	垂直个人主义	水平集体主义	水平个人主义
(常量)	16.23(0.13)***	14.98(0.14)***	14.34(0.15)***	15.27(0.16)***
M 世代	−0.98(0.09)***	−0.75(0.09)***	−0.74(0.1)***	−0.29(0.11)**
O 世代	0.06(0.09)	−0.17(0.09)+	−0.15(0.1)	−0.38(0.1)***
政治和军事类	0.31(0.04)***	0.23(0.04)***	0.26(0.04)***	0.11(0.05)*
经济和金融类	0.13(0.04)***	0.24(0.04)***	0.16(0.04)***	0.02(0.05)
文化和体育类	0.07(0.04)	−0.03(0.05)	0.22(0.05)***	−0.07(0.05)

续　表

	垂直集体主义	垂直个人主义	水平集体主义	水平个人主义
社会和生活类	0.37(0.05)***	0.15(0.06)**	0.21(0.06)***	0.1(0.07)
传统主流媒体	0.19(0.02)***	0.17(0.02)***	0.23(0.02)***	0.05(0.02)*
社交媒体	−0.02(0.01)+	−0.01(0.01)	−0.04(0.02)**	0(0.02)
资讯平台	0.11(0.02)***	0.09(0.02)***	0.05(0.02)*	−0.01(0.02)
网络媒体	−0.01(0.02)	−0.02(0.02)	0.05(0.02)**	0.01(0.02)
境外媒体	−0.26(0.02)***	−0.01(0.02)	−0.02(0.02)	0.12(0.02)***
境外经历	−0.37(0.06)***	−0.18(0.07)**	−0.26(0.07)***	−0.05(0.08)
男性	0.24(0.04)***	0.24(0.04)***	0.1(0.04)*	0.02(0.04)
学历	−0.14(0.02)***	−0.19(0.02)***	−0.04(0.02)+	−0.12(0.02)***
城市出生	−0.1(0.04)**	−0.03(0.04)	−0.09(0.04)*	0.07(0.05)
家庭收入(月)	0.09(0.01)***	0.07(0.01)***	0.05(0.02)**	−0.02(0.02)
R	0.326	0.240	0.213	0.089
样本数(N)	16 533	16 592	16 592	16 592

注:$+p<0.1$；$*p<0.05$；$**p<0.01$；$***p<0.001$。

第一，在模型"垂直集体主义"中，就不同代际人群而言，O世代和S世代的"垂直集体主义"得分没有显著差异。但M世代与S世代相比有显著差异，M世代垂直集体主义得分显著低于S世代。在媒体内容方面，经常阅读"政治和军事类""经济和金融类""社会和生活类"新闻与"垂直集体主义"得分有显著正相关关系。在媒介使用方面，经常使用"传统主流媒体""资讯平台"，他们在"垂直集体主义"方面的得分更高。但"社交媒体""境外媒体"，以及有"境外经历"，其"垂直集体主义"会显著更低。人口统计变量的影响也非常显著，男性的"垂直集体主义"得分显著高于女性，家庭收入与"垂直集体主义"得分显著正相关；"城市出生"的"垂直集体主义"得分显著低于"农村出生"，学历与"垂直集体主义"得分显著负相关。

第二，在模型"垂直个人主义"中，就不同代际人群而言，O世代、M世代与S世代都有显著差异，他们比S世代在"垂直个人主义"的得分显著更低。在媒体内容方面,经常阅读"政治和军事类""经济和金融类""社会和生活类"的"垂直个人主义"得分会显著更高。在媒介使用方面,经常使用"传统主流媒体""资讯平台"与"垂直个人主义"得分显著正相关。但有"境外经历"与"垂直个人主义"的得分显著负相关。人口统计变量的影响也非常显著,男性的"垂直个人主义"得分显著高于女性,"家庭收入"与"垂直个人主义"得分显著正相关,"学历"与"垂直集体主义"得分显著负相关。

第三,在模型"水平集体主义"中,就不同代际人群而言,O世代和S世代没有显著差异。M世代的"水平集体主义"得分要显著低于S世代。在媒体内容方面,经常阅读"政治和军事类""经济和金融类""文化和体育类""社会和生活类"与"水平集体主义"得分均有显著正相关关系。在媒介使用方面,经常使用"传统主流媒体""资讯平台""网络媒体"与"水平集体主义"得分有显著正相关关系。但经常使用"社交媒体",以及有"境外经历"与"水平集体主义"的得分有显著负相关关系。人口统计变量的影响也非常显著,男性的"水平集体主义"得分显著高于女性,"家庭收入"与"水平集体主义"得分显著正相关,"城市出生"的"水平集体主义"得分显著低于"农村出生","学历"与"水平集体主义"得分显著负相关。

第四,在模型"水平个人主义"中,就不同代际人群而言,O世代、M世代与S世代都有显著差异,他们比S世代在"水平个人主义"的得分显著更低。在媒体内容方面,经常阅读"政治和军事类"的"水平个人主义"得分会显著的高。在媒介使用方面,经常使用"传统主流媒体""境外媒体"与"水平个人主义"得分显著正相关。但有"境外经历"与"垂直个人主义"的得分显著负相关。人口统计变量的影响也非常显著,"学历"与"水平个人主义"得分显著负相关(见表6-7)。

代际是造成大型城市青年"集体主义—个人主义"观念差异的重要因素。M世代与S世代在"集体主义—个人主义"的四维度都有显著差异,M世代在四个维度均显著低于S世代。O世代和S世代在集体主义(包括垂直和水平两维度)方面没有显著差异,但在个人主义(包括垂直和水平两维度)方面有显著的差异,O世代的个人主义(包括垂直和水平两维度)的得分显著低于S世代;在媒体内容方面,经常阅读"政治和军事类"新闻与"集体主义—个人主义"的四个维度均有显著正相关关系。经常阅读"经济和金融类""社会和生活类"新闻与"集体主义—个人主义"的三个维度(垂直集体主义、垂直个人主义、水平集体主义)均有显著正相关关系。经常阅读"文化和体育类"新闻则水平集体主义有显著正相关关系;在媒介使用方面,经常使用"传统主流媒体"与"集体主义—个人主义"的四个维度均有显著正相关关系。有"境外经历"与"集体主义—个人主义"的三个维度(垂直集体主义、垂直个人主义、水平集体主义)均有显著负相关关系,经常使用"资讯平台"则与上述三个维度(垂直集体主义、垂直个人主义、水平集体主义)均有显著正相关关系。经常使用"社交媒体"则与集体主义(包括垂直和水平两维度)有显著负相关关系。经常使用"网络媒体"与水平集体主义两维度有显著正相关关系。经常使用"境外媒体"与垂直集体主义有显著负相关关系,但与水平个人主义有显著正相关关系;人口统计变量对"集体主义—个人主义"观念有显著影响。"学历"与"集体主义—个人主义"的四个维度均有显著负相关关系。男性和"家庭收入"与"集体主义—个人主义"的三个维度(垂直集体主义、垂直个人主义、水平集体主义)均有显著正相关关系。城市出生在集体主义(包括垂直和水平两维度)方面的得分显著低于农村出生。

表6-8用"年代"代替了"世代",参考组为80前,其他变量和表6-7完全相同。就不同年代的市民而言,80后、90后、00后在垂直集体主义、垂直个人主义两方面均显著低于80前。80后、90后在水平集体主义方面显著低于80前;80后和80前在水平集体主义方面没有显著差异。80后、90后在水平个人主义方面和80前没有显著差异,但80后在水平个人主义方面显著低于80前。

表6-8　年代与影响集体主义—个人主义的因素

	垂直集体主义	垂直个人主义	水平集体主义	水平个人主义
(常量)	16.4(0.12)***	14.92(0.12)***	14.28(0.13)***	15.04(0.14)***
00后	−1.39(0.06)***	−0.81(0.07)***	−0.77(0.07)***	−0.09(0.08)
90后	−0.97(0.06)***	−0.58(0.06)***	−0.6(0.06)***	−0.06(0.07)
80后	−0.13(0.06)**	−0.1(0.06)+	−0.08(0.06)	−0.19(0.07)**
政治和军事类	0.31(0.04)***	0.24(0.04)***	0.26(0.04)***	0.11(0.05)*
经济和金融类	0.11(0.04)**	0.23(0.04)***	0.15(0.04)***	0.02(0.05)
文化和体育类	0.09(0.04)*	−0.02(0.05)	0.23(0.05)***	−0.07(0.05)
社会和生活类	0.36(0.05)***	0.15(0.06)*	0.21(0.06)***	0.1(0.07)

续 表

	垂直集体主义	垂直个人主义	水平集体主义	水平个人主义
传统主流媒体	0.18(0.02)***	0.17(0.02)***	0.23(0.02)***	0.05(0.02)**
社交媒体	−0.02(0.01)	−0.01(0.01)	−0.04(0.02)**	0(0.02)
资讯平台	0.1(0.02)***	0.08(0.02)***	0.04(0.02)*	−0.01(0.02)
网络媒体	−0.01(0.02)	−0.02(0.02)	0.05(0.02)**	0.01(0.02)
境外媒体	−0.25(0.02)***	0(0.02)	−0.02(0.02)	0.12(0.02)***
境外经历	−0.39(0.06)***	−0.19(0.07)**	−0.27(0.07)***	−0.04(0.08)
男性	0.24(0.04)***	0.24(0.04)***	0.1(0.04)*	0.02(0.04)
学历	−0.13(0.02)***	−0.19(0.02)***	−0.04(0.02)+	−0.12(0.02)***
城市出生	−0.12(0.04)**	−0.04(0.04)	−0.09(0.04)*	0.07(0.05)
家庭收入(月)	0.332	0.242	0.215	0.087
R	16 533	16 592	16 592	16 592

注: $+ p < 0.1$; $^* p < 0.05$; $^{**} p < 0.01$; $^{***} p < 0.001$。

三、青年的团体—竞争—合作—独立精神

从特里安迪斯的量表中,我们单独选择四个变量(团体—竞争—合作—独立)来衡量中国青年的"自我认知"情况。问题分别是:"B4a. 尊重团队做出的决定对我来说很重要"("B4a. 团队精神"),"B4b. 竞争是自然法则"("B4b. 竞争精神"),"B4c. 和别人合作时,我感到愉快"("B4b. 合作精神"),和"B4d. 我大部分时间依靠自己,很少依靠别人"("B4b. 独立精神")。整体而言,团结精神数值为 4.07,竞争精神数值为 3.97,合作精神数值为 4.06,独立精神数值为 3.85。

为了进一步分析青年对团体合作竞争独立精神的影响因素,我们以这四个选项为因变量,以代际、媒体使用和人口统计变量为自变量进行回归分析,详细结果如表 6-9 所示。以 S 世代为参考组在回归模型中,我们控制性别、教育程度、城乡和家庭收入等因素。

表 6 - 9   世代与影响团结—合作—竞争—独立精神的因素

	团结精神	竞争精神	合作精神	独立精神
（常量）	3.79(0.04)***	3.84(0.05)***	3.82(0.05)***	4.21(0.05)***
M 世代	−0.12(0.03)***	−0.06(0.03)+	−0.14(0.03)***	−0.12(0.04)***
O 世代	−0.02(0.03)	0.02(0.03)	0(0.03)	−0.11(0.03)***
政治和军事类	0.08(0.01)***	0.07(0.01)***	0.09(0.01)***	0.05(0.02)***
经济和金融类	0.02(0.01)*	0.06(0.01)***	0.06(0.01)***	0.01(0.02)
文化和体育类	0.07(0.01)***	0.02(0.02)	0.03(0.02)*	−0.06(0.02)***
社会和生活类	0.06(0.02)***	0.1(0.02)***	0.08(0.02)***	0.04(0.02)+
传统主流媒体	0.05(0.01)***	0.02(0.01)*	0.04(0.01)***	0.01(0.01)+
社交媒体	0.01(0)*	0.02(0)***	0(0)	−0.02(0.01)**
资讯平台	0.01(0.01)+	0(0.01)	0.01(0.01)+	0(0.01)
网络媒体	0.01(0.01)	−0.01(0.01)	0.01(0.01)+	−0.01(0.01)
境外媒体	−0.05(0.01)***	−0.03(0.01)***	−0.03(0.01)***	0(0.01)
境外经历	−0.08(0.02)***	−0.06(0.02)**	−0.08(0.02)***	−0.01(0.03)
男性	0(0.01)	0.03(0.01)*	0.04(0.01)***	−0.02(0.02)
学历	0.01(0.01)	−0.01(0.01)	−0.02(0.01)*	−0.04(0.01)***
城市出生	−0.04(0.01)***	−0.03(0.01)*	−0.04(0.01)**	−0.03(0.02)*
家庭收入（月）	0.01(0)*	0.04(0)***	0.02(0)***	−0.01(0.01)*
R	0.160	0.130	0.173	0.087
样本数(N)	16 533	16 592	16 592	16 592

注：$+ p < 0.1$；$* p < 0.05$；$** p < 0.01$；$*** p < 0.001$。

第一，在模型"团结精神"中，就不同代际人群而言，O 世代和 S 世代没有显著差异。M 世代与 S 世代认同有显著差异，M 世代的"团结精神"得分显著低于 S 世代。在媒体内容方面，经常阅读各类新闻（"政治和军事类""经济和金融类""文化和体育类""社会和生活类"）与"团结精神"得分显著正相关。在媒介使用方面，经常使用"传统主流媒体""社交媒体""资讯平台""网络媒体"与"团结精神"得分有显著正相关，但经常使用"境外媒体"和有"境外经历"与"团结精神"得分有显著负相关关系。就人口统计因素而言，"城市出生"的"团结精神"得分显著低于"农村出生",家庭收入与"团结精神"得分显著正相关。

第二,在模型"竞争精神"中,就不同代际人群而言,O世代和S世代的"竞争精神"没有显著差异,M世代的"竞争精神"得分显著低于S世代。在媒体内容方面,经常阅读"政治和军事类""经济和金融类""社会和生活类"新闻与"竞争精神"得分显著正相关。在媒介使用方面,经常使用"传统主流媒体""社交媒体"与"竞争精神"得分显著正相关,但经常使用"境外媒体",以及有"境外经历"与"竞争精神"得分有显著的负相关关系。就人口统计因素而言,男性的"竞争精神"得分显著高于女性,家庭收入与"竞争精神"得分有显著正相关关系。"城市出生"的"竞争精神"得分显著低于"农村出生"。

第三,在模型"合作精神"中,就不同代际人群而言,O世代和S世代没有显著差异。M世代的"合作精神"得分也显著低于S世代。在媒体内容方面,经常阅读各类新闻均与"合作精神"得分有显著正相关关系。在媒介使用方面,经常使用"传统主流媒体""资讯平台""网络媒体"与"合作精神"得分呈现显著正相关,但经常使用"境外媒体",以及有"境外经历"与"合作精神"得分有显著的负相关关系。就人口统计因素而言,男性的"竞争精神"得分显著高于女性,"家庭收入"得分与"合作精神"有显著正相关关系。"城市出生"市民的"合作精神"得分显著低于"农村出生"市民,"学历"与"合作精神"得分有显著负相关关系。

第四,模型"独立精神"中。就不同代际人群而言,O世代、M世代的"独立精神"得分均显著低于S世代。在媒体内容方面,经常阅读"政治和军事类""文化和体育类""社会和生活类"新闻与"独立精神"的得分显著正相关,但经常阅读"文化和体育类"新闻与"独立精神"得分显著负相关。在媒介使用方面,经常使用"传统主流媒体"与"独立精神"呈现显著正相关,但经常使用"社交媒体"与"独立精神"得分有显著的负相关关系。就人口统计因素而言,"学历"和"家庭收入"与"独立精神"得分有显著的负相关关系,"城市出生"市民的"独立精神"得分显著低于"农村出生"市民。

综合上述四个模型,M世代的团结—竞争—合作—独立精神均显著低于S世代,O世代的团结—竞争—合作精神与S世代没有显著的差异,但其"独立精神"得分要显著低于S世代。M世代和S世代在四个方面都有巨大差异。不同世代的团体—竞争—合作—独立精神如图6-3所示。

在媒体内容方面,经常阅读"政治和军事类""社会和生活类"新闻与"团结—竞争—合作—独立精神"得分均显著正相关,经常阅读"经济和金融类"新闻与"团结—竞争—合作精神"显著正相关,经常阅读"文化和体育类"新闻与"团结—合作

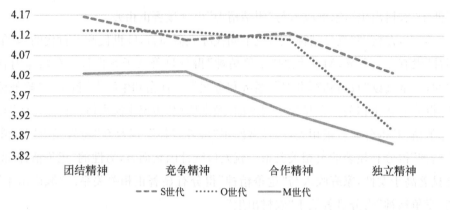

图 6‑3　不同世代的团体—竞争—合作—独立精神

精神"得分显著正相关,但与"独立精神"得分显著负相关。在媒介使用方面,经常使用"传统主流媒体"与"团结—竞争—合作—独立精神"得分呈现显著的正相关关系。但经常使用"境外媒体",和有"境外经历"与"团结—竞争—合作精神"得分呈现显著的负相关关系。经常使用"社交媒体"与"团结—竞争精神"得分显著正相关,但与"独立精神"得分显著负相关。经常使用"资讯平台"和"网络媒体"与"团结—合作精神"得分显著正相关。人口统计变量对"团结—竞争—合作—独立精神"得分有显著影响。"城市出生"市民的"团结—竞争—合作—独立精神"得分均显著低于"农村出生"市民。男性的"竞争—合作精神"得分显著高于女性。"学历"与"合作—独立精神"得分呈显著负相关关系。"家庭收入"与"团结—竞争—合作精神"得分呈显著正相关关系,但与"独立精神"得分呈显著负相关关系。

　　表6‑10和图6‑4展示了不同年代市民团结—合作—竞争—独立精神的差异。00后的"团结—合作—竞争—独立精神"得分均远低于80前;90后的"团结—合作—竞争精神"得分显著低于80前,但在"独立精神"维度没有显著差异。80后在"团结—独立精神"两方面得分显著低于80前,但"合作—竞争精神"与80前没有显著差异。

表6‑10　年代与影响团结—合作—竞争—独立精神的因素

	团结精神	竞争精神	合作精神	独立精神
(常量)	3.78(0.04)***	3.85(0.04)***	3.84(0.04)***	4.16(0.05)***
00后	−0.1(0.02)***	−0.08(0.02)***	−0.18(0.02)***	−0.14(0.03)***
90后	−0.13(0.02)***	−0.04(0.02)*	−0.13(0.02)***	−0.03(0.02)

续　表

	团结精神	竞争精神	合作精神	独立精神
80后	−0.03(0.02)+	0.02(0.02)	−0.01(0.02)	−0.07(0.02)**
政治和军事类	0.08(0.01)***	0.07(0.01)***	0.09(0.01)***	0.05(0.02)**
经济和金融类	0.03(0.01)*	0.06(0.01)***	0.06(0.01)***	0(0.02)
文化和体育类	0.07(0.01)***	0.02(0.02)	0.03(0.02)*	−0.05(0.02)**
社会和生活类	0.07(0.02)***	0.1(0.02)***	0.07(0.02)***	0.04(0.02)
传统主流媒体	0.05(0.01)***	0.02(0.01)*	0.04(0.01)***	0.01(0.01)+
社交媒体	0.01(0)*	0.02(0)***	0(0)	−0.02(0.01)**
资讯平台	0.01(0.01)*	0(0.01)	0.01(0.01)	0(0.01)
网络媒体	0.01(0.01)*	−0.01(0.01)	0.01(0.01)+	−0.01(0.01)
境外媒体	−0.05(0.01)***	−0.03(0.01)***	−0.03(0.01)***	0(0.01)
境外经历	−0.08(0.02)***	−0.07(0.02)**	−0.08(0.02)***	−0.02(0.03)
男性	0(0.01)	0.03(0.01)*	0.04(0.01)***	−0.02(0.02)
学历	0.01(0.01)	−0.01(0.01)	−0.02(0.01)*	−0.03(0.01)***
城市出生	−0.04(0.01)***	−0.03(0.01)*	−0.04(0.01)**	−0.04(0.02)*
家庭收入（月）	0.161	0.131	0.174	0.097
R	16 533	16 592	16 592	16 592

注：$+ p < 0.1$；$* p < 0.05$；$** p < 0.01$；$*** p < 0.001$。

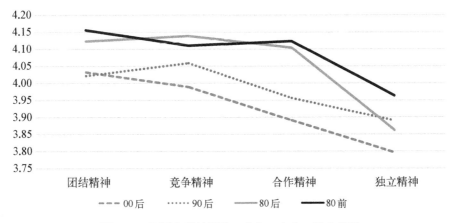

图 6-4　不同年代的团体—竞争—合作—独立精神

第三节　中国青年的政府治理观念
及其影响因素研究

一、中国民众对政府治理的认知

20个大型城市的市民对"B2a. 强力政府"（"B2a. 如果没有强有力的政府统一多方意见,社会将陷入混乱"）的支持率很高,85.38％表示支撑"强力政府"（其中46.73％表示非常同意,38.65％表示比较同意）,12.17％表示中立,而仅2.46％表示不同意。市民们对"B2b. 闹事严惩"（"B2b. 对那些挑战政府权威和现有社会秩序的群体和闹事者必须予以严惩"）的支持率也很高,83.29％表示同意"闹事严惩"（其中50.71％表示非常同意,32.58％表示比较同意）,13.76％表示中立,而仅2.95％表示不同意。市民们对"B2e. 解决问题"（"B2e. 当国家遇到重大危机时,解决问题比程序合规更重要"）的认同感位列第三,82.25％表示同意"当国家遇到重大危机时,解决问题比程序合规更重要"（其中46.54％表示非常同意,35.71％表示比较同意）,14.85％表示中立,而仅2.91％表示不同意。

市民们对"B2c. 专家意见"（"B2c. 政府应该密切关注其他社会组织和专家的建议和意见"）的认同度位列第四,81.64％表示同意"政府应该密切关注其他社会组织和专家的建议和意见"（其中37.89％表示非常同意,43.74％表示比较同意）,16.33％表示中立,而仅2.03％表示不同意。市民们对"B2d. 听取民意"（"B2d. 在重大公共事务上,政府应该充分听取民意"）的认同度位列第五,81.43％表示同意"B2d. 在重大公共事务上,政府应该充分听取民意"（其中45.66％表示非常同意,35.78％表示比较同意）,15.94％表示中立,而仅2.62％表示不同意。最后,对"B2f. 长期利益"（"B2f. 为了长期利益,国家可以牺牲短期利益"）的认同度最低,仅64.5％表示同意"B2f. 为了长期利益,国家可以牺牲短期利益"（其中27.76％表示非常同意,36.74％表示比较同意）,27.79％表示中立,而仅7.71％表示不同意（见图6-5）。

二、青年对政府治理认知的影响因素

对政府治理的六个变量进行因子分析,本研究测量政府治理的 Cronbaca's

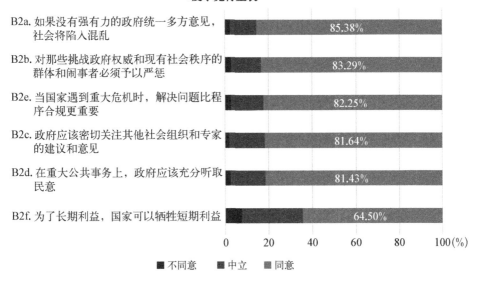

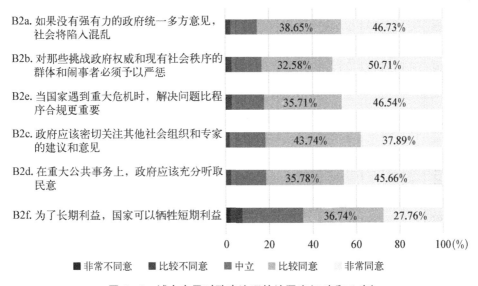

图 6-5　城市市民对政府治理的认同度(3 度和 5 度)

Alpha 系数为 0.803,这说明该量表具有一定的有效性和可靠性。随后以其六个选项为因变量,以代际、媒体使用和人口统计变量为自变量进行回归分析。详细结果如表 6-11 所示。S 世代作为参考组在回归模型中,我们控制性别、教育程度、城乡和家庭收入等因素。

表 6-11　世代与影响政府治理认知的影响

	B2a. 强力政府	B2b. 调事严惩	B2c. 专家意见	B2d. 听取民意	B2e. 解决问题	B2f. 长期利益
(常量)	4.17(0.05)***	4.37(0.05)***	4.04(0.05)***	4.23(0.05)***	4.31(0.05)***	3.86(0.06)***
M世代	−0.14(0.03)***	−0.13(0.03)***	−0.14(0.03)***	−0.29(0.03)***	−0.08(0.03)*	−0.25(0.04)***
O世代	−0.04(0.03)	−0.08(0.03)**	−0.1(0.03)**	−0.16(0.03)***	−0.05(0.03)	−0.09(0.04)*
政治和军事类	0.14(0.01)***	0.13(0.01)***	0.08(0.01)***	0.13(0.01)***	0.09(0.01)***	0.1(0.02)***
经济和金融类	−0.01(0.01)	−0.04(0.01)**	0.01(0.01)	−0.01(0.01)	−0.03(0.01)*	0.02(0.02)
文化和生活类	0.02(0.01)	0.05(0.02)**	0.03(0.01)+	0.03(0.02)+	0.04(0.02)*	−0.03(0.02)
社会和生活类	0.1(0.02)***	0.14(0.02)***	0.12(0.02)***	0.1(0.02)***	0.09(0.02)***	0.02(0.02)
传统主流媒体	0.03(0.01)***	0.04(0.01)***	0.01(0.01)***	−0.01(0.01)	0.02(0.01)***	0.03(0.01)***
社交媒体	0.02(0)***	0.02(0)***	0.02(0)***	0.01(0)***	0.01(0)	−0.02(0.01)***
资讯平台	0(0.01)	−0.01(0.01)**	−0.02(0.01)**	0.01(0.01)	0(0.01)	0.01(0.01)+
网络媒体	−0.01(0.01)*	−0.02(0.01)**	−0.02(0.01)**	−0.02(0.01)***	−0.01(0.01)	0(0.01)
境外媒体	−0.1(0.01)***	−0.1(0.01)***	−0.05(0.01)***	−0.07(0.01)***	−0.09(0.01)***	−0.02(0.01)**
境外经历	−0.1(0.02)***	−0.13(0.02)***	−0.05(0.02)*	−0.08(0.02)***	−0.05(0.02)*	−0.05(0.03)+
男性	0.01(0.01)	−0.04(0.01)**	0.01(0.01)	0.05(0.01)***	−0.02(0.01)	0.04(0.02)*
学历	0.01(0.01)	−0.03(0.01)***	0.04(0.01)***	0.03(0.01)	−0.02(0.01)*	−0.01(0.01)
城市出生	−0.02(0.01)	−0.03(0.01)*	−0.01(0.01)	0.02(0.01)	0(0.01)	0.01(0.02)
家庭收入(月)	0.02(0)***	0.01(0)+	0.01(0)+	0.01(0)*	0.01(0)+	0.01(0.01)*
R²	0.205	0.194	0.142	0.181	0.228	0.145
样本数(N)	16 533	16 592	16 592	16 592	16 592	16 592

注:+ $p < 0.1$; * $p < 0.05$; ** $p < 0.01$; *** $p < 0.001$。

第一，在模型"B2a. 强力政府"，就不同代际人群而言，M 世代对"强力政府"的支持率显著低于 S 世代，但 O 世代和 S 世代之间没有显著差异。在媒体内容方面，经常阅读"政治和军事类""经济和金融类""社会和生活类"新闻与"强力政府"的支持率有显著正相关关系。在媒介使用方面，经常使用"传统主流媒体""社交媒体"与"强力政府"的支持率有显著正相关关系，"网络媒体""境外媒体"的使用频率，有"境外经历"与"强力政府"的支持率有显著负相关关系。人口统计变量方面，"家庭收入"与"强力政府"的支持率显著正相关。

第二，在模型"B2b. 闹事严惩"中，就不同代际人群而言，M 世代和 O 世代对"闹事严惩"的支持率均显著低于 S 世代。在媒体内容方面，经常阅读"政治和军事类""文化和体育类""社会和生活类"新闻与"闹事严惩"的支持率有显著正相关关系，但经常阅读"经济和金融类"新闻与"闹事严惩"的支持率显著负相关。在媒介使用方面，经常使用"传统主流媒体""社交媒体"与"闹事严惩"的支持率有显著正相关关系，但"资讯平台""网络媒体""境外媒体"的使用频率，有"境外经历"与"闹事严惩"的支持率显著负相关。人口统计变量方面，"家庭收入"与"闹事严惩"的支持率显著正相关，其他三个人口统计变量与"闹事严惩"的支持率显著负相关。

第三，在模型"B2c. 专家意见"中，就不同代际人群而言，M 世代和 O 世代对"专家意见"的支持率均显著低于 S 世代。在媒体内容方面，经常阅读"政治和军事类""文化和体育类""社会和生活类"新闻与"专家意见"的支持率有显著正相关关系。在媒介使用方面，经常使用"传统主流媒体""社交媒体"与"专家意见"的支持率有显著正相关关系，但"资讯平台""网络媒体""境外媒体"的使用频率、"境外经历"与"专家意见"的支持率显著负相关。人口统计变量方面，"学历"和"家庭收入"与"专家意见"的支持率显著正相关。

第四，在模型"B2d. 听取民意"中，就不同代际人群而言，M 世代和 O 世代对"听取民意"的支持率均显著低于 S 世代。在媒体内容方面，经常阅读"政治和军事类""文化和体育类""社会和生活类"新闻与"听取民意"的支持率有显著正相关关系。在媒介使用方面，经常使用"社交媒体"与"听取民意"的支持率有显著正相关关系，但"资讯平台""网络媒体""境外媒体"的使用频率、"境外经历"与"听取民意"的支持率显著负相关。人口统计变量方面，男性对"听取民意"的支持率高于女性，"家庭收入"与"听取民意"的支持率显著正相关。

第五，在模型"B2d. 解决问题"中，就不同代际人群而言，M 世代对"解决问题"的支持率显著低于 S 世代,但 O 世代和 S 世代之间没有显著差异。在媒体内容方面,经常阅读"政治和军事类""文化和体育类""社会和生活类"新闻与"解决问题"的支持率有显著正相关关系,但经常阅读"经济和金融类"新闻与"解决问题"的支持率显著负相关。在媒介使用方面,"境外媒体"的使用频率,有"境外经历"与"解决问题"的支持率有显著负相关关系。人口统计变量方面,"学历"与"解决问题"的支持率显著负相关,但"家庭收入"与"解决问题"的支持率显著正相关。

第六,在模型"B2f. 长期利益"中,就不同代际人群而言,M 世代和 O 世代对"长期利益"的支持率均显著低于 S 世代。在媒体内容方面,经常阅读"政治和军事类"新闻与"长期利益"的支持率有显著正相关关系。在媒介使用方面,经常使用"传统主流媒体"与"长期利益"的支持率有显著正相关关系,但"社交媒体""资讯平台""境外媒体"的使用频率,以及有"境外经历"与"长期利益"的支持率显著负相关。人口统计变量方面,男性对"长期利益"的支持率显著高于女性,"家庭收入"与"长期利益"的支持率显著正相关。

综合上述六个模型。我们发现:M 世代在政府治理的六个维度都显著低于 S 世代。O 世代在政府治理的四个维度显著低于 S 世代,但在其余两个方面("强力政府""解决问题")方面没有显著差异。三个世代之间的差异如图 6-6 所示。

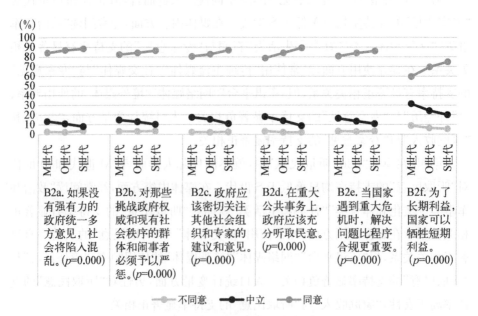

图 6-6 代际与政府治理交叉分析

　　在媒体内容方面,经常阅读"政治和军事类"新闻与政府治理的六个维度都有显著正相关关系。经常阅读"社会和生活类"与除"长期利益"以外的政府治理五个维度都有显著正相关关系。经常阅读"社会和生活类"与除"强力政府"和"长期利益"以外的政府治理四个维度有显著正相关关系。经常阅读"经济和金融类"新闻则与"闹事严惩""解决问题"显著负相关;在媒介使用方面,经常使用"境外媒体"和有"境外经历"与政府治理的六个维度均呈现显著负相关关系。"网络媒体"与除"解决问题""长期利益"以外,政府治理的其他四个维度显著负相关。除了和"听取民意"没有显著关系外,"传统主流媒体"与政府治理其他五个维度都有显著正相关关系。"社交媒体"与"长期利益"的支持率有显著的负相关关系,但与除"听取民意"外,政府治理的其他四个维度有显著正相关关系。经常使用"资讯平台"与"闹事严惩""专家意见"有显著负相关关系,但与"长期利益"的支持率显著正相关;人口统计变量对政府治理也有一定的影响。"家庭收入"对政府治理的六个维度都有正面影响。男性对"闹事严惩"的支持率低于女性的支持率,但对"听取民意""长期利益"的支持率要高于女性的支持率。"学历"与对"闹事严惩""解决问题"的支持率显著负相关,但与"专家意见"的支持率显著正相关,"城市出生"市民对"闹事严惩"的支持率显著低于"农村出生"市民(见表6-12)。

　　表6-12和图6-7展示了不同年代的市民对政府治理支持率的差异。00后、90后、80后在政府治理的六个维度都显著低于80前。

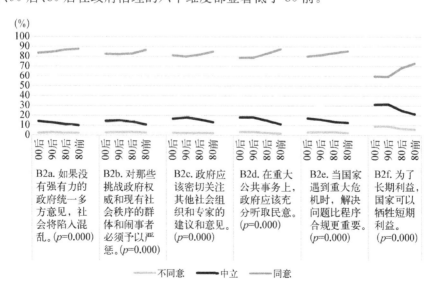

图6-7　年代与政府治理交叉分析

表 6-12　年代与响影政府治理认知的影响

	B2a. 强力政府	B2b. 调事严惩	B2c. 专家意见	B2d. 听取民意	B2e. 解决问题	B2f. 长期利益
（常量）	4.16(0.04)***	4.35(0.04)***	3.98(0.04)***	4.14(0.04)***	4.31(0.04)***	3.82(0.05)***
00后	−0.15(0.02)***	−0.13(0.02)***	−0.06(0.02)**	−0.21(0.02)***	−0.08(0.02)***	−0.21(0.03)***
90后	−0.13(0.02)***	−0.13(0.02)***	−0.12(0.02)***	−0.24(0.02)***	−0.08(0.02)***	−0.25(0.02)***
80后	−0.06(0.02)**	−0.11(0.02)***	−0.08(0.02)***	−0.13(0.02)***	−0.08(0.02)***	−0.1(0.02)***
政治和军事类	0.14(0.01)***	0.13(0.01)***	0.08(0.01)***	0.13(0.01)***	0.09(0.01)***	0.1(0.02)***
经济和金融类	−0.01(0.01)	−0.04(0.01)**	0.01(0.01)	−0.01(0.01)	−0.03(0.01)*	0.02(0.02)
文化和体育类	0.03(0.01)+	0.05(0.02)**	0.03(0.01)+	0.03(0.02)+	0.04(0.02)**	−0.02(0.02)
社会和生活类	0.1(0.02)***	0.14(0.02)***	0.12(0.02)***	0.1(0.02)***	0.09(0.02)***	0.03(0.02)
传统主流媒体	0.03(0.01)***	0.04(0.01)***	0.01(0.01)***	0(0.01)	0.02(0.01)***	0.03(0.01)***
社交媒体	0.02(0)***	0.02(0)***	0.02(0)***	0.02(0)**	0.01(0)	−0.01(0.01)*
资讯平台	−0.01(0.01)	−0.01(0.01)*	−0.02(0.01)*	0.01(0.01)+	0(0.01)	0.01(0.01)+
网络媒体	−0.01(0.01)*	−0.02(0.01)**	−0.02(0.01)**	−0.02(0.01)***	−0.01(0.01)	0(0.01)
境外媒体	−0.1(0.01)***	−0.09(0.01)***	−0.05(0.01)***	−0.07(0.01)***	−0.09(0.01)***	−0.02(0.01)**
境外经历	−0.1(0.02)***	−0.13(0.02)***	−0.04(0.02)*	−0.08(0.02)***	−0.05(0.02)*	−0.04(0.03)
男性	0.01(0.01)	−0.04(0.01)**	0(0.01)	0.05(0.01)***	−0.02(0.01)	0.03(0.02)*
学历	0.01(0.01)	−0.03(0.01)***	0.04(0.01)***	0.03(0.01)*	−0.02(0.01)*	0(0.01)
城市出生	−0.02(0.01)+	−0.03(0.01)*	−0.01(0.01)	0.02(0.01)	0(0.01)	0.01(0.02)
家庭收入（月）	0.02(0)***	0.01(0)+	0.01(0)*	0.01(0)*	0.01(0)*	0.02(0.01)**
R	0.207	0.198	0.146	0.184	0.232	0.147
样本数（N）	16 533	16 592	16 592	16 592	16 592	16 592

注：+ p < 0.1；* p < 0.05；** p < 0.01；*** p < 0.001。

三、分析和讨论

第一,代际差异显著影响不同代际对"大政府"的认知。整体而言,改革开放后(80 后、90 后、00 后)对"大政府"模式均不认同。相比改革开放前一代而言,80 后和 90 后对"大政府"有天然的排斥心理。他们对"大政府"和其所有六个子项的认同率都显著低于改革开放前一代。改革开放以来,世界范围(包括中国)都推行了政府管理体制和管理方式的改革,而"小政府、大社会"的政府改革模式不仅得到了学术界的认同,而且也得到了部分地方政府的支持,尤其是海南和上海浦东等地还将这一模式付诸了实践。80 后和 90 后是在这种时代背景和在对"大政府"的舆论批评的大环境之下成长起来的一代,这是他们对"大政府"天然排斥的心理基础。00 后对"大政府"的看法基本延续了 80 后和 90 后的部分看法,但是在某些方面又对传统观念有所回归。一方面,00 后在"B2c. 政府应该密切关注其他社会组织和专家的建议和意见""B2d. 在重大公共事务上,政府应该充分听取民意"方面的认识与改革开放前的一代并没有显著差异。[①] 樊博和汤晓芸以上海市政府规章草案民意征询平台为案例,基于利益相关者利益把公众、专家与非政府组织纳入重要的参与主体,并作为研究对象,论证了电子参与的有效性,以及将公众、专家与非政府组织纳入的必要性。这种模型完全区别于西方以"民意"为基础的"小政府"治理模式。

第二,媒体内容显著影响对"大政府"的认知。经常阅读"政治和军事类""文娱和体育类信息""社会和生活类"新闻的人会更加认同"大政府",但是阅读"经济和金融类"新闻对"大政府"的认知影响相对较小。从新闻内容而言,"经济和金融类"是最为"国际化"的新闻,其理论基础就是奉"自由主义""市场经济"等"小政府"主义为圭臬。因此,经常关注"经济和金融类"新闻会显著地负面影响,或者对冲其对"大政府"的看法。比如对"B2b. 对那些挑战政府权威和现有社会秩序的群体和闹事者必须予以严惩""B2e. 当国家遇到重大危机时,解决问题比程序合规更重要"两方面有显著的负面影响,而在其他几个子项以及"大政府"的看法上均没有显著影响。关注"政治和军事类"对"大政府"和大政府的六个维度都有正面影响。关注"文娱和体育类"新闻的人对"大政府"和大政府的四个维度有正面影响,仅仅对"B2a. 如果没有强有力的政府统一多方意见,社会将陷入混

---

① 樊博.汤晓芸.基于利益相关者理论的电子参与有效性研究——以上海市政府规章草案民意征询平台为案例[J].理论探讨,2017(1):133-140.

乱""B2f. 为了长期利益,国家可以牺牲短期利益"两方面没有显著影响。同样,关注"社会和生活类"新闻对"大政府"和大政府的五个维度有正面影响,仅仅对"B2f. 为了长期利益,国家可以牺牲短期利益"没有显著影响。

第三,媒体使用也显著影响"大政府"的认知。"网络媒体""境外媒体"和"境外经历"显著影响了其对"大政府"的认知,"网络媒体"也在多项中影响其对"大政府"的认知。"传统媒体""社交媒体"对"大政府"的认知有相对比较正面的影响。毫无疑问,曝光在"境外媒体"面前会显著地负面影响其对"大政府"和大政府的六个维度的认同。有境外经历对"大政府"和大政府的四个维度有负面影响,仅仅对"B2c. 政府应该密切关注其他社会组织和专家的建议和意见""B2f. 为了长期利益,国家可以牺牲短期利益"两方面没有显著影响。网络媒体对"大政府"和大政府的四个维度有负面影响,但对"B2e. 当国家遇到重大危机时,解决问题比程序合规更重要""B2f. 为了长期利益,国家可以牺牲短期利益"两方面没有显著影响。平台媒体则对"B2b. 对那些挑战政府权威和现有社会秩序的群体和闹事者必须予以严惩""B2c. 政府应该密切关注其他社会组织和专家的建议和意见"两方面有负面影响,而对其他四个维度和"大政府"整体没有显著影响。传统媒体显著地正面影响其对"大政府"和大政府的五个维度的认同,但对"B2d. 在重大公共事务上,政府应该充分听取民意"没有显著影响。社交媒体的影响比较复杂,它对"B2f. 为了长期利益,国家可以牺牲短期利益"有显著的负面影响,对"B2e. 当国家遇到重大危机时,解决问题比程序合规更重要"没有显著影响,但对其他四个维度和"大政府"整体有显著的正面影响。

第四节　小结:M世代青年价值观调查报告

第一,从文化价值观角度出发,建国后的中国可以划分为三个世代。据罗纳德·英格尔哈特的"代际价值观转变理论",代际价值观的转变"源于经济发展和生存条件的改变,特别是一些重大事件会塑造不同代际的人的优先价值"。[①] 二战后,美国和西方发达国家发生了翻天覆地的变化,国际学术界以美国为蓝本,

① [美]罗纳德·英格尔哈特.发达工业社会的文化转型[M].张秀琴,译.北京:社会科学文献出版社,2013. 王文."十四五"视野下的"90后"与中国改革[J].中国青年社会科学,2021,40(1):1-8. 周士荣,黄海.网络政治视域中青年政治认同的引导与建构[J].江苏社会科学,2021(4):28-35.

通常采用"每 15 年为一世代"的代际划分方式。具体划分为：阿尔法世代（2013年至今）、Z 世代（1997—2012 年）、Y 世代或千禧一代（1981—1996 年）、X 世代（1965—1980 年）、婴儿潮一代（1946—1964 年）、沉默一代（1945 年以前）。而我国和美国（西方）有完全不同的经济发展和生存条件的改变。重大事件有"经济全球化"和"信息全球化"。前者包括 1971 年中国恢复在联合国的合法席位、1972 年中美关系正常化、1978 年改革开放和 1979 年中美建交等，中国从封闭逐渐走向开放。后者包括 1994 年互联网进入中国、2001 年加入世界贸易组织等。中国和以美国为首的西方国家同步经历了互联网的历次变革，如 Web1.0（门户网站）、Web2.0（社交媒体）和 Web3.0（智能媒体）。

因此，建国后中国的世代可以划分为：S 世代（建国世代：1970 年之前，出生在与世界隔绝的传统封闭环境）、O 世代（开放世代：1970—1989 年，出生在经济全球化环境）和 M 世代（移动互联网世代：1990 年之后，出生在信息全球化环境）。本次调查涵盖样本：M 世代 8 876 份、O 世代 6 879 份，由于 S 世代的互联网普及率低、互联网使用不熟练，回收样本仅 838，作为参考组。90 后被称为"M世代"，是由于他们是移动互联网一代和互联网"原住民"。目前我国 10 岁到 30岁青少年的互联网普及率几近 100%。此外，他们的成长伴随着智能科技的蓬勃发展，物质财富在中国的空前积累，伴随着前所未有的中外融合进程，如"全球化""公民意识"等。

第二，M 世代和 S 世代在国家、自我两个层面有显著的代际差异，三个世代的文化价值观"泾渭分明"。一是三个世代均认可政府治理（国家层面），其认同率均近八成或超过八成。然而三个世代对政府治理的认同率呈现显著的递减和下降趋势。① S 世代对政府治理非常满意，并有非常高的认同率。除了对"B2f. 为了长期利益，国家可以牺牲短期利益"的支持率略低外（74.7%），S 世代对其他五个政府治理指标的支持率都高于 85%。② M 世代和 S 世代在政府治理方面已经形成显著的代际差异。M 世代对五个政府治理指标的支持率最高为 84.1%，最低为 78.7%，M 世代与 S 世代对五个政府治理指标的代际差异从4.3% 到 10.5%。尤其是 M 世代和 S 世代对"B2f. 为了长期利益，国家可以牺牲短期利益"已经形成"认知鸿沟"（认同率分别为 74.7% 和 59.6%，代际差异达15.1%）。与大多数 S 世代还重视长期利益不同，M 世代尤其重视短期利益感受。③ O 世代对六个指标的支持率介于 M 世代和 S 世代之间。调查结果系统地展示了三个世代对政府治理认可率的下降和递减趋势。

　　二是 M 世代既缺乏"团队合作"精神,也缺乏"独立竞争"精神。① S 世代无论对团队合作还是独立竞争都有较高的认同率,秉持着顽强的奋斗精神。一方面,他们认同"B3a. 尊重团队做出的决定对我来说很重要""B3l. 和别人合作时,我感到愉快"(认同率分别为 85.7% 和 83.9%),但也认同"B3g. 竞争是自然法则""B3d. 我大部分时间依靠自己,很少依靠别人"(认同率分别为 80.3% 和 77.6%)。② 但是 M 世代的团队合作和独立竞争精神均要逊色。他们对"尊重团队"(79.7%)、"和别人合作"(73.0%)的认同率低于 S 世代,但对"竞争"(76.8%)和"依靠自己"(69.4%)的认同率也低于 S 世代。③ O 时代的自我观念介于 S 世代和 M 世代之间,但更接近 S 世代(见图 6-8)。

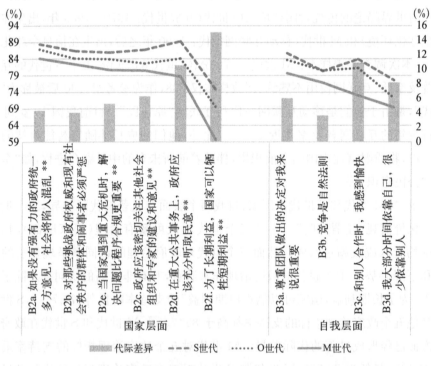

图 6-8　三个世代在国家、集体和自我认知方面的差异

第七章
总结和政策建议

新媒体时代,都市青年对以互联网为代表的新媒体的运用极为纯熟,[①]但与此同时,他们也极易受到互联网各种文化思潮的影响。在这种情况下,我国需要努力加强都市青年文化价值观的建设工作。

第一节　建设中国传统文化价值观

一、构建中华文明价值体系,引领智能时代的话语权

近现代中国的文化发展脉络是一个"西学东渐"的过程。在美国(西方)文化霸权主义的影响下,美国(西方)对中国的科学技术优势不断地升华为文明优势,中国和中国人也一直被西方人视为"他者"。事实上,科技发达的美国是政教分离的宗教国家,77.2%美国民众有宗教信仰(70.6%的美国民众信奉基督教),其文明内核是延续千年以上的《圣经》。相反,中国一直是世俗国家。在过去的数千年时间里,创造了迥异于西方基督文明的兼容并蓄的华夏文明。未来人工智能竞争的核心是东西方哲学、文明体系、话语权的竞争,这些东西决定了人工智能的逻辑思考方式、是非观念等。基于此,我国一方面需要借助准确、科学的历史阐释重新夺回中国历史的解释权;另一方面,在内化源于西

① 闵大洪,刘瑞生.香港"占中"事件中的新媒体运用及思考[J].新闻记者,2015(1):65-73.

方的自然和社会科学技术后,从"中华哲学""人类命运共同体"层面理顺人类文明和人工智能之间的主宾和从属关系,构建中华文明价值体系。借此抵御以美国为首的西方国家对中国的"颜色革命"和"文化殖民"。此外,以中华文明价值体系为支撑,在科技领域和以美国为首的西方国家全面展开竞争,并围绕"中国梦"讲述中国文化故事,在中文领域构建以中国主导的话语体系(见图7-1)。

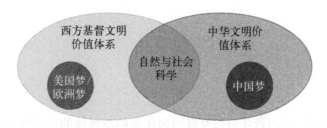

图 7-1　中西方文明体系结构图

二、加速推进中国电影电视产业市场化进程

所谓电影电视产业工业化,是指电影电视产业的投资、制作、发行、放映、后期衍生品开发都有成熟的商业模式,具有可复制性和可量化性。中国电影电视产业实现工业化需要具备足够的规模,形成有机的产业链并实现专业化发展。令人欣喜的是,2015 年被业内称为我国电影"工业化元年",其标志是《澳门风云2》《九层妖塔》等一系列作品的工业化水准都达到了一定水平。[①] 在这种情况下,我国需要学习和借鉴美国好莱坞和日韩成熟的电影工业化体系,加速推进中国电影电视产业工业化。

首先,学习和借鉴好莱坞成熟的运转体系。张明在《近观好莱坞电影电视的工业化生产》一文中总结了好莱坞给我们的五点启迪:[②] 第一,加强人才队伍建设。顶级人才的聚集是好莱坞长盛不衰的关键之所在,他们让好莱坞影片不仅可以满足美国电影市场的需要,而且还可以出口到全世界;不仅为好莱坞投资人带来丰厚的利润,而且还输出了美国文化,巧妙地完成文化侵略和文化掠夺。而中国编剧、导演、明星、特技人员的人才队伍匮乏。第二,资本加持。坐落在美国

① 中国电影产业工业化之困:中国电影工业化处于起步摸索阶段[EB/OL]. 2016-6-20, http://news. hexun.com/2016-06-20/184482134.html.
② 张明.近观好莱坞电影电视的工业化生产[J].今传媒,2014,22(7):101-102.

金融中心之一的洛杉矶,好莱坞在其发展各个阶段均得到了资本的加持,如早期的石油和金融资本、中期的保险公司,以及现在来自华尔街的各种对冲基金和私募基金等。第三,强化创新与知识产权保护。美国社会有健全的法律保证著作权人的合法权益,促进了人才发展和创新发展。中国知识产出保护薄弱导致原创产品少,而抄袭大行其道。第四,构建价值观体系。美国影视作品大肆传播的以"美国文化"为代表的西方价值观,如崇尚个人英雄主义、追求正义、自由、平等、博爱、机会均等等社会价值观念。中国影视作品在世界范围内推广,必须构建其独特的价值观体系。第五,市场化制作模式,尊重观众意愿。美国电视剧一般是边拍边播,工业化生产,市场化鉴定。对于收视率不佳的电视剧,各大电视台会果断抛弃。美国电视剧的"编剧"在制作过程是核心之核心,一部剧目通常有多位编剧根据其专业知识分别从几个层面展开剧本创作,负责不同的情节线索及高潮的设置和安排。与此同时,编剧们还要想方设法将各自创作的故事情节衔接成为一个统一整体。而在中国则是实行导演中心制,演员地位强势。

其次,建设影视专业人才培养学校或专业。一个专业的电影摄制组包括场务(剧务)、布景师、造型师、灯光师、化妆师、特技人员、录音助理、作曲、剪辑、影片拷贝等各种技术人员,通常需要 100 人左右。中国每年约有 700 多个电影摄制组,这需要大量影视专业人才。但冯小刚在 2016 中国电影投资高峰论坛上则表示:"一个 100 人的剧组里,科班出身的大概五六个,即使算上演员,也只有10%的成员是专业科班出身的,而 90%的工作人员都是没有经过培养的。"因此需要专业的技术学校培养影视专业人才。[①] 我国需要大力发展和建设影视专业人才培养学校或专业,培养更多的专业人才。

再次,学习和借鉴日韩的明星培育机制和工业体系。以 SM 娱乐文化公司(被誉为"造星工厂")为首的韩国娱乐公司有完整专业的运作体系和部门设置,比如选秀部专职"星探"工作和发掘"未来之星","Starlight Academy"培训部专职训练和培训新人,唱片生产部把握市场走向、展现歌手风格、营造逼真视觉感,唱片制作部(A&R)进行录音、录像和后期制作等,市场营销部进行宣传销售,宣传部专职联系媒体对歌手进行大力推广,代理部专职发掘歌手的潜在价值、策划

---

① 冯小刚再开炮:剧组除了主创,剩下的都是民工[EB/OL]. 2016 - 10 - 24,http://www.guancha.cn/ Celebrity/2016_10_24_378135.shtml.

广告、开展演唱会等。① 韩国类似的娱乐公司数十家，陆续推出了超人气组合EXO、SuperJunior、少女时代、东方神起等享誉亚洲的明星。②

最后，通过制定行业规范，遏制天价片酬现象。青春期偶像崇拜是青少年走向社会所必经的过程，但是"病态追星"现象产生了巨大的社会危害，比如危害青少年身心健康（利己主义、个人极端主义恣意传播），③诱发网络暴力和社会冲突。④ "粉丝经济学"把"小鲜肉"捧得很高，产生了天价片酬现象。这使得一部电视剧的制作费用甚至只能请到一两名一线大咖，从而导致制作经费被严重透支和占用，编剧、场务、布景、造型、配音、制作等其他工作人员酬劳极低。最终影响不仅是电视剧粗制滥造、质量低下，而且也严重抑制了影视产业人才队伍的建设。⑤ 美韩业内人士表示，在美国和韩国通常演员的片酬仅占制作费用的10％到30％。2016年，中国导演陆川、吴思远等则表示，当时中国演员片酬通常会超过制作成本的50％。⑥

2016年8月26日，央视关注演员"天价片酬"问题，播出专题新闻，"点名批评"了国内演员高片酬现象。与此同时，国家新闻出版广电总局也采取种种举措，坚决遏制天价片酬和明星炫富现象。在此基础上，国家需要进一步出台政策遏制天价片酬现象：① 限制演员片酬占制作费的比例不高于30％，避免让中国影视圈劣币驱逐良币（bad money drivesout good）的文化生态更加恶化，助长了抄袭成风盛行，并打造了高片酬却没有任何演技的大牌明星，避免明星效应给社会带来的撕裂等。② 审批前需要提交经费使用方案，指导编剧、导演、明星、特技人员的酬劳，以及后期制作费用在总费用中的比例等。

三、把孔子学院拓展成为高校传统文化的养成平台

2016年出台的《十三五规划》明确："构建中华优秀传统文化传承体系，实现

① 窦尔翔，赵宏，吴昊天，赵利.基于教育需求方的教育金融制度研究——一个初步框架[J].改革与战略，2008(3)：1-5.

② 韩国最大经纪公司SM造星运作机制分析[EB/OL]. http://www.qianzhan.com/analyst/detail/329/140526-b686464a.html.

③ 李春竹.青少年病态追星现象管窥——基于中华优秀传统文化的视域[J].青少年研究（山东省团校学报），2015(1)：23-25.

④ 网络暴力岂能僭越法律底线[EB/OL]. 2015-5-26, http://news.xinhuanet.com/politics/2015-05/26/c_127843567.htm.

⑤ 坚决遏制天价片酬和明星炫富[EB/OL]. 2016-8-28, http://www.xxnet.com.cn/epaper/tjbwbb/html/2016-08/28/content_149823.htm.

⑥ 央视关注演员"天价片酬"霍建华周迅遭"点名批评"[EB/OL]. http://media.people.com.cn/n1/2016/0829/c40606-28671801.html.

传统文化创造性转化和创新性发展。广泛开展优秀传统文化普及活动并纳入国民教育,……加强非物质文化遗产保护与传承,振兴传统工艺,传承发展传统戏曲。发展民族民间文化,扶持民间文化社团组织发展。"为此我们建议在中国高校把孔子学院拓展成为传统文化养成平台。

国家汉语国际推广领导小组办公室(简称"国家汉办")是教育部直属事业单位,致力于为世界各国提供汉语言文化的教学资源和服务,并最大限度地满足海外汉语学习者的需求,为携手发展多元文化,共同建设和谐世界做贡献。作为汉语国际推广的龙头产品,孔子学院的发展速度惊人。截至 2015 年 12 月 1 日,全球 134 个国家(地区)建立了 500 所孔子学院和 1 000 个孔子课堂。[①] 孔子学院的主要工作包括:"面向社会各界人士开展汉语教学;培训汉语教师,提供汉语教学资源;开展汉语考试和汉语教师资格认证;提供中国教育、文化等信息咨询;展汉语语言文化交流活动。"[②]

孔子学院运营模式是:国外教育机构(大学、中学和其他教育机构等)向国家汉办提出申请并签署合作协议,国内和国外教育机构合作运营,国家汉办提供一定的启动和运营经费。国家汉办和国内合作大学相关政策比较多样,相关政策包括孔子学院章程、人员选拔、资金支持等(见图 7 - 2)。[③]

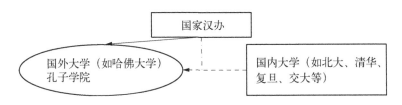

图 7 - 2　孔子学院运营流程

对于孔子学院的发展,可以利用现有的渠道,在中国高校把孔子学院拓展成为传统文化养成平台。国内大学参与共建孔子学院的数量有高有低,某些大学多则十几所,某些大学则只有一两所。孔子学院的提升方向包括:① 从语言进一步提升到中国传统文化层面,囊括语言(汉语)、传统文化艺术(书法、

---

① 汉办 [EB/OL]. http://www.hanban.edu.cn/confuciousinstitutes/node_10961.htm. SIRIWAN WORRACHAIYUT(韦丽娟).泰国汉语教育政策及其实施研究[D].华东师范大学,2012.

② 孔子学院总部暨国家汉语国际推广领导小组办公室.孔子学院总部国家汉办 2007 年度报告[M].北京:中国人民大学出版社,2007.徐丽华.孔子学院的发展现状、问题及趋势[J].浙江师范大学学报(社会科学版),2008(5):25 - 31.

③ 苗福光.孔子学院运营模式有待完善[J].党政干部参考,2016(6):1.

民乐、戏曲等);② 把孔子学院的建设范围从单纯国际,推广到国内和国际兼有,在参与孔子学院运营的国内大学中设立孔子学院;③ 在海外高校构建孔子学院大平台。

　　具体而言:① 整合高校的研究资源,如囊括高校的艺术、文化和语言学院和研究单位,组建师资力量进行"构建中华优秀传统文化传承体系,实现传统文化创造性转化和创新性发展"等研究;② 整合社会或民间艺术团体(如黄梅戏剧团),吸引社会或民间艺术团体进校园。通过剧场、讲座等多种形式在高校中推广传统文化。同时按照当代青年的文化需求,对传统文化艺术进行现代化改造,实现传统文化创造性转化和创新性发展;③ 整合青年社团组织资源(如相声、戏曲协会等),让孔子学院成为优秀传统文化在大学的普及基地,通过和青年社团组织合作,面向在校青年(包括国内青年和留学生青年)"开展优秀传统文化普及活动并纳入国民教育";④ 通过整合上述三种资源,推陈出新,开发面向青年的优秀传统文化产品,并筛选出优秀产品在国际和国内传播推广,与此同时利用长尾理论,以孔子学院为载体构建中国传统文化推广线上网络平台(如手机 APP和网站);⑤ 孔子学校可以壮大其师资队伍、自愿者团队和教学资源等。运转模式如图 7-3 所示。

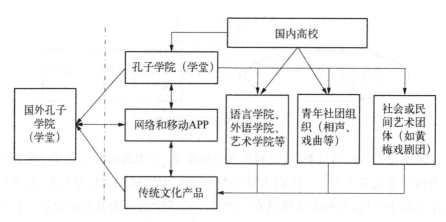

图 7-3　拓展后孔子学院运作模式

　　如此一来,一方面可以解决优秀传统文化在高校普及活动和国民教育活动的问题;另一方面可以解决孔子学院在国外面临的两重难题,如派出汉语教师短缺的问题,在精神文化层面,孔子学院教师常常面临着传播什么、如何传播的技术困惑问题。

第二节　从青年的群体特点出发
做好青年研究工作

一、青年研究是国际社会重点研究的领域

二战后，以美国为首的西方国家对每一代青年都开展了系统研究，以详尽地把握美国新生代的思想动态和各代际之间的差异。然而，我国的青年研究相对比较有限，并缺乏本土化的理论支持。对此，我国一是应该对青年群体进行基础性的科学研究，并实现青年研究理论的本土化。代际价值观转变理论产生于西方，但西方的经济发展和生存条件与中国有巨大差异。机械套用西方的理论会影响研究成果的效果和信度。二是开展跨学科的、长期的跟踪研究。一方面在移动互联网时代，青年研究涉及心理学、政治学、行为学、新闻和传播学等多种学科，因此，需要开展跨学科的研究。另一方面，青年的价值观持续地发生变化，并有可能从量变产生质变。因此，必须密切地跟踪研究青年的价值取向和思想动态，避免在量变过程中产生质变，并对社会稳定造成冲击。三是把科学研究和思想政治工作相结合，才能取得实效。了解青年才能引导青年，做好思想政治工作，就需要对青年进行系统性的研究，以研究成果为基础对青年展开思想政治工作，这样才能取得实效。

二、警惕代际差异带来社会共识的分裂

警惕青年民粹主义对一些公共政策的民意绑架。一是三个世代在政府治理、集体主义、自我观念方面已经有巨大分野，甚至在某些方面已经出现代际鸿沟。尤其是在对待"长期利益 vs 短期利益"（15.1％）、"家庭利益 vs 个人利益"（12.4％）、"和别人合作"（10.9％）等方面的分歧非常大。应该警惕代际差异带来的社会共识分裂。如果代际差异持续下去，社会共识将难以存在，甚至会出现群体冲突和社会动荡等。我国亟须强化对 M 世代青年的集体主义思想观念的教育和文化宣传，努力弥合代际差异和缩小代际鸿沟。二是 M 世代有民粹主义的倾向，应警惕民粹主义对公共政策的民意绑架。在政府治理方面，M 世代和 S 世代已经形成了显著的代际差异。但这种差异并非理性选择的结果，而是"为反

对而反对"的民粹主义的体现。民主集中制是"党的根本组织原则"和国家机构原则。[①] 习近平总书记多次阐述民主集中制的重大制度优势,如"民主集中制是我们党的根本组织原则和领导制度,是马克思主义政党区别于其他政党的重要标志"。[②] 民主集中制的基本含义是"民主基础上的集中和集中指导下的民主相结合"。[③] 然而相较 S 世代,年轻世代(O 世代和 M 世代)不仅对"强有力政府"的支持率低("B2a. 如果没有强有力的政府统一多方意见,社会将陷入混乱""B2b. 对那些挑战政府权威和现有社会秩序的群体和闹事者必须予以严惩""B2e. 当国家遇到重大危机时,解决问题比程序合规更重要"),而且对"政府听取民意"的支持率不仅没有提升,反而有所降低("B2c. 政府应该密切关注其他社会组织和专家的建议和意见""B2d. 在重大公共事务上,政府应该充分听取民意")。这预示着 M 世代有民粹主义的倾向,各级政府部门需警惕青年民粹主义对公共政策的民意绑架。

三、增强青年的进取心

亟须通过丰富军事训练内容,参军、扶贫和支边,创业和社会实践等多管齐下的方式提升 M 世代青年的进取心。90 后曾被称为"垮掉的一代",并被贴上"叛逆""稚嫩"的标签。尽管 M 时代青年群体已经在各行各业中涌现出诸多才俊和英雄,如战士陈祥榕、肖思远、王焯冉等。但本次大样本调查同时也反映 M 世代进取心不足的缺点,他们既缺乏团队合作精神,也缺乏独立竞争的意志。作为"独生子女"一代的 90 后,他们成长在物质丰富,而非物质匮乏的年代,他们带有"温室中的花朵"的典型特征,因此缺乏迎难而上的意志和品质。亟须采取多管齐下的方式提升 M 世代青年的进取心。一是丰富在校学生的军事训练活动,大力推广军事文化,如固原的中学师生连续 26 年徒步 54 公里祭奠英烈,《号手就位》电视剧等在社会上引起极大关注和好评。通过上述措施,可能帮助 M 世代体验、正确理解团队合作和独立竞争精神的意义和内涵。二是在 M 世代青年中扩大参军、扶贫和支边的规模,鼓励和吸引广大 M 世代青年到艰苦的地区锻炼。三是提供更多的创业和社会实践机会。通过多管齐下的方式,让 M 世代都

---

① 王旭.作为国家机构原则的民主集中制[J].中国社会科学,2019(8):65-87+206.
② 中共中央政治局召开民主生活会 习近平主持会议并发表重要讲话[EB/OL].2018-12-28,http://www.xinhuanet.com/politics/leaders/2018-12/26/c_1123909688.htm.
③ 唐林,钟俊铧.对新任高校辅导员如何开展工作的几点思考[J].内江科技,2011,32(3):86+114.

有锻炼的机会，并进一步提升他们的进取心。

第三节　抵御娱乐资本消解主流价值观

一、网络崇美、精日、哈韩现象的治理对策

第一，通过知识产权保护，清除相关文化产品。网络崇美、精日、哈韩现象的问题实质是以美国为首的西方文明借助电影、动漫、音乐等文化产品对国内网民进行的精神殖民。当前监管部门对引进的相关文艺产品的审查多集中在有没有明显的色情暴露镜头或者图片、有没有明显的违背社会伦理和公序良俗的剧情、有没有明显贬低社会主义和宣扬反动思想等方面。针对这些方面对外部引入的文艺产品进行审核是必要的，但这是不够的。因为西方文明入侵进行精神殖民的手法具有系统性，比如在电影方面，采取从电影内容策划拍摄、画面细节设置、发行渠道控制、国际评奖操纵到媒体舆论导向等种种环节，进行有意识的操纵。目前单将某个涉黄片段删除等方面进行抵御基本是徒劳的，经过多个环节精心打造包装的电影的内核是一整套思想的植入，无色无形却屡屡实现其目的。

第二，借助最新技术手段，建立识别治理机制。针对网络崇美、精日、哈韩现象治理中难以识别治理的难点，建议借助最新技术手段，建立监测识别机制。具体来说，一是建议运用人工智能、大数据等最新技术手段，监测识别治理，及时发现这些群体的舆论场所，坚决防止崇美、精日、哈韩群体在网上发展壮大；二是建议借助最新的网络数据分析技术，通过数据挖掘和文本语义分析量化估计其负面影响，并视情况制定分级整治方案，及时更新采集相关网民群体的讨论内容库，通过对海量数据内容进行抓取汇总挖掘，然后使用文本语义分析技术对负面内容、价值观、议题等相关性、参与者聚类、扩散传播等情况进行分析，建立"负面得分评估模型"。然后制定量化评分体系和负面度识别标准，根据评分的多少来遴选和确定转入人工处理的关注库，建立"负面倾向跟踪预警模型"，然后根据分级整治方案进行治理。此外，可以借此数据库基础训练人工智能机器人，在此基础上建立"负面效应智能管理综合系统"。

第三，加强完善相关立法，加大惩处打击力度。针对网络崇美、精日、哈韩现

象治理中相关立法不完善，惩处力度过小的不足，建议要完善相关立法，加大惩处打击力度，具体可以从立法和执法两个方面着手。一方面是继续健全和完善相关制度和法律条款，从法律层面对涉及崇美、精日、哈韩群体的违法犯罪行为进行明确界定，对于何种程度的参与视为违法、何种程度的参与视为承担刑事责任，在法律中应该具有明确的规定；另一方面是对明显的违法行为的打击和处理力度的把握，比如对精日群体的恶劣行径进行何种处罚，国际上早有先例，在俄罗斯、法国等国家有相关的立法规定，如对二战期间纳粹罪行进行公开否认或表示赞同等行为，都将被追究刑事责任。但当前我国对类似的处理多是追究民事责任，或处以治安管理处罚，应该考虑追究相应的刑事责任，处罚标准应该不低于国际同等标准。

第四，大力发展文化事业，扩大中国文化影响。针对网络崇美、精日、哈韩现象治理中文化产业发展弱势、竞争力不足的难点，建议要采取多种手段大力发展文化事业，持续扩大中国文化的影响。具体来说，一是建立促进文化事业发展的激励机制，比如在优秀文化作品出口退税、优秀文化产品生产企业上市、优秀文化作品评比等多个方面给予资金、政策和服务的大力支持，培育优秀文化产业人才和文化企业，提高文化产业竞争力；二是注重对中国文化事业人才的培养和挖掘，减少娱乐圈"潜规则"的外溢性危害，给新人才的加入提供良好的环境，倡导行业正气；三是扩大中国的文化影响力，扩大在国内年轻人中的影响，把国内年轻人的注意力吸引过来，培养其自觉抵御国外文化入侵的能力，对外要加强如书法、陶瓷、京剧等优秀中华文化的对外传播，把中国的优秀文化和文化内涵传达给世界，形成"世界关注中国文化，世界爱上中国文化"的底气和实力。

第五，线上线下联动配合，建立综合治理体系。针对网络崇美、精日、哈韩现象治理分散、线上线下单独行动、协作性差、缺乏系统性的难点，建议协调线上线下联动配合，建立综合治理体系。具体来说，一是建议由权威部门出面协调，通过建立一个专业的针对性机构来协调沟通多元治理主体，推动建立线上线下协同的综合治理体系，进而借此整合各方资源，协调各方行动，提高治理效能；二是用奖罚制度规范相关平台和涉事个体，同时完善针对网民的监督举报奖励举措，具体从立法、执法、行业、网民等多个层面、多个角度着手，把重点放在防范各类以"宣扬'精日'言论，美化侵略战争"的面目出现的违反和挑战民族道德底线、伤害人民感情的行为。除了诉诸司法进行打击以外，还要把相应涉事平台和个人拉入触网黑名单，对举报有力的个体要给予实质性奖励；三是加强对网络崇美、精日、哈韩现象的舆情监测，重在监测相关行为和言论的影响和负面程度，最重要的是区分是否有境外势力的背后操纵，注意防范危害国家政权安全的重大政治风险。

二、抵御网络技术和资本对舆论的操纵

（一）移动媒体新闻分发算法设计的穿透式监管原则建议

移动媒体的算法设计最终的目的是提供给公众消费新闻的公共产品，并不能将其简单地看作单纯的技术问题。移动媒体的算法设计作为新兴媒体的技术核心，正在设置当代社会的议程。算法设计程序代码多，跨越多种媒体形态（视频、音频、文字）、牵涉多种类型作者（传统媒体、大V、个人），监管难度较大。对于算法设计的监管不能处于失序状态，在不扼杀技术创新的前提下，政府应向下穿透信息内容，向上穿透信息发布最终作者，同时核算作者的各类盈利模式（稿费制、分成制、广告制），建立全国统一的新闻信息算法分发的穿透式监管体制。移动新闻分发的"穿透式监管"，就是透过用户手机客户端信息"千人千面"的表面形态，看清移动新闻信息生产和分发的实质，将信息来源、手机呈现与盈利模式穿透，连接起来，按照"实质重于形式"的原则甄别移动新闻信息生产和分发的性质，对移动新闻信息生产作者和信息分发机构实施全流程监管。①

（1）引入算法评分，对移动新闻算法设计程序进行穿透式监管。按照《互联网新闻信息服务管理规定》，对互联网新闻信息服务提供须设立总编辑，对新闻信息内容负总责。但移动新闻分发商不生产具体的新闻内容，而是将所有的新闻内容通过算法设计按需分发给用户。在这种情况下，总编辑没有能力对每个人看到的信息内容负责，负责的只能是技术部门开发的算法程序。当一个算法进行"自我学习"时，它只能根据研究者的输入数据（包括文本、图像和视频等），提取关键信息，并将这些关键信息按照仅机器理解的方式加以归类和整理（如标注、聚类、识别等），这一过程完全不需要人工直接参与和干预，而人类也无法加以观察和控制。② 我们将其称为算法"黑箱"。算法"黑箱"是移动媒体信息分发商的核心知识产权，无法公开。尽管如此，基于一定的技术机制，监管者还是可以对算法本身进行评分。首先，算法必须明确预期结果。新闻的社会价值利益

---

① 童刚良，茅轶华，叶芳明，王刚.跨行业资产管理业务风险问题及政策建议[J].绿色中国，2017(20)：52-61.
② 加州伯克利新算法：打破AI黑箱 可按人类思维回溯推理 | 重大突破[EB/OL]. 2016-12-26，https://www.sohu.com/a/122621358_114877.

必须置于广告商和内容发行商之上。其次,算法必须可测量。用户提供输入条件,算法必须能按预期的搜索程序获得结果。最后,目标一致性。移动新闻分发的信息必须多元,破除"信息茧房",其传递的价值观应和社会主流价值观保持一致。

(2) 进行信源评分,对移动新闻信息发布者进行穿透式监管。算法设计必须分类处理用户的浏览需求,杜绝推荐不良信息,按照来源的合法性、权威性,对信源进行分级筛选,主要推送主流媒体发布的新闻,不能随意篡改新闻标题,特别要审慎选取公司和个人用户原创的内容。80%的流量来自20%最优质的稿件,高质量的内容才能让用户真正停留。要建立对移动新闻信息提供源头的评分机制。可将信息分为违法源、虚假源、垃圾源、可用源、可信源、专业源、权威源。其中,违法源为传播色情、暴力、反动、恐怖、侵权等信息;虚假源为传播假新闻、谣言等信息;垃圾源为传播八卦、低俗、标题党等信息;可用源为个人或公司自行采编等信息;可信源为知名大 V 或商业媒体采编的信息;专业源为专业传统媒体采编的信息;权威源为党报、党刊等主流媒体采编的信息。对违背正确政治方向、舆论导向、价值取向的信源,算法设计必须预设惩戒措施,包括设置用户的假新闻举报功能,标记具有争议的新闻,在可能的假新闻被转发前提醒用户,对信源予以彻底封堵等。

(3) 进行金融监控,对移动新闻信息资金链进行穿透式监管。移动新闻信息分发涉及多种类型的作者,信息产品也可能涉及违法、侵权。在大数据分析的基础之上,可对信息的广告营利和资金流水进行金融监控,为日后的违法追责和侵权赔偿奠定证据基础。移动新闻信息分发服务提供商要制定信息产品代码唯一且统一的统计标准,包括统一的产品标准、统一的代码、统一的信息分类、统一的数据定义、统一的数据格式等,实现逐层识别,实现资金链全流程的监测统计。移动新闻信息分发提供商要明确向下穿透核查最终呈现信息,按手机端呈现信息形式制定适用相关监管的规章制度。穿透核查最终信息的主要目的是,识别最终信息是否违法、是否侵权,如果违法,违反了什么法律,如果侵权,侵犯了哪种知识产权。移动新闻信息分发提供商明确向上穿透核查最终作者,识别信息产品收益的最终承担者,对信息传播者、信息中介者和广告商的责任要区分明确。[1]

---

[1] 童刚良,茅轶华,叶芳明,王刚.跨行业资产管理业务风险问题及政策建议[J].绿色中国,2017(20):52-61.

（二）及早预防空天互联网的影响

（1）及早设计空天互联网时代的法律规制体系。建议应根据空天互联网时代的特点，及早地设计空天互联网时代的法律规制体系，围绕处理技术与内容之间关系这一核心问题，明确划分空天网络服务商等提供者所遵循的承责范围和处理原则，以及围绕各个细分板块设计一套法律法规和行政执法规范。早在互联网发展的 1.0 时代，美国在 21 世纪之初制定的《数字千年法案》便成为各国互联网信息治理领域的规范网络侵权的经典法规体系，其确立的"避风港"原则有效处理了互联网技术应用与数据信息保护之间的关系，被世界各国广为参考。参考传统互联网时代的治理经验，中国应该适时根据空天互联网发展的进程，参照制定"避风港"原则的以往国际经验，就网络服务传输内容的标准进行明确，明确空天网络服务商提供网络通道时的主体责任，及早调研、设计并推出整套的法律规制体系。

（2）针对涉及中国的数据信息要实施长臂管辖。空天互联网时代的数据信息监管治理问题不仅仅停留在一个国家的地理空间范围之内，全世界互联互通的超级网络囊括了近乎全球所有人口，两个国家之间的信息交互以及多国之间交叉繁杂的信息流动将成为常态，影响到我国信息安全的网络领域远比实际的国土空间范围要广阔。而网络数据安全的维护、网络侵权行为的发生、网络恐怖主义的打击等多种发生在网络空间的治理问题需要国际层面的执法协调，但有执法权的国际组织又不存在，在这种情况下就为网络空间治理提出"长臂管辖权"提供了合理性依据。而所谓的"长臂管辖权"，其实是源于美国民事诉讼中的一个概念，指地方法院将管辖权延伸至域外（指州外乃至国外）的被告，有效实施的基础在于强大的金融和经济实力，使得其他各国均缺乏有效的应对手段。我国就互联网领域重申监管治理的"长臂管辖权"的关键在于，我国拥有大量的公民信息和企业机构数据分布在世界各处，同时各个环节的国际网络服务商难以切断对我国的市场的依赖，这为网络监管的长臂管辖提供了操作基础。

（3）通过数据确权来保护中国网域的数据权益。应加快我国在数据方面的立法，明确数据的属性、权责和存储位置，通过大力推动云平台受理、人工审核及区块链技术进行确权登记查验，通过确保数据流通的规范性来保护中国公民和机构的数据权益。数十亿网民用户耗费精力在网络空间活动的结晶就是海量的数据沉淀，它是信息时代的矿藏，其中不仅包含公民个人隐私，更涉及国家安全和公共安全。如果大量关于我国公民和组织机构的数据被掌握在他国的少数企业手中,一旦被不友好国家所利用,会存在巨大的风险。数据确权的好处在于,一是可以通过确权有效筛选合法合规性数据和非法数据,摸清相关的数据生产加工服务主体、数据流通过程、数据流通应用规则;二是对涉及中国权益的数据,对涉及收集、储存、分析甚至转卖涉及中国的数据信息,都必须向中国公共部门报备和获取许可,其利用过程中产生的利益可惠及中国公民和机构;三是数据确权还能够推进数据融合,有效解决数据商业使用过程中由于担心触犯隐私保护和数据安全的相关法律法规,而导致的"想用数据解决问题,又怕使用数据产生问题"的问题,同时规避了隐私泄漏、过度营销等问题,能够有效地保护国家层面和个体层面的数据权益。

(三) 强化网络水军治理

严格落实社交媒体用户实名制,并对"僵尸粉丝"实行"销户机制"。尽管微博已经宣布,按照我国现行法律要求,于 2017 年 10 月前完成全站"活跃用户"的实名验证工作,但"僵尸账户"依然普遍存在,如英国《金融时报》最近报道"最少花 8 000 元人民币(约合 1 260 美元)就可以让营销公司通过创建虚假微博账户,把相关话题标签送入微博 10 大热门话题之列"。此外,微博等社交媒体上还有大量"非活跃用户",这些用户中有很大一部分是"僵尸粉丝"。2017 年第一季度,微博月活跃用户(3.4 亿)超过推特(3.28 亿),由于无法获取准确数据,我们可以推断微博的"僵尸粉丝"数并不会比推特的 4 800 万更少。政府应该推进社交媒体建立"僵尸粉丝"的"销户机制",对核实是"僵尸"账户的一律"销号"处理。通过人工智能等技术手段识别不良内容和"僵尸账号"。首先,在大数据环境下,无论是文字、图片还是视频和音频,针对血腥暴力、低俗色情、恐怖等敏感信息的识别技术不断成熟,可以利用向量空间模型(SVM, support vector model),采用深度学习模型(如卷积神经网络,CNN, convolutional neural network)等技术手段检测和识别。一旦发现某用户确实发布了血腥暴力、低俗色情、恐怖等敏感信息,应予以销户处理。其次,"僵尸粉丝"的行为模式和正常用户完全不同,比如真实用户的粉丝关系网络中都存在明显聚类现象,但所有"僵尸用户"的粉丝关系网络均不存在聚类现象;真实的不活跃用户和"僵尸粉丝"的区别又体现在活跃度方面。监管部门可以凭借网络关系和活跃度有效识别"僵死粉丝"。最后,支持向量机、神经网络、信息熵等多种技术普遍应用于"僵尸账号"的识别。社交媒体开放政府 API 接口,允许政府参与内容和账户的审查,改变自查制度。2018 年 1 月 30 日,微博表示关闭了 1 132 个发布传播低俗内容账号,并坚决予以禁言关闭。事实上,微博"小号"才是涉黄重灾区,他们通常是以临时账号"打游击"的方式存在。社交媒体公司的市场价值与使用其服务的人数密切相关,而检测和删除虚假账号的相关规则都是由它们自行制定的。在这种情况下,禁言并不能够解决网络水军问题,反而会不断壮大"僵死粉丝"的数量。此外,社交媒体会极度不情愿大规模地清除"僵死粉丝",在这种情况下,政府应该督促社交媒体开放 API 接口,允许政府参与内容和账户的审查。

三、抵御网络色情、暴力和亚文化泛滥

(一) 对网络涉黄产业链进行治理

(1) 加大监管力度,打击线上 OTO 色情。随着我国加大对色情娱乐场所的整治力度,传统色情活动出现了线上线下结合发展的新趋势。当前虚拟化的涉黄行为是个体对个体的分散化活动,相较于传统的涉黄产业也更具隐匿性。针对这一新特点,可以从两个方面进行监管和治理。一方面,就线上治理而言,要对 QQ、微信、微博私信等社交平台进行技术识别监管,一旦发现涉黄招嫖等行为,立即对相关 ID 进行重点监管,采用封号、向公安举报、软件下架处理等手段进行整治,同时通过人工核查增强辨别能力,从而实现从入口就对涉及网络色情的内容进行封堵,为网络用户筑起一道高技术、高智能、高强度、高密度的网络防线。① 另一方面,就线下治理而言,互联网公司可以充分利用自身的技术优势,通过机器学习、数据挖掘等大数据技术,对犯罪地点等信息进行精准技术定位,辅助公安部门对网络色情的精准打击和整顿,不定时有针对性地开展线下专项整治活动,尤其是加大对涉黄团伙的查处力度。

(2) 加强国际合作,彻底打掉源头窝点。当前,网络涉黄产业犯罪的地域已经不再局限于国内范围,诸多网络涉黄案件具有鲜明的跨境跨国特征,从域名申请、IP 地址获取、网络接入、服务器租赁、网络加速等基础网络服务,到非法牟利资金的转移洗白,都出现了涉及一国或者几个国家的情况。这说明,当前网络涉黄产业链的发展已经出现了新的跨国化、跨境化趋势。在此形势下,加强与国外

---

① "技术流"打击黑产.百度利用高科技净化网络环境[EB/OL]. 2016 - 8 - 5, http://tc.people.com.cn/n1/2016/0805/c183008-28614683.html.百度携技术重拳"打黑" 成保护网民信息安全中流砥柱[EB/OL]. 2016 - 8 - 12, http://news.cqnews.net/html/2016 - 08/12/content_38057959.htm.

政企研机构的合作交流,通过国家层面的谈判签订详细的联合治理备忘录,建立双方或者多方的案情沟通互动协调机制,尤其是金融链条方面的联合打击,有助于方便侦办处理国内网络涉黄案件过程中涉及的侦查、追踪、取证等环节,进一步捣毁国内涉黄产业链在国外的庇护所,进行彻底的全方位、全链条、颠覆式打击。

(3) 建立行业协会,规范流量分发机制。流量推送机制是涉黄产业得以壮大的重要助推者,网络流量推广平台能够根据用户数据精准投放涉黄信息。具体来说,要通过建立行业协会加强监管治理,来规范流量分发机制,打击网络涉黄的流量生存空间并切断传播推广渠道。首先,要通过行业自律协会的建立,推动建立完善的行业自律章程和公约,引导吸纳互联网流量企业的加入,通过一致性协议统一治理,建立统一的网络涉黄黑名单系统,时时报送主管监督执法部门;其次,积极引导网民,营造干净的网络空间,加强对网民的网络净化教育,开设举报热线,对有效的举报行为进行奖励,培养网民的网络涉黄举报意识;最后,借助深度学习图像识别技术构建行业智能鉴黄系统,通过机器学习和自动分析图片、视频的肤色、姿态和场景等,让机器替代人工进行图像审核,自动智能识别相关图片,并评估图片的色情分值,对于高置信度图片可直接打击,对于次高置信度图片可按优先级交付人工审核确认,有效促进流量分发机制涉黄问题的解决。

(4) 加强针对立法,加大违法惩治力度。法律体系的不完善使得网络涉黄产业链有机可乘,要从根本上解决这一问题需要完善立法体系。具体从三个方面入手,一是对当前的法律制度及配套进行规范和完善。如完善相关法条的司法解释等;二是针对互联网行业的相关新现象建立专门的法条。互联网行业具有其特殊性,现有的法律框架对互联网一些网络新领域不包容,导致法律政策的界定不明白,践行不清晰,出现不黑不白的"灰色"地带。有针对性地立法可对互联网行业的各种行为进行规范,并明确违法行为的量刑依据,这将会极大的净化网络空间。三是加大对违法行为的惩罚力度。违法成本低、违法收益大是网络涉黄产业不断壮大的原因。一些涉黄案件的涉案金额较大,给社会造成较大的损失,涉事个人和公司却只需要缴纳少量罚金,难以对其形成震慑。应加大对违法行为的惩罚力度,以交易额的百分比缴纳罚金,增加违法成本,起到警示作用。

(5) 开展联合整治,全链条精准化打击。联合治理可以从线上和线下两条路线同时进行。就线上而言,可以从两个方面展开:一是监管部门联合进行大数据监控,及时发现违法信息,切断违法信息的源头。二是大型网络公司、搜索引擎从企业的角度做好信息审查。如通过技术筛选关键词或图片,屏蔽有不良关键词或图片的推广信息。或建立专门的部门进行实时监控,对不法链接、流量广告进行及时的删除,避免涉黄信息泛滥,造成不必要的损失。就线下而言,亦可从两个方面着手:一方面,进行跨国合作,打击跨国性的网络涉黄产业链。另一方面,网信办、公安部门等多部门联合开展专项治理活动,严厉打击网络"亚文化""三俗""涉黑涉黄"现象。

(二)抵御网络未成年人霸凌

(1)强化学校家庭层面的关注预防疏导。未成年人霸凌、炫耀暴力行为的主体是心智尚未完全成熟的未成年人群体,妥善解决这一问题需要加强学校和家庭层面的多方位关注和预防疏导。在学校层面,首先,校方应对校园霸凌、校园暴力情况进行定期评估,通过不记名的问卷等方式了解学校霸凌发生的程度,从而有效了解校园霸凌和暴力的发生情况。其次,应制定相关的反霸凌、反暴力校规和政策,明确哪些行为属于霸凌和校园暴力行为,并严格制定、执行惩戒制度。再次,可以在学校一些容易发生霸凌的"热点"地区通过安装监控等方式进行重点监管;最后,应拓展普法平台,引导广大师生积极参与"法律进校园"活动。组织学生学习《未成年人保护法》《预防未成年人犯罪法》《学生伤害事故处理办法》等法律法规,以此为契机在中小学学校广泛开展法制教育。通过法制教育,提高学生自我保护意识和明辨是非的能力,树立守法、权利和义务等相关观念,从而预防和减少未成年人的暴力行为。[①]

教师在防范和应对校园霸凌中发挥着重要作用。2015 年日本文部省在对"校园霸凌"的调研中发现,68.1%的被霸凌者会选择向教师诉说其被霸凌的经历等。因此,应当组织教师接受相关的专业培训,明确教职员工在反对和预防校园霸凌中应履行的职责以及心理疏导技能,帮助教师掌握辨别和应对校园霸凌的"理性常识",对被霸凌者、霸凌者和其协助者,以及旁观者因人而异地进行合理的心理引导和心理疏导。[②] 而在家庭层面,家长应加强与子女的沟通交流,关注孩子的心理健康,及时向孩子传输反霸凌的意识,引导其学会正确认识暴力行

---

① 廖海霞.中小学校园暴力的现状及法律对策[J].华中师范大学研究生学报.2016(1): 4.
② 孙晓冰、柳海民.理性认知校园霸凌:从校园暴力到校园霸凌[J].教育理论与实践.2015,35(31): 26-29.

为和应对方法,同时也要与学校建立日常的沟通渠道,形成校园和家庭的合力,从而有效预防校园霸凌和校园暴力的发生。

(2) 加快推进霸凌暴力元素的界定分级。各类充斥霸凌与暴力元素的视频、网络文学、动漫等内容在互联网无限制的传播,不利于未成年人的身心健康发展和清朗的互联网环境形成。对此,加快推进对霸凌暴力元素的界定及网络内容分级制度的建设是一种合理有效的应对方式。据了解,英美等许多国家已经建立了完善的影视作品、电子游戏和网络视频等内容的分级制度,有些国家的分级标准以"内容分类分级"为主,有些则以"年龄段"为主。这些分级制度都能够在规避暴力内容对未成年人的影响方面发挥一定作用。① 因此,应当基于我国国情,综合内容特征和年龄分级模式建立合适的分级体系。首先,应当建立相应的霸凌暴力元素的认定标准,在此基础上通过技术手段实现对网络文学作品关键字、网络视频和动漫语音内容和画面特征的检索,实现对暴力、色情等内容信息的识别,从而实现对网络内容的有效分类。同时基于网络道德规范和国家政策法规维度决定限制级别,最终依据年龄维度推送给用户,直接切断未成年人对包含霸凌、暴力元素网络内容的接触渠道,为广大青少年提供健康、积极的网络环境。

(3) 协调建立多元主体联动的治理机制。目前对于网络视频、文学作品、动漫等网络内容的监管涉及网信、文化、公安、广电、新闻出版等多个部门的共同监管。这种"九龙治水"式的监管模式通过分工协作有效改善了单一部门垂直管理的弊端,但依然是"自上而下"的监管模式——多个治理主体的差异性、职能分工不明确、职能交叉重合、存在治理真空等问题都影响了涉暴网络内容的有效监管。对此,应当积极探索建立多元主体联动的治理机制,尤其是"自下而上"承担网络内容平台主体的监管责任,同步提升作者、编辑等参与治理的责任和能力。一方面,要压实互联网企业主体责任,各大视频、文学、动漫网站首先要自身参与治理,承担起应有的社会责任,对于涉嫌暴力的内容作者不予签约、不进行推广,自觉抵制暴力内容,对积极正面的优秀作品予以宣传和鼓励。对于网络平台的审核人员和编辑人员,应当明确其横向监督责任,增强内容监管规范性,利用连带责任治理模式,发挥其作为网络内容第一把关者的"守门员"职责;另一方面,对于网络内容作者和网民,也要通过网络道德意识宣传教育和建立监督举报机

① 杨琪.中国网络视频分级研究[J].软件导刊(教育技术),2011,10(12):46-49.

制等手段,引导作者改变创作观念,读者提升鉴别素养,自觉抵制暴力内容,相互监督,主动举报涉及暴力的网络内容,不断净化网络内容环境,从而使得暴力内容逐步失去关注度和点击量,使得"自下而上"的多主体能动性得以充分释放,从而使网络内容治理达到事半功倍的效果。

第四节　加强媒体管理和创新传统主流媒体

一、加强媒体管理

强化社交媒体、网络和资讯平台对主流媒体内容的算法推送,强化主流媒体和M世代之间的沟通,甚至开发集成的主流媒体APP。在人工智能时代,算法推送新闻,能够为新媒体带来庞大流量,因此算法设计已成为媒体信息分发的核心。其后果是算法新闻客户端打败了传统主流媒体,成为手机用户的首选渠道,与此同时,假新闻、低俗非主流信息、境外渗透信息充斥移动终端。

政府部门需要采取措施逆转这一局面。一是制定相关政策,规定在社交媒体、网络和资讯平台的算法推送设计机制中,主流媒体的内容必须涵盖六成以上。二是由党和政府主管的电视、报纸和广播所主导的传统主流媒体要根据M世代青年的喜好,一方面推出他们喜好的内容资讯;另一方面,以他们所喜好的方式推出内容资讯;再一方面,主动出击,利用社交媒体、网络和资讯平台设置媒介议程和公众议程等。如在王冰冰、丁真等网络走红事件中,主流媒体很恰当地设置了议程,和M世代青年进行友好互动,拉近了主流媒体和M世代青年之间的距离。三是开发集成的主流媒体APP。国内主流媒体目前大多有自己的APP,如新华社(新华社)、央视新闻(中央电视台)、《人民日报》、国防在线(《解放军报》)等。然而,各自为政的主流媒体APP,尽管数量庞大(数十甚至数百家),但在和强大的资本主导的APP(如今日头条等)的竞争中均处于下风。决策部门可以效仿"中国铁塔"的运作机制,整合由党和政府主管的电视、报纸和广播所主导传统主流媒体构成一个或几个联盟,共同开发一款或数款主流媒体APP,并预装在所有移动终端中。这样不仅可以整合内容资源,形成强大的竞争力,而且可以和资本主导的媒体、境外媒体等展开竞争。

二、改革传统主流媒体的叙事和表现方式

改革传统主流媒体的叙事和传播形式,使传统主流媒体从内容供应商向信息服务提供商转型。

第一,传统主流媒体需要进行叙事革命,改变过去主题先行的叙事方式,通过故事先行的方式传播。比如摒弃"高大全叙事"的英雄塑造方式,通过人性化的人物塑造方式传播"正能量"。新中国建国初期,人民群众建设社会主义的积极性空前高涨,先进人物一旦出现,立刻就会变成人们学习的对象。那一时期,涌现出了一批令人难忘的英雄形象,但这些形象经常被"神化",比如出神入化、逢凶化吉、料事如神的"神"英雄。但互联网和移动互联网的新媒体时代带来了话语权的重大变革和转变,人人皆可言的情况下,让"人人都是麦克风,人人都是自媒体"成为可能,但与此同时也让信息变得更加繁杂和"轻佻"。一部分网民热衷于"标新立异",采用"语不惊人死不休"的方式寻求关注,他们或有意,或无意地加入到了对英雄人物的解构中,以至于质疑和恶搞英雄人物事迹的言论不时在网络上出现。比如一些历史虚无主义者以"寻找真相"的名义解构刘胡兰、邱少云、董存瑞、黄继光、"狼牙山五壮士"、雷锋、焦裕禄、任长霞、赖宁等英雄的事迹。①

在这种情况下,英雄的塑造模式发生了巨大变化:传统的"高大全叙事"遭到摒弃,人们普遍意识到,在一个走向现代化的中国,一种更符合人性,也就是有弱点的英雄,才是真实可信的。比如 2016 年国庆期间的《湄公河行动》电影为例,作为一部讲述缉毒行动、弘扬主旋律的电影,完全靠口碑推动票房逆袭,并顺利点燃网友的爱国情。影片在人物设定上,公安干警的形象没有落入"脸谱化""高大全"的警察形象之窠臼,取而代之"富有个性"的普通人形象。警方的行动也不再"完美"和"白璧无瑕",其中也会出现失误,这就显得更加真实可信。难能可贵的是,该主旋律电影的粉丝绝大多数都是年轻人。百度糯米基于大数据的用户画像显示,喜爱《湄公河行动》的人群中 90 后和 95 后分别占比 43% 和 20%,80 后和 85 后分别占比 10% 和 18%,1980 年之后出生的用户合计 91%。

---

① 今天的英雄该如何塑造[EB/OL]. 2015 - 6 - 24, http://news.xinhuanet.com/herald/2015 - 06/24/c_134351352.htm. 热衷解构的轻佻时代,我们该如何塑造英雄[EB/OL]. 2015 - 6 - 23, http://ihl.cankaoxiaoxi.com/2015/0623/826983.shtml. 高学德、李玉红.防止解构思潮对当前主流文化的冲击——兼论解构英雄的真相[J].山东工会论坛,2018,24(4):95 - 99.

这些年轻观众对英美商业大片熟稔于胸,并乐于在社交媒体上分享其观影心得和体验。从《智取威虎山》到《湄公河行动》,充分说明了主旋律电影和"现象级"的表现与商业化并不冲突。①

第二,主流媒体新闻传播需要秉承公正、客观、及时、合理的精神才能构建公信力,并正确引导舆论。网络技术的发展宣告了自媒体时代的到来,广大公众的身份不再是单一的受众,而是向信息的发布者和传播者转变,主流媒体的官方舆论场也不再占主导,舆论生态环境发生了改变。随着公民社会主人翁意识的增强、民众诉求表达的增加,以及社会议题的逐步显现,近年来,"舆论倒逼"现象频频上演,并有愈演愈烈的趋势。一方面,公众通过自媒体自主表达观点,汇聚了大量民意的网络舆论实现了对公权力的舆论监督;另一方面,网络舆论的自由表达,也可能会超出了政府和官媒舆论的期望,甚至走向政府和官媒的对立面,自媒体的普及性和传播效果的广泛性,使得"舆论倒逼"的力量不容小觑。尤其在如今的新媒体时代,网络围观普遍化,网络危机常态化。"舆论倒逼"之下处理的一招不慎,就会引起广大公众、海内外网民对我国政府和主流媒体的质疑,所以主流媒体新闻传播的公正、客观、及时、合理才是正确引导舆论、走出舆情危机的关键之所在。②

第三,视频导向。视频直播以迅雷不及掩耳之势跻身移动互联网风口;③它除了改变人们的娱乐方式,也在悄然潜移默化地改变新闻现场报道的定义。④ 一方面,视频直播具有非常强的时效性,可以带领用户跨越了空间距离,实现了时间的同步,让受众在第一时间了解事情最新进展情况;⑤另一方面,视频直播增强了新闻报道的现场感,而且比文字报道的真实性更高。在"有图有真相"的时代,视频直播具有"全息表达、声画兼备、现场感强、观赏体验更好"等吸引观众的重要特点,因此许多直播类 APP 如雨后春笋般涌现。⑥ 2016 年以来,以新华社客户端为代表的移动新闻客户端纷纷将视频直播作为重点探索方向,

① 《湄公河行动》口碑推动票房逆袭点燃网友爱国情[EB/OL]. 2016 - 10 - 14, http://media.people.com.cn/n1/2016/1014/c40606-28777326.html.
② 王琰.主流媒体对"舆论倒逼"的报道策略研究[D].大连理工大学,2015. 黄文娟.媒介融合下我国主流媒体的舆论引导策略——以对天津港 8·12 爆炸事故的报道为例[J].新闻世界,2015(11):141 - 143.
③ 何强,闫帅南.关于移动视频直播新闻的几点思考[J].中国记者,2016(8):81 - 82.
④ 昝亚青.报业转型中的新闻移动直播运用研究[D].重庆工商大学,2017.
⑤ 韩姝,谭捷文.融媒体时代移动直播新闻的困境与发展[J].重庆第二师范学院学报,2022.35(2):37 - 40.
⑥ 刘晓.新闻客户端抢占视频直播风口[J].中国报业,2016(7):41.柯文灿.关于移动视频直播新闻的几点思考[J].西部广播电视,2022.43(7):20 - 22.

7月新华社客户端推出了＃北京暴雨＃现场新闻。《新京报》则和腾讯新闻合作于2015年尝试春运报道，于2016年全面铺开全国两会报道，并在"雷洋案""魏则西事件""凉山悬崖村探访""南方洪灾"等一系列热点事件的现场视频直播报道中获得抢眼表现。①

三、把传统主流媒体从内容供应商向信息服务提供商转型

梁智勇在《移动互联网入口竞争的市场格局及传统媒体的竞争策略》一文中指出："抢夺入口—搭建平台集成服务—构筑全产业链—形成闭环生态圈—形成商业模式"已经成为移动互联网布局的基本路径。以百度、腾讯、阿里巴巴为首的BAT集团借助"先发优势"较早布局、较早和较准的卡位成为移动互联网市场的主导者，并已经开始找到盈利模式。而传统媒体要想在移动互联网市场占据一席之位，必须在入口争夺战中有所作为。② 具体而言，包括四个方面。

第一，从内容供应商向综合信息服务商、集成服务商拓展。在移动互联网时代，移动媒体平台的权力急剧膨胀，成为综合信息服务集成商。比如"两微一端"（微信、微博、新闻客户端）中的"两微"几乎垄断了移动互联网平台和入口，涵盖即时通信、网络媒体，以及政务等多个公共和私人领域。它们的信息垄断不仅表现在技术层面，也表现在传播链条和舆论生态方面，比如通过基于大数据分析和智能算法，为用户及时推送个性化新闻，并制造新闻热点事件。在"免费新闻时代"，传统主流媒体沦为移动媒体的"免费"内容提供商。为了顺应移动互联网发展的趋势，传统主流媒体亟须从内容供应商向综合信息服务商、集成服务商拓展，加速打造专属的平台型的超级APP。③ 比如围绕"中国搜索"来构筑闭环生态圈。中国搜索信息科技股份有限公司由中央七大新闻媒体——《人民日报》、新华社、中央电视台、《光明日报》《经济日报》《中国日报》和中新社联手创办，2013年10月开始筹建，2014年3月1日上线测试。④

第二，及时更新APP，以与智能终端的软硬件系统相匹配。目前的移动互联网操作系统市场，主要有谷歌的安卓（Android）开源系统，苹果的iOS操作系统和华为的鸿蒙系统（HarmonyOS）。2022年1月国际权威调研机构

---

① 全昌连.视频直播给《新京报》新闻生产带来的改变[J].中国记者,2016(8)：73-75.

② 梁智勇.移动互联网入口竞争的市场格局及传统媒体的竞争策略[J].新闻大学,2014(3)：127-135.

③ 梁智勇.移动互联网入口竞争的市场格局及传统媒体的竞争策略[J].新闻大学,2014(3)：127-135.

④ 杜婧,张凌寒.以数据化的隐私权为代价——Google搜索引擎并不"免费"[J].长春理工大学学报（社会科学版）,2017,30(1)：32-37.

图7-4　中国搜索网站页面

Counterpoint公布了2021年度中国智能手机市场全年销量排名,vivo登顶,市场份额为22%;OPPO占比21%,排第二;苹果以16%的占比排第三;此后依次是小米(15%)、荣耀(10%)、华为(10%)等。[①] 尽管工信部在2013年底就曾推出规定,要求新手机预装软件必须进行备案,但实际效果有限。硬件终端内置软件,成为各方抢夺移动互联网入口的重要策略。艾媒咨询(iiMediaResearch)数据显示,在2013年近八成用户表示其新买的智能手机里含有15个以上第三方预装软件。苹果、魅族和小米手机的第三方预装软件情况相对轻微。[②] 2022年

① 2021年度中国手机市场销量排名出炉,vivo位居第一,华为跌出前五[EB/OL]. 2022-1-28. https://baijiahao.baidu.com/s?id=1723156538812500309&wfr=spider&for=pc.
② 艾媒咨询.2013年中国智能手机预装软件用户调查报告[EB/OL]. 2013-10, www.iimedia.cn.

效果依然没有得到显著改善,2022 年工信部再次发文要求手机预装软件必须可卸载,并有用户实测某些手机品牌预装软件达到 56 个之多。[①]

第三,整合内部和外部资源,从入口和内容向深度延伸构建移动互联网的全产业链。移动互联网时代,"赢家通吃"和跨界运营已经成为常态。在自身核心竞争力的基础上,通过资本化、市场化运作贯通上下游产业链已经成为新时代各方的基本竞争策略。[②] 在这种情况下,传统主流媒体可以加速与新兴媒体融合发展的进程,利用资本化和市场化的手段,整合内外部资源,打通渠道和上下游产业链。比如某些传媒机构或公司已经呈现出多元化发展的势头,兼具了内容生产商、内容集成商、服务提供商、技术设备供应商、网络运营商等等,并通过传媒产业链条上的整合形成集群化的产业形态。[③]

第四,发展可持续发展的盈利模式。随着传统主流媒体和移动互联网的高度融合发展,蜕变后的传统主流媒体可以借助自己的优势,除了广告以外,可以拓展移动增值业务、O2O、游戏业务、电子商务,甚至移动支付和互联网金融业务等,从而为其内部机制注入"商业基因"和"技术基因"。

① 工信部再次发文要求手机预装软件必须可卸载! 实测:有手机品牌预装软件 56 个[EB/OL]. 2022 - 3 - 2, https://news.southcn.com/node_17a07e5926/b0e5df8d1b.shtml.
② 梁智勇.移动互联网入口竞争的市场格局及传统媒体的竞争策略[J].新闻大学,2014(3):127 - 135.
③ 严三九.中国传统媒体与新兴媒体产业融合发展研究[J].新闻大学,2017(2):93 - 101+151. 严三九.传统媒体与新兴媒体产业集群融合发展研究[J].当代传播,2016(6):63 - 67.

参考文献

一、中文文献

［1］于广涛,富萍萍,曲庆,等.中国人的人生价值观：测量工具修订与理论建构[J].南开管理评论,2016,19(6)：70-80.

［2］包国宪,郎玫.治理、政府治理概念的演变与发展[J].兰州大学学报(社会科学版),2009,37(2)：1-7.

［3］[美]鲁思·本尼迪克特.文化模式[M].王炜,等,译.北京：社会科学文献出版社,2009.

［4］[美]尼尔·波兹曼.娱乐至死.童年的消逝[M].章艳,吴燕莛,译.桂林：广西师范大学出版社,2009.

［5］费孝通.关于"文化自觉"的一些自白[J].学术研究,2003,(7)：5-9.

［6］风笑天.社会调查方法还是社会研究方法?——社会学方法问题探讨之一[J].社会学研究,1997,(2)：23-32.

［7］[美]弗朗西斯·福山.历史的终结与最后的人[M].桂林：广西师范大学出版社,2014.

［8］高宪春.新媒介环境下议程设置理论研究新进路的分析[J].新闻与传播研究,2011,18(1)：12-20+109.

［9］胡锦涛.坚定不移沿着中国特色社会主义道路前进为全面建成小康社会而奋斗——在中国共产党第十八次代表大会上的讲话[N].人民日报,2012-11-18(1).

［10］[德]卡尔·曼海姆.卡尔·曼海姆精粹[M].徐彬,译.南京：南京大学出版社,2002.

［11］刘世雄.基于文化价值的中国消费区域差异实证研究[J].中山大学学报(社会科学版),2005,(5)：99-103+127-128.

［12］闵大洪,刘瑞生.香港"占中"事件中的新媒体运用及思考[J].新闻记者,2015(1)：65-73.

［13］彭兰.智媒化：未来媒体浪潮——新媒体发展趋势报告(2016)[J].国际新闻界,2016,38(11)：6-24.

［14］师文,陈昌凤.新闻专业性、算法与权力、信息价值观：2018全球智能媒体研究综述[J].全球传媒学刊,2019,6(1)：82-95.

［15］王文.全球视野下中国"90 后"的经济自信——兼论代际价值观转变理论视角下的中国青年与制度变革［J］.西北师大学报（社会科学版）,2020,57(4)：95-100.

［16］习近平.共同构建网络空间命运共同体［J］.内蒙古宣传思想文化工作,2015,(12)：4-6.

［17］习近平.青年要自觉践行社会主义核心价值观［N］.人民日报,2014-5-5(2).

［18］习近平.习近平给北京大学学生回信勉励当代青年 勇做走在时代前面的奋进者开拓者奉献者［J］.中国大学生就业,2013,(9)：1.

［19］习近平.携手构建合作共赢新伙伴 同心打造人类命运共同体［N］.人民日报,2015-9-29(2).

［20］习近平.决胜全面建成小康社会 夺取新时代中国特色社会主义伟大胜利：在中国共产党第十九次全国代表大会上的报告［M］.北京：人民出版社,2017.

［21］习近平.青年要自觉践行社会主义核心价值观［N］.人民日报,2014-5-5(2).

［22］习近平.把我国从网络大国建设成为网络强国［J］.信息安全与通信保密,2014(3)：10-11.

［23］杨宜音.社会心理领域的价值观研究述要.中国社会科学,1998,(2)：82-93.

［24］周兴茂.中国人核心价值观的传统变迁与当代重建［J］.东南大学学报（哲学社会科学版）,2010,12(3)：5-11+126.

［25］左玲.毛泽东的西方文化观对当代青年的启示［J］.中国青年研究,2013,(12)：31-35.

二、英文文献

［1］Bond，M. H.. Chinese Values［C］. In Bond，M. H. (Eds.). *The Handbook of Chinese Psychology*. NY：Oxford University Press，1996：208-226.

［2］Choi，Jihyang，Jae Kook Lee. Investigating the Effects of News Sharing and Political Interest on Social Media Network Heterogeneity［J］. *Computers in Human Behavior*，2015，44(3)：258-266.

［3］Connection C. C.. Chinese Values and the Search for Culture-Free Dimensions of Culture ［J］. *Journal of Cross-Cultural Psychology*，1987，18(2)：143-164.

［4］Dychtwald，Zak. *Young China: How the Restless Generation will Change Their Country and the World*［M］. NJ：St. Martin's Press，2018.

［5］Egri，C. P.，Ralston，D. A.. Generation Cohorts and Personal Values：A comparison of China and the United States［J］. *Organization science*，2004，15(2)，210-220.

［6］Geert，Hofstede，et al. The Confucius connection：From cultural roots to economic growth［J］. *Organizational Dynamics*，1988，16(4)：4.

［7］Guo，Lei，and Maxwell McCombs，eds. *The power of information networks: New directions for agenda setting*［M］. Routledge，2015.

［8］Hanna，Sonya，Jennifer Rowley. Towards a Strategic Place Brand-management Model ［J］. *Journal of Marketing Management*，2011，27(5-6)：458-476.

［9］Hofstede，G.. *Culture's Consequences: Comparing Values，Behaviors，Institutions， and Organizations across Nations （2d Ed）*［M］. California： Sage Publications Inc.，2001.

［10］Hofstede，Geert，Michael Harris Bond. The Confucius connection： From cultural roots to economic growth［J］. *Organizational dynamics*，1988，16（4）：5－21.

［11］Huddyl，Khabitn. American Patriotism，National Identity and Political Involvement［J］. *American Journal of Political Science*，2007，51（1）：63－77.

［12］Hui C. H.，Triandis H. C.. Measurement in Cross-Cultural Psychology： A Review and Comparison of Strategies［J］. *Journal of Cross-Cultural Psychology*，1985，16（2）： 131－152.

［13］Inglehart，Ronald. *Cultural evolution： people's motivations are changing，and reshaping the world*［M］. Cambridge： Cambridge University Press，2018.

［14］Inglehart，Ronald. *Modernization and Postmodernization： Cultural，Economic，and Political Change in 43 Societies*［M］. Princeton University Press，2020.

［15］Levi-Faur，David. From "big government" to "big governance"［J］. *The Oxford handbook of governance*，2012：3－18.

［16］Li，P.. Toward an Integrative Framework of Indigenous Research： The Geocentric Implications of Yin-Yang Balance［J］. *Asia Pacific Journal of Management*，2012，29 （4）：849－872.

［17］Lyons S.，Kuron L.. Generational Differences in the Workplace： A Review of the Evidence and Directions for Future Research［J］. *Journal of Organizational Behavior*， 2014，35（1）：139－157.

［18］Cultures and Selves： A Cycle of Mutual Constitution［J］. *Perspectives on psychological science*，2010，5（4）：420－430.

［19］McCombs，Maxwell E.，Donald L. Shaw. The Evolution of Agenda-Setting Research： Twenty-Five Years in the Marketplace of Ideas［J］. *Journal of Communication*，2010， 43（2）：58－67.

［20］McCombs，Maxwell E.，Donald L. Shaw，David H. Weaver. New Directions in Agenda-setting Theory and Research［J］. *Mass Communication and Society*，2014，17（6）： 781－802.

［21］Nadanyiova M.，Gajanova L.，J Majerova. Green Marketing as a Part of the Socially Responsible Brand's Communication from the Aspect of Generational Stratification［J］. *Sustainability*，2020，12（17）：7118.

［22］Nguyen，Tien T.，et al. Exploring the Filter Bubble： the Effect of Using Recommender Systems on Content Diversity［C］. *Proceedings of the 23rd International Conference on World Wide Web*. 2014.

［23］Oyserman，Daphna，H. M. Coon，M. Kemmelmeier. Rethinking Individualism and Collectivism： Evaluation of Theoretical Assumptions and Meta-analyses ［ J ］.

Psychological Bulletin, 2002. 128(1): 3 – 72.

[24] Parsons, T., Shils, E. A.. *Toward a General Theory of Action* [M]. Cambridge: Harvard University Press, 1951.

[25] Parsons, Talcott, Edward Albert Shils, et al. *Toward a General Theory of Action: Theoretical Foundations for the Social Sciences*[M]. NJ: Transaction Publishers, 1965.

[26] Pau Huo, Y., Donna M. Randall. Exploring Subcultural Differences in Hofstede's Value Survey: The Case of the Chinese[J]. *Asia Pacific Journal of Management*, 1991. 8 (2): 159 – 73.

[27] Peters, B. Guy, John Pierre. Governance Without Government? Rethinking public administration[J]. *Journal of Public Administration Research and theory*, 1998, 8 (2): 223 – 243.

[28] Pingree, Raymond J., et al. Effects of Media Criticism on Gatekeeping Trust and Implications for Agenda Setting [J]. *Journal of Communication*, 2013, 63 (2): 351 – 372.

[29] Pollmann A.. National Attachment Among Berlin and London Head Teachers: the Explanatory Impact of National identity, National Pride and Supranational Attachment [J]. *Educational Studies*, 2012 (11): 45 – 53.

[30] Pye, Mary W., Lucian W. Pye. *Asian Power and Politics: The Cultural dimensions of authority*[M]. Cambridge: Harvard University Press, 2009.

[31] Quintelier, Ellen, Sara Vissers. The effect of Internet Use on Political Participation: An Analysis of Survey Results for 16-year-olds in Belgium[J]. *Social science computer review*, 2008, 26(4): 411 – 427.

[32] Rhodes, Roderick Arthur William. The New Governance: Governing without Government[J]. *Political studies*, 1996, 44(4): 652 – 667.

[33] Rokeach, M.. *The Nature of Human Values*[M]. New York: Free Press, 1973.

[34] Schuck, Andreas RT, Hajo G. Boomgaarden, Claes H. de Vreese. Cynics all around? The impact of election news on political cynicism in comparative perspective[J]. *Journal of Communication*, 2013, 63(2): 287 – 311.

[35] Schwartz, S. H.. Value Orientations: Measurement, Antecedentsand Consequences across Nations [C]. In Jowell, R., Roberts, C., Fitzgerald, R., Eva, G. (Eds.). *Measuring Attitudes Cross-nationally-lessons from the European Social Survey*. London: Sage Publications Inc., 2006.

[36] Sigley, Gary. Chinese governmentalities: Government, Governance and the socialist market economy[J]. *Economy and Society*, 2006, 35(4): 487 – 508.

[37] Slater, Michael D.. Reinforcing Spirals Model: Conceptualizing the Relationship Between Media Content Exposure and the Development and maintenance of attitudes[J]. *Media Psychology*, 2015, 18(3): 370 – 395.

[38] Triandis H. C., Bontempo R., Villareal M. J., et al. Individualism and collectivism: Cross-cultural Perspectives on Selfngroup Relationships[J]. *Journal of Personality Arid Social Psychology*, 1988, 47(2): 323－338.

[39] Triandis H. C., Gelfand MJ. Converging Measurement of Horizontal and Vertical Individualism and Collectivism[J]. *Journal of personality and social psychology*, 1998, 74(1): 118－28.

[40] Vohra, R. *China's Path to Modernization: A Historical Review From 1800 to the Present* [J]. Upper Saddle River, NJ: Prentice-Hall, 2000.

[41] Vu HT, Guo L., McCombs ME. Exploring "the World Outside and the Pictures in Our Heads": A Network Agenda-Setting Study[J]. *Journalism & mass communication quarterly*, 2014, 91(4): 669－686.

索　引

致 谢

本书获得上海交通大学人文社会科学成果文库出版基金、2021年度国家社会科学基金艺术学一般项目"文化基因提取视角下的增强中华文化认同的路径研究"(项目号：21BH144)、2018年度浦江人才计划(项目号：18PJC073)的支持。在此对上海交通大学文科建设处、全国艺术科学规划领导小组办公室、浦江人才计划项目的支持表示感谢。还要感谢上海交通大学出版社的支持和帮助。